# SOUVENIRS

DE

# l'Annam et du Tonkin

PAR

## Le Capitaine J. MASSON

ANCIEN MEMBRE DE LA MISSION MILITAIRE DE L'ANNAM

AVEC 8 CROQUIS DANS LE TEXTE

**PARIS**

Henri CHARLES-LAVAUZELLE

Éditeur militaire

10, Rue Danton, Boulevard Saint-Germain, 118

(MÈME MAISON A LIMOGES)

# Souvenirs de l'Annam

## ET DU TONKIN

## CAPITAINE J. MASSON

ANCIEN MEMBRE DE LA MISSION MILITAIRE DE L'ANNAM


# Souvenirs de l'Annam

# et du Tonkin

## PARIS

# Henri CHARLES-LAVAUZELLE

Éditeur militaire

10, Rue Danton, Boulevard Saint-Germain, 118

(MÊME MAISON A LIMOGES)

A la mémoire du Général BRISSAUD

# PRÉFACE

Un soir du mois d'août 1885, à l'époque où toute la France était encore sous le coup des impressions produites par les événements du Tonkin et de l'Annam : retraite de Lang-Son, guet-apens de Hué, mort de l'amiral Courbet, dislocation de la division de réserve décimée par une épidémie de fièvre typhoïde au camp du Pas-des-Lanciers, le colonel Brissaud, commandant le 47ᵉ régiment d'infanterie (l'un des régiments de cette division), nous appela sous sa tente et nous tint le langage suivant :

« Je viens d'être nommé au commandement d'une mission militaire chargée de se rendre à Hué pour organiser l'armée annamite : vous m'avez maintes fois exprimé votre joie de partir pour le Tonkin, à l'époque où nous espérions que tout le régiment serait appelé à l'honneur d'aller venger nos camarades tombés sous les balles chinoises. Aujourd'hui le régiment ne peut plus partir, mais si vous y êtes toujours décidé, je puis vous emmener avec moi.

» Nous allons à Hué, capitale de l'Annam ; qu'y ferons-nous? Je n'en sais rien encore, mais nous y aurons à coup sûr beaucoup de travail, des dangers à courir et des difficultés de toutes sortes à surmonter, pour nous acquitter de la tâche ingrate qui nous y attend. Si vous acceptez, vous aurez à prendre note, jour par jour, de nos impressions de ce voyage qui ne doit pas durer moins de deux ans, et, à notre retour en France, vous m'en remettrez une relation complète. »

Nous acceptâmes, et, le 15 septembre, nous nous embarquâmes à Brest sur le paquebot *France*, de la Compagnie transatlantique, qui nous débarqua à Tourane le 26 octobre.

Le 31 octobre, nous arrivions à Hué, après avoir parcouru à pied les 110 kilomètres qui séparent cette capitale de la baie de Tourane. Notre séjour à Hué dura jusqu'au 1er mai 1886, date à laquelle nous partîmes pour Haïdzuong (Tonkin), où le colonel Brissaud, après avoir terminé la mission dont il était chargé en Annam, était appelé pour organiser le 4e régiment tonkinois.

Le 1er novembre 1886, nous quittions Haïdzuong pour nous rendre à Sontay, quartier général de la 1re brigade du corps du Tonkin, à la tête de laquelle le colonel Brissaud venait d'être placé.

Au mois de novembre 1887 nous quittions le Tonkin pour rentrer en France après avoir visité la Chine méridionale.

Pendant ces deux années nous ne sommes pas restés

longtemps en station sur le même point : le général Brissaud, doué d'une activité prodigieuse, était constamment en route, dirigeant les opérations militaires, visitant les points menacés du territoire, explorant les régions jusque-là inexplorées, et vivant, tantôt avec les grands mandarins, tantôt au milieu des nhakoués, à bord des jonques ou sampans, ou dans les forêts vierges. Nous avons pu noter ainsi une foule d'impressions et d'observations prises sur le vif.

Notre tâche était, d'ailleurs, d'autant plus facile que nous avions constamment avec nous un interprète et un « lettré » pour nous traduire les conversations et les écrits intéressants.

Le présent livre contient le récit fidèle des événements auxquels nous avons pris part pendant ces deux années et des faits que nous avons contrôlés sur les lieux, en nous aidant, en ce qui concerne la partie historique, des ouvrages si complets de MM. Bouinais et Paulus, sur l'Indo-Chine française contemporaine ;

De Romanet du Caillaud, sur l'histoire de l'intervention française au Tonkin ;

De Françis Garnier, sur ses voyages d'exploration en Indo-Chine, et de Jean Dupuis, sur l'ouverture du fleuve Rouge au commerce.

Le général Brissaud, à qui ce livre était destiné, est mort depuis notre retour en France, des suites des fatigues occasionnées par sa rude campagne en Indo-Chine :

c'est pour cette raison que nous n'avions pas cru devoir le livrer à la publicité, pensant d'ailleurs qu'il ne pouvait avoir qu'un intérêt médiocre pour le public.

Depuis, nous en avons relaté quelques passages dans une étude qui nous a valu des encouragements à le publier.

Notre seul but, en le publiant aujourd'hui, est de chercher à faire connaître et aimer notre belle colonie d'Extrême-Orient, qui, nous en avons la conviction, peut compenser dans une large mesure la perte de nos colonies des Indes et de l'Amérique du Nord, si nous savons mettre à profit les leçons du passé, et attendre avec confiance les résultats certains que nous promet l'avenir de cette nouvelle colonie.

Aix-en-Provence, Mai 1892.

J. MASSON.

# Souvenirs de l'Annam

## ET DU TONKIN

---

## CHAPITRE PREMIER

Description géographique de l'Indo-Chine. Différentes races indo-chinoises, leurs coutumes, leurs mœurs, leurs religions. — Description du Tonkin divisé en région du delta et en région de la montagne. — Voies de communication ; routes, fleuves, arroyos, canaux. Moyens de locomotion usités dans le pays. — Services des transports et des correspondances rapides en Indo-Chine, et entre l'Indo-Chine et l'Europe.

La presqu'île d'Indo-Chine est située dans la région sud de l'Asie, entre l'Inde et la Chine. Elle s'étend du 8ᵉ degré au 23ᵉ degré de latitude nord de l'équateur et du 100ᵉ au 107ᵉ degré de longitude est du méridien de Paris. Elle est, par conséquent, entièrement située dans la zone tropicale.

Les côtes baignées par la mer de Chine affectent la forme d'une S ayant un développement de plus de deux mille kilomètres, du cap Paclung, au nord du golfe du Tonkin, au cap Camau, au sud du Cambodge.

Le golfe du Tonkin forme la boucle nord de cette S gigantesque, et le golfe du Siam la termine au sud.

Deux grands fleuves arrosent l'Indo-Chine : le Mékong ou Cambodge, et le Song-Koï ou fleuve Rouge.

Le Mékong prend sa source au Thibet, c'est-à-dire au cœur de la Chine, et il coule suivant une direction générale nord-sud, en arrosant l'empire de Siam, le Cambodge et la Cochinchine.

Le fleuve Rouge prend sa source dans la même région que le Mékong, mais il coule suivant une direction générale nord-ouest-sud-est, en arrosant la province chinoise de Yunnan et le Tonkin.

Ces fleuves, après avoir traversé des régions montagneuses couvertes de forêts vierges, débouchent l'un et l'autre dans d'immenses plaines à peine élevées de quelques mètres au-dessus du niveau de la mer, et forment ainsi chacun un delta dont les terrains, fertilisés par leurs alluvions, en ont fait les régions les plus peuplées qu'il soit possible de rencontrer sur d'autres points du globe.

Le delta du fleuve Rouge se trouve contre la boucle nord de l'S formée par la presqu'île de l'Indo-Chine, et le delta du Mékong dans la boucle sud.

C'est dans ce premier delta que vit la plus grande partie de la population du Tonkin, et c'est dans le second que vivent les populations de la Cochinchine et du Cambodge.

Entre les embouchures de ces deux grands fleuves court une grande chaîne de montagnes parallèle à la mer de Chine, et dont la crête s'en maintient constamment à une distance de 25 à 30 kilomètres, laissant ainsi, entre elle et la mer, une bande de terrain de 250 lieues de longueur. C'est cette bande de terrain, relativement peu peuplée, qui constitue l'empire d'Annam proprement dit.

Les possessions françaises en Indo-Chine sont limitées, au nord par les provinces chinoises de Quang-Tong, Quang-Si et Yunnan; à l'ouest par le Laos siamois, au sud et à l'est par la mer de Chine.

Tous les peuples qui habitent l'Indo-Chine appartiennent à la race jaune, dont les Annamites ont conservé, le plus complètement, les caractères distinctifs. Ils sont de petite taille : 1 m., 55 à 1 m., 60, en moyenne, mais ils sont trapus et bien musclés. Ils ont les attaches très fines, les mains longues et étroites avec des doigts noueux. Leurs pieds sont petits et aplatis par l'habitude de marcher pieds nus. Leur tête est en forme de losange et recouverte d'une épaisse et longue crinière noire qu'ils ne coupent jamais. Le front est large; les yeux sont petits, bridés et recouverts de paupières épaisses, mais les sourcils sont mal dessinés. Le nez est épaté; la bouche, déformée par l'usage du bétel, laisse voir deux rangées de dents laquées en noir qui leur donnent une physionomie toute particulière. Le menton est ovale et il ne se couvre de barbe que vers l'âge de 30 ans. Les pommettes sont saillantes et la face plate. Quant au teint il varie de la couleur de la cire vierge à celle du palissandre.

Les costumes des deux sexes se ressemblent beaucoup; ils se composent en général d'une longue robe flottante, à manches collantes, boutonnée sur le côté droit, et d'un large pantalon retenu par une ceinture de soie. Ces costumes sont en soie ou en cotonnade, suivant le rang et la richesse des individus. Hommes et femmes nouent leurs cheveux en chignon derrière la tête; les hommes portent un turban de couleur foncée, et se coiffent d'un chapeau de bambou en forme d'abat-jour. Les femmes portent un large chapeau en feuilles de latanier et bambou, ayant la forme d'un crible, et qui les protège contre la pluie ou contre les rayons du soleil. Les mandarins ont des costumes très riches et de couleurs variant avec leurs grades.

Les femmes et les enfants se parent de bijoux, bracelets et pendants d'oreilles en jade, en or, ou en argent, mais les hommes méprisent ce genre de parures; seuls les mandarins portent, sur leurs costumes, les insignes de leur grade qui consistent en médailles ou plaques d'argent, or, ou jade. Il est à remarquer que, chez les Annamites, le jade, auquel ils attribuent certaines vertus, est plus apprécié même que l'or.

La moyenne de la vie chez les Annamites est sensiblement la même que chez les Européens; cependant, il est rare d'y rencontrer des vieillards octogénaires, mais on en trouve beaucoup de 70 à 75 ans.

Les Annamites ont la démarche grave, presque hautaine; ils marchent la tête haute, la poitrine en avant et les bras en arrière avec un mouvement d'oscillation naturelle.

Les jeunes femmes ont des formes plastiques d'une élégance réelle; elles ont la voix douce, caressante et le rire argentin.

Les hommes et les femmes sont aussi adroits de leurs pieds que de leurs mains, ils ne font aucune différence entre la main, gauche et la main droite. Les uns et les autres marchent pieds nus, et ils ont, en quelque sorte, le pied prenant, ce dont ils profitent pour ramasser, à terre, les plus petits objets sans se baisser.

Ils ont l'esprit très ouvert et le caractère doux et enjoué; les jeunes gens surtout sont doués d'une intelligence remarquable.

La base de leur nourriture est le riz qui, comme dans toute la Chine, remplace le pain des Occidentaux. Ils y ajoutent la viande de porc, de poulet, de canard, de bœuf, de buffle, lorsque ces derniers animaux sont devenus incapables de travailler.

Ils se nourrissent aussi d'œufs qu'ils préfèrent couvés, de poissons fournis en quantité par les rivières et même par les rizières; de légumes de toutes sortes qui poussent en abondance dans leurs jardins.

On peut ajouter qu'ils mangent également les chats, les chiens, les rats, les serpents et tous autres animaux qu'ils considèrent comme parfaitement comestibles lorsqu'ils ont été purifiés par la cuisson.

La plupart de leurs mets sont assaisonnés par le nuoc-mam, sorte de sauce faite de poissons pourris écrasés et mélangés avec certains aromes et délayés dans l'eau de mer. Cette sorte de sauce dégage une odeur infecte, mais les Annamites ne comprennent pas la répugnance que peuvent en éprouver les Européens qui, de leur côté, savourent avec délices des fromages non moins parfumés. Le fameux potage aux nids d'hirondelles salanganes ne figure que sur la table des grands mandarins; c'est un mets des plus recherchés et qui est fort rare attendu que ces hirondelles ne nichent que sur quelques points des côtes d'Annam, principalement dans les rochers de la baie de Tourane et de la baie d'Along.

Ils ont des fruits en quantité et d'espèces très variées : les uns sucrés, tels que bananes, pommes-cannelles, ananas, caquis, grenades, etc.; d'autres légèrement acides, tels que : letchis, mangoustans, oranges mandarines, pamplemousses, cocos; d'autres encore d'un parfum particulier rappelant celui de la térébenthine : mangues-goyaves, papayes, caramboles; et enfin, une espèce particulière de fruit apprécié seulement par les indigènes : le pain de singe ou fruit du jaquier, énorme pommier dont les pommes sont grosses comme des melons.

Les Annamites professent la religion de Confucius et le culte de Bouddha, mais au fond ce sont bien les peuples les plus sceptiques en matière de religion (1). Leur seul véritable culte est celui de la famille, culte dans lequel ils englobent les ancêtres et les petits enfants.

Dans chaque maison la meilleure place est toujours réservée à l'autel des ancêtres sur lequel brûlent constamment une lampe ou des petits bâtonnets aux parfums odorants. Dans les repas de famille, un couvert est toujours réservé aux ancêtres, et des offrandes de toutes sortes  leur sont faites à des époques déterminées de l'année. Ils ont la ferme croyance que leurs esprits continuent à résider au milieu de la famille et à la protéger.

Leur amour des enfants surpasse tout ce que l'on peut imaginer de plus affectueux. Cela provient un peu de ce que l'enfant peut arriver dans la suite, et par son seul talent, aux plus hautes situations sociales, et faire rejaillir la gloire sur la famille car, contrairement à ce qui a lieu chez les nations européennes, l'Annamite peut anoblir ses ascendants et non ses descendants. Les rois d'Annam auraient édicté cette règle afin de n'avoir pas à leur charge une foule d'individus souvent nuls, dont les services des ancêtres ont été largement récompensés de leur vivant.

---

(1) Un jour, dans une de nos excursions aux environs de Hué, nous entrâmes dans une pagode pour la visiter. Entendant un bruit insolite de conversations et de coups répétés derrière l'autel, nous nous dirigeâmes de ce côté, pour voir ce qui s'y passait. Quel ne fut pas notre étonnement d'y trouver une demi-douzaine de bonzes, accroupis autour d'une énorme statue de bouddha assise par terre, la cangue au cou, le ventre affaissé sur les cuisses, le nombril au vent, les mains appuyées sur les genoux, la figure épanouie, l'air béat, les lèvres gouailleuses et souriant de la façon la plus comique, pendant que les bonzes achevaient un copieux repas !
Nous demandâmes aux bonzes ce que signifiait une pareille cérémonie ; ils nous répondirent, moitié sérieux, moitié souriants, que, depuis huit jours, ils se donnaient la peine d'offrir des victuailles à leur bouddha et de le prier d'envoyer de la pluie  pour les récoltes, mais qu'il n'en avait tenu aucun compte, et que, pour ce motif, ils l'avaient descendu de son autel pour lui donner la bastonnade pendant qu'eux mangeaient les victuailles qui lui étaient destinées !

Leur affection pour les enfants se traduit en caresses, en jouets, en fêtes de familles et souvent même en fêtes publiques auxquelles prennent part les adolescents, sous l'œil paternel des vieillards, et sous la présidence des notables ou des mandarins de la localité.

La race annamite est, comme la race chinoise, excessivement prolifique, et partout l'on voit des petits enfants jouant avec leurs aînés des deux sexes, ou bien à cheval sur les hanches de la mère ou du père qu'ils accompagnent ainsi dans leurs travaux des champs ou d'intérieur.

C'est sans aucun doute à ce culte de la famille qu'ils doivent les mœurs paisibles dont ils jouissent : chez eux, en effet, il se produit fort rarement des scènes de désordre du genre de celles dont on est trop souvent témoin dans d'autres pays.

La population annamite est divisée en trois grandes classes : les *nhakoués*, qui sont laboureurs, pêcheurs ou artisans; les *lettrés* et les *mandarins*.

Les mandarins sont chargés de l'administration du pays et ils sont recrutés dans la classe des « lettrés ». Le nhakoué peut, d'ailleurs, arriver au mandarinat, s'il acquiert l'instruction suffisante pour conquérir ses grades.

Nous avons vu quel faisceau uni forme la famille, ajoutons que les familles se groupent en villages, bourgs ou villes, comme en Europe.

Leur administration, qui n'a rien à envier à celle de l'Europe et qui, comme leur religion et la plupart de leurs coutumes, date d'un temps immémorial, a une ressemblance frappante avec l'administration française. En effet, le pays est divisé en provinces ou *tinhs* (lignes) gouvernées par des tongs-docs ayant à peu près les mêmes attributions que nos anciens gouverneurs de provinces françaises. Les provinces sont divisées en *phus* (phous) ou préfectures administrées par des *quan-phus*. Les phus sont divisés en *huyens* (houyènes) administrés par des *quan-huyens*; les huyens en *tongs* ou cantons, administrés par des *caïtongs* ou chefs de canton.

Tous ces hauts fonctionnaires qui portent le titre de *mandarin*, dérivé du portugais « mandare », c'est-à-dire commander,

# INDO-CHINE

50  100  200  300  400  500 — Kil.

relèvent du *co-mat* ou conseil des ministres siégeant à Hué, la capitale de l'empire d'Annam. Le co-mat relève lui-même de l'empereur qui réside également à Hué.

Les cantons sont à leur tour divisés en *xas* ou communes ayant leur autonomie propre. Chaque commune est administrée par un maire ou *lithuong* dont les actes sont contrôlés par un conseil de notables. Ces fonctionnaires de communes ne sont pas rétribués, leurs fonctions étant purement honorifiques.

Les mandarins sont nommés par le roi sur la proposition des ministres, et après avoir fait preuve, dans des examens publics, qu'ils possèdent les connaissances exigées pour leurs fonctions.

A tous les degrés de la hiérarchie, chaque mandarin est chargé de la justice et du recouvrement des impôts, ainsi que du maintien de l'ordre public dans son district; il a pour cela, sous ses ordres, le personnel civil et militaire nécessaire.

En Annam, où la population est peu dense, les villes et les villages sont égrenés en chapelets le long du littoral, sur une étendue de 250 lieues.

Au Tonkin, au contraire, où la population est excessivement dense, les villes et les villages sont agglomérés en majeure partie dans le delta du fleuve Rouge, ou échelonnés sur le cours des hautes rivières.

Le chiffre de la population des villages ou bourgs varie de 500 à 10.000 habitants et celui des villes de 10.000 à 200.000 habitants.

Dans les villages, les maisons sont généralement construites en bambous et couvertes en feuilles de lataniers ou en paille de riz, ce qui leur donne assez l'aspect extérieur de nos chaumières d'Europe. Les maisons des mandarins et des notables sont construites en bois de fer, en pierre et en brique et couvertes de tuiles vernissées.

Les pagodes, ou temples bouddhistes, sont toutes construites en pierre ou en brique avec des charpentes et des colonnades en bois de fer ornées de sculptures du plus merveilleux effet. Les plus riches pagodes ont leurs boiseries peintes en laque rouge et or, et leurs toitures, aux angles retroussés, sont chargées de dragons et autres animaux, en porcelaine, de la théogonie chinoise.

On en rencontre beaucoup qui sont d'une beauté remarquable.

Dans les grandes villes la plupart des maisons sont en brique ou en pierre et couvertes en tuile; elles ont plusieurs étages en retrait les uns sur les autres, comme les marches d'un gigantesque escabeau. Il n'existe nulle part de croisées ou de cheminées; les ouvertures des maisons sont fermées avec des auvents, s'ouvrant de bas en haut, et que l'on maintient à l'inclinaison voulue pour arrêter les rayons du soleil. Le foyer, qui n'est allumé que pour la cuisson des aliments, est installé dans la cour sous un abri spécial, sur une terrasse, ou dans l'intérieur de la maison près d'une ouverture. Des réchauds en terre cuite supportent les casseroles et autres vases également en terre cuite, en cuivre ou en fer.

L'ameublement de la chaumière du nhakoué est des plus simples : il se compose généralement d'un large lit de camp en bois, élevé de cinquante centimètres au-dessus du sol; une grande poutrelle fixe, ou bien un nombre de petites poutrelles mobiles égal à celui des habitants de la maison servent d'oreillers. Ce lit sert également de table pour les repas et de bancs pour les travaux sédentaires; le soir on le recouvre de nattes et il constitue ainsi l'idéal du confort en matière de literie. Si la nuit est un peu fraîche, d'autres nattes sont ajoutées comme couvertures et toute la famille goûte bientôt, en commun, les délices d'un repos bien mérité par les labeurs de la journée.

L'autel des ancêtres, en forme de niche peinturlurée de couleurs criardes, et garni de fleurs et d'offrandes en papier imitant les objets préférés des défunts, est généralement suspendu à la tête du lit.

Dans chaque maison (ou *canhia* en annamite) une petite pièce, séparée des autres par une cloison en bambou, est réservée aux vieillards et aux malades.

Les engins de pêche : lignes, filets, paniers, etc., et la charrue primitive ainsi que quelques autres instruments aratoires sont placés dans un coin de la canhia ou sous un hangar adjacent. L'ameublement est complété par quelques ustensiles de cuisine et par une collection de bols et soucoupes en porcelaine

commune, qui constituent, avec des baguettes de bambou, toute
la vaisselle de table.

À l'heure du repas, tous les membres de la famille s'assoient
en rond, sur leurs talons à la façon des singes; les mets servis
dans des bols sont placés au milieu du groupe, et chacun reçoit
un bol de riz bouilli qu'il s'ingurgite au moyen de ses deux baguettes maniées comme des castagnettes, tout en puisant avec
une dextérité surprenante dans les bols de la communauté.

L'intérieur des mandarins et des notables est beaucoup plus
confortable; nous aurons occasion d'en donner quelques des-
criptions dans le cours de ce récit.

De même que dans nos villages de France, les maisons sont
alignées le long des principales rues et elles ont presque toutes
un jardin sur le derrière. Les maisons isolées sont entourées
de jardins dans lesquels poussent, à profusion, les légumes,
les arbustes et les fleurs. Ces jardins sont protégés, contre les
vents et les maraudeurs ou les indiscrets, par une haie très
fourrée d'épines et de bambous épineux. Les essences d'arbustes dominant dans ces jardins sont, avec le bambou, le
bananier, qui prodigue ses fruits en toutes saisons, et l'aréquier,
sorte de grand plumeau d'un beau vert, emmanché au bout d'un
haut fuseau de couleur grisâtre. L'aréquier produit la noix
d'arec si appréciée des indigènes pour leur chique de bétel.

Cette chique est composée, en effet, d'une tranche de noix
d'arec et d'un peu de chaux éteinte obtenue par la calcination
de certains coquillages; le tout est enveloppé dans une feuille
de bétel.

Le bétel est une plante grimpante de la famille des « pipé-
racées », sa feuille, qui ressemble à celle du haricot, est de
saveur chaude et amère, rappelant vaguement celle de la men-
the. On ne le récolte que dans certaines régions où il est cul-
tivé avec plus de soin encore que le tabac en Europe. La chique de bétel fournit, par la mastication, une salive de couleur
rouge brique qui se communique à la bouche et aux lèvres, et
leur donne un aspect repoussant.

L'usage modéré du bétel n'est, paraît-il, nullement nuisible;
il produit une douce ivresse, diminue les sueurs et assainit la

bouche, mais l'abus excessif peut amener une faiblesse physique générale des individus.

Les Annamites des deux sexes commencent à chiquer le bétel vers l'âge de puberté, et ils se font à l'avance laquer les dents en noir, pour les préserver des atteintes du suc de bétel.

Dans les rues des villages grouillent avec la population : les cochons, les chiens, les chats, les poules, les oies, les canards et autres animaux de basse-cour. Les buffles sont parqués dans des enclos couverts, ou bien ils paissent en liberté dans les champs, avec leurs gardiens à califourchon sur leurs croupes.

Tous les villages sont arrosés par un cours d'eau, et les villes par une grande rivière ou par un canal navigable. La demeure des notables et des mandarins est partout complétée par un large bassin ou réservoir servant pour les ablutions et l'arrosage des jardins; les nhakoués se contentent de la rivière.

Disons, à ce propos, que les Annamites sont loin d'avoir cette horreur de l'eau que leur prêtent les récits de certains voyageurs : ils profitent au contraire de toutes les occasions pour se plonger dans l'eau, soit pour se laver, soit simplement pour se rafraîchir. Lorsqu'ils rencontrent une mare sur leur chemin, ils ont grand soin de s'y laver les pieds en passant, au lieu de l'éviter.

On comprend qu'en Annam, où la chaîne de montagnes est très rapprochée de la mer, les fleuves et les rivières n'ont pas un cours bien important; néanmoins, ils sont larges, et profonds, et souvent navigables dès leurs sources.

Au Tonkin, au contraire, les moindres rivières sont comparables à nos grands fleuves de France, et le fleuve Rouge fournit, à lui seul, un débit d'eau plus considérable que celui de nos quatre grands fleuves réunis.

Après avoir parcouru plus de 500 kilomètres de pays montagneux, il reçoit les eaux de deux rivières très importantes : le Song-Bô ou rivière Noire à droite et le Tsin-Hô ou rivière Claire à gauche. Les noms de ces cours d'eau leur viennent de la couleur de leurs eaux; celles du fleuve Rouge ont, en effet, une couleur rougeâtre que leur donne la nature du terrain qu'elles parcourent; celles de la rivière Noire ont une teinte ardoisée, et celles de la rivière Claire sont incolores.

Au confluent de la rivière Claire, entre Sontay et Hong-Hoa, le fleuve Rouge a 1.800 mètres de largeur; à Hanoï il en a 1.200, et entre Hanoï et la mer il a plusieurs kilomètres de largeur. Il a des différences de niveau variant de 15 mètres, entre la saison sèche et la saison des pluies.

Entre Sontay et Hanoï, le fleuve Rouge se divise en deux branches principales; celle du nord continue à porter le nom de Song-Koï et celle du sud prend le nom de Song-Day.

Un certain nombre de rivières descendant des frontières de la Chine, et dont les principales portent les noms de Song-Kong, Song-Cau, Song-Thuong et Loch-Nam, se réunissent dans la plaine et forment au nord du fleuve Rouge un second delta appelé delta du Thaï-Binh (Taille-Bigne). La branche nord du Thaï-Binh porte le nom de Song-Kin-Taï ou de Ca-Cuam (rivière Orange). C'est sur le Ca-Cuam qu'est situé le port d'Haïphong.

Le delta du fleuve Rouge et celui du Thaï-Binh sont reliés entre eux par de nombreux canaux naturels ou artificiels dont les principaux sont le Song-Calo et le canal des Rapides entre Hanoï et Sontay, et le canal des Bambous entre Hanoï et la mer, près de Hong-Yen. Ces deux grands canaux permettent d'aller en bateau d'Hanoï à Haïphong en évitant de suivre le fleuve Rouge constamment obstrué par des bancs de sable.

La région du delta est sillonnée dans tous les sens par un nombre infini d'autres petits canaux et d'arroyos qui la découpent comme les mailles enchevêtrées d'un immense filet.

Le delta du Tonkin a environ 250 kilomètres de largeur et 300 de longueur; il est limité au nord par une chaîne de montagnes boisées qui s'étend de la rivière Claire au golfe du Tonkin, et dont les principaux massifs sont : le Tam-Dao, qui envoie des ramifications jusque près du confluent de la rivière Claire; le Nui-Cobang, qui domine Dong-Trien, et le Nui-Phu-Son, qui se termine dans la baie d'Along au nord d'Haïphong.

Au sud, il est limité également par une grande chaîne de montagnes dont les principaux massifs sont : le mont Bavi, qui domine la plaine de Sontay, près du confluent de la rivière Noire;

le Nui-Song-Thuong et les roches de Than-Hoa qui séparent le Tonkin de l'Annam.

C'est dans le delta que se trouvent les principaux centres habités et la plupart des chefs-lieux de provinces du Tonkin, au nombre de quinze.

Le fleuve Rouge arrose les chefs-lieux suivants : Hong-Hoa, Sontay, Hanoï, Hong-Yen; la branche sud, le Day, arrose Ninh-Binh (Nigne-Bigne); Nam-Dinh (Name-Digne), la deuxième ville du Tonkin par sa population, est située sur le canal du même nom, qui relie le fleuve Rouge au Day; My-Duc est arrosée par un affluent du Day, le Song-Dao. Tous ces chefs-lieux de provinces, excepté Hong-Yen, sont situés sur la rive droite du fleuve ou dans sa région sud.

Dans la région nord se trouvent Bac-Ninh (Bac-Nigne) sur le Song-Cau : Haïdzuong sur le Thaï-Binh, Haïphong sur le Cua-Cam et Quang-Yen sur le Cua-Nam-Trieu.

Les quatre autres chefs-lieux de provinces sont situés dans la région montagneuse, entre la frontière de Chine et le delta. Ce sont : Tuyen-Quan sur la rivière Claire; Thaï-Nguyen sur le Song-Cau; Lang-Son sur le Song-Ki-Kong, affluent du Si-Kiang ou rivière de Canton, et Cao-Bang sur le Song-Bang-Giang qui se jette également dans le Si-Kiang.

Plusieurs provinces du Tonkin ont plus d'un million d'habitants; celles d'Hanoï et de Nam-Dinh en ont près de deux millions, et la population totale du pays est évaluée à vingt millions d'habitants.

L'Annam a de son côté une population de cinq millions d'habitants répartis dans les onze provinces suivantes : Than-Hoa (Tagnoa); Vinh (Vigne); Hatinh (Hatigne); Quang-Binh (Kouang-Bigne), chef-lieu Dong-Hoï; Quang-Tri; Quang-Duc, chef-lieu Hué; Quang-Nam, chef-lieu Tourane; Quang-Ngaï; Binh-Dinh (Bigne-Digne); Khach-Hoa et Binh-Thuan.

Les villes les plus peuplées du Tonkin sont Hanoï, la capitale, qui a près de deux cent mille habitants; Nam-Dinh, cent mille environ; Sontay, Bac-Ninh et Haïdzuong, qui en ont cinquante mille environ. Les autres chefs-lieux de provinces ont une population de vingt à trente mille habitants. Quelques plus ou chefs-lieux de préfectures ont un chiffre de population aussi élevé que ceux des provinces.

En Annam, Hué, la capitale de l'empire, a cent mille habitants; les autres villes en ont, en moyenne, vingt à trente mille.

Toutes les villes ont, à peu près, le même aspect; elles se composent d'une citadelle dans laquelle se trouvent des casernes, des magasins et les demeures des mandarins; et d'une ville marchande construite entre la rivière et la citadelle ou bien rayonnant, en longs faubourgs, autour de celle-ci.

Les divers corps de métiers ou corporations de marchands y sont groupés par rue.

Quelques villes ont une industrie spéciale, mais presque toutes font le même commerce et elles ont les mêmes boutiques de soieries, de cotonnades, de porcelaines, de bibelots, de meubles et de denrées alimentaires.

Les marchandises sont, comme dans nos villes d'Europe, étalées aux devantures des magasins et sous les auvents des maisons avec des enseignes toutes plus alléchantes les unes que les autres, et indiquant toutes plus ou moins que la maison n'est pas au coin du quai.

Une chose qui frappe le regard des Européens, c'est que les fabricants ou marchands de cercueils exposent leurs funèbres marchandises tout aussi bien que les plus gracieux meubles de luxe. On trouve dans leurs magasins un choix assorti s'étendant du simple cercueil en bois blanc, au riche cercueil en bois précieux, ciselé, sculpté ou laqué aux plus vives couleurs. Chez les marchands de porcelaine ou de poterie, on trouve également des petits cercueils en terre cuite destinés à recevoir les restes des défunts, que les Annamites ont coutume d'exhumer et de rapprocher d'eux au bout d'un séjour de quelques années dans un cimetière éloigné.

Les Annamites qui ont voyagé estiment d'ailleurs qu'il est aussi naturel d'exposer ces collections funéraires que celles que l'on voit, à profusion, dans les boutiques du voisinage de nos cimetières d'Europe.

Hanoï, capitale, est aussi la plus belle et la plus commer-

çante des villes du Tonkin; cependant, elle est loin d'avoir le
cachet artistique que nous nous plaisons à imprimer à nos cités
d'Europe. Ses monuments sont forts rares, et ils consistent
uniquement en pagodes plus ou moins bien ornées. Le monument le plus imposant est la cathédrale construite par les missionnaires catholiques français. La concession française, avec
ses pavillons, à vérandas, entourés de jardins couverts de fleurs
et de plantes des tropiques, a fort bon aspect; elle est située
au bord du fleuve Rouge, dont le courant rafraîchit et assainit
l'air, et, elle est reliée à la ville annamite et à la citadelle par
le boulevard Paul-Bert qui est bordé de magasins, de restau-
rants et de cafés à l'européenne (1).

La ville annamite est une agglomération de maisons cons-
truites d'après l'architecture du pays, et sillonnées par des rues
assez larges et bien entretenues. Les principales sont la rue
Dupuis, la rue des Brodeurs, la rue des Incrusteurs, la rue des
Cantonnais, la rue des Fò-Kien ou rues des Chinois de Canton et
de Fo-Kien; la rue des Cuivres, la rue des Bambous, la rue des
Paniers, la rue des Tourneurs, la rue de la Chaux, la rue des
Cercueils, etc.

Au centre d'Hanoï, entre la concession et la ville annamite,
se trouve un lac long d'un kilomètre et large de cinq cents
mètres, au milieu duquel émergent de nombreux îlots couverts
de verdure et de petites pagodes ou clochetons chinois du plus
gracieux effet. Ce lac est contourné par un large boulevard servant de promenade aux élégants et aux élégantes d'Hanoï.

Un autre grand lac, situé au nord de la ville, est également
contourné par des chemins ombragés qui en font un but d'excursions fort agréables, en palanquin, en pousse-pousse ou en
voiture.

Dans la ville, il existe plusieurs théâtres annamites et un
grand théâtre chinois qui a été aménagé de façon à pouvoir
y jouer le répertoire français et le répertoire chinois.

Hanoï est le séjour du vice-roi du Tonkin qui a le titre de

---

(1) Hanoï est actuellement éclairé à la lumière électrique, sillonné de
tramways électriques, et un pont de 1.000 mètres de longueur a été inau-
guré, en 1902, pour les différentes lignes de chemins de fer rayonnant
vers les frontières du pays.

kin-luoc, et qui a auprès de lui les grands mandarins chargés de l'administration de la province. C'est aussi le séjour du gouverneur français, du commandant militaire et le siège d'un évêché français.

Beaucoup d'Européens sont déjà établis dans la ville française et il est probable que le commerce y prendra une extension de plus en plus grande.

Dans la ville annamite, tout le grand commerce est aux mains des Chinois, lesquels sont des concurrents sérieux pour les Européens.

En outre des marchands établis à demeure fixe, et des revendeurs qui colportent leurs marchandises par les rues, il y a tous les jours un grand marché, véritable bazar où l'on trouve des bibelots, des meubles, des objets d'antiquité, à côté des volailles, des cochons, des légumes et des fruits de toutes espèces.

Hanoï a une certaine renommée pour les travaux de laque, d'incrustation, de broderie de soie et de chaudronnerie en cuivre et en étain. On y fabrique surtout certains objets en bois de fer incrustés de nacre, qui sont de véritables chefs-d'œuvre de patience et de bon goût.

Nam-Dinh, la deuxième grande ville du Tonkin, est construite à peu près de la même façon qu'Hanoï, mais elle s'étend toute en longueur entre l'arroyo et la citadelle qui en est assez rapprochée. Elle a également une certaine renommée pour les ouvrages d'incrustation et les broderies en soie. Les environs, excessivement fertiles, fournissent des légumes, en toutes saisons, à tous les marchés du Tonkin.

Haïdzuong, située au confluent d'un arroyo dans le Thaï-Binh, a un aspect presque européen avec sa cathédrale et sa mission espagnole. Elle a la spécialité des produits pharmaceuceutiques tenus en grande partie par les Chinois. Sa citadelle qui était l'une des plus importantes du Tonkin est aujourd'hui démantelée.

Haïphong est une ville franco-chinoise de création toute récente. Elle est située à trente kilomètres de la mer, sur la rive droite du Cua-Cam, au confluent du Song-Tam-Bac qui la par-

tage en deux parties. Dans la partie ouest se trouvent un arsenal et des usines qui deviennent de plus en plus importantes.
La partie est est occupée par la concession française et par
un grand quartier chinois très commerçant et de fort bon aspect.
Les rues d'Haïphong sont larges et bien entretenues, et quelques constructions ont un caractère grandiose que l'on ne rencontre pas dans les autres villes du Tonkin. Les principales
constructions sont l'hôpital, la résidence, l'hôtel Gandaubert et
les grandes maisons de la cité Marty. Haïphong est le seul port
du Tonkin abordable par les grands paquebots et les navires
de guerre, mais à marée haute seulement.

C'est une ville construite de toutes pièces, au milieu de marécages habités seulement par quelques pêcheurs il y a vingt ans.
Elle montre bien ce que peut produire le génie de l'homme aux
prises avec les difficultés de toutes sortes, car partout où l'on
a construit une maison, il a d'abord fallu combler une mare.
Elle est appelée à une haute importance commerciale, surtout
si l'on se décide à creuser la rivière, de façon à permettre aux
navires de fort tonnage d'arriver dans son port, même à marée
basse. Malheureusement, l'eau potable y fait absolument défaut
et l'on est obligé de l'aller chercher, avec des bateaux-citernes,
à une assez grande distance.

C'est, avec Hanoï, la ville du Tonkin qui a la plus nombreuse
population européenne et cette population tend à augmenter
de plus en plus.

A trente kilomètres au sud-est d'Haïphong, près de l'embouchure du Cua-Cam, se trouve la presqu'île Doson, lieu de rendez-vous des baigneurs en été.

Quang-Yen est située à trente kilomètres au nord-est d'Haïphong sur des côteaux baignés par de larges bras de mer qui
en font un des endroits les plus sains du Tonkin. On y a construit un hôpital-sanatorium où les malades et les convalescents
vont recouvrer leurs forces épuisées par le climat. Pendant
longtemps on a agité la question de savoir si on ne devrait pas
profiter de sa situation spéciale à proximité de la baie d'Along
pour en faire le port principal de débarquement du Tonkin, en
creusant un chenal dans le Cua-Nam-Trieu qui communique

avec la baie, mais on a dû abandonner ce projet pour ne pas faire naître de rivalité avec Haïphong, dont les travaux étaient alors trop avancés pour qu'il fût possible de les abandonner.

Sontay, Bac-Ninh et Hong-Hoa n'ont de remarquables que leurs citadelles réputées imprenables avant l'occupation française.

Lang-Son et Tuyen-Quan ont une importance encore moindre, et il a fallu tout le talent et toute l'énergie d'un chef comme le colonel Dominé, pour soutenir un siège de trois mois dans une bicoque comme Tuyen-Quan, entourée de montagnes qui dominent la place de tous côtés.

Ninh-Binh a une certaine importance commerciale, qui peut grandir encore, par sa situation aux frontières de l'Annam et du Tonkin. Sa citadelle est fort imposante avec son grand rocher formant réduit sur le Day.

Quelques villes situées aux frontières de Chine pourront peut-être acquérir une très grande importance commerciale dans l'avenir : telles sont Moncay et Hakoï au fond du golfe du Tonkin; Lang-Son, sur la route mandarine d'Hanoï au Quang-Si et au Quang-Tong, et qui sera bientôt reliée aux arroyos du delta par un chemin de fer (1); Laokaï, sur le fleuve Rouge à la frontière du Yunnàn, où des bateaux à vapeur de construction spéciale facilitent déjà les transactions commerciales.

Dans le delta, les villages sont excessivement rapprochés et ils ont tous à peu près le même aspect. Ils sont entourés d'un fossé sur le talus duquel est plantée une haie de grands bambous qui les protègent tout à la fois contre les tempêtes et contre les incursions des pirates. Cette enceinte est percée de portes garnies d'auvents que l'on soulève pendant le jour et qu'on

---

(1) Depuis l'année 1902, les lignes suivantes sont en exploitation :
Hanoï, Bac-Ninh, Lang-Son;
Hanoï, Haïdzuong, Haïphong;
Hanoï, Phuly, Nam-Dinh.

ferme solidement à l'intérieur pendant la nuit. Tout le terrain compris entre les villages est couvert de rizières d'un beau vert qui leur donnent l'aspect de corbeilles de fleurs flottant sur un océan de verdure.

Dans les régions montagneuses de l'Annam et du Tonkin, et principalement aux frontières du Laos siamois, habite une race dont les mœurs diffèrent complètement de celles des autres populations de l'Indo-Chine : c'est la race *muong* ou *moï* d'où est sortie la race annamite. Les Muongs vivent en tribus reconnaissant pour chefs les plus anciens et les plus intelligents de la tribu. Ils se distinguent des Annamites par un teint plus blanc, une taille plus haute et un caractère plus simple et plus franc. Ils sont très hospitaliers et lorsque quelques-uns des membres de la tribu se trouvent dans le malheur ou dans le besoin, tous les autres se liguent pour les secourir. Ils ont conservé une certaine indépendance envers les gouvernements voisins, mais ils se soumettent, néanmoins, à la centralisation administrative de l'Annam. Ils ont conservé également la prérogative de porter des armes qu'ils fabriquent eux-mêmes, et qui se composent de flèches et de longs fusils incrustés de nacre ou d'argent. Ces fusils n'ont pas de crosse ou plutôt ils n'ont qu'une petite crosse comme celle de nos revolvers, et qu'ils appuient contre la joue pour faire feu, ce qui rend ces armes aussi dangereuses pour le tireur que pour son ennemi. Ils construisent leurs maisons sur pilotis, et le rez-de-chaussée sert d'étable à leurs bestiaux, tandis qu'eux habitent l'étage au-dessus.

Les voies de communication sont nombreuses en Annam et au Tonkin. Une grande route, ou route mandarine, allant de Saïgon à Pékin, par Hué, longe la côte d'Annam en desservant toutes les villes de l'empire. Elle franchit les roches du Than-Hoa par une faille appelée « porte du Than-Hoa », puis elle traverse le Tonkin par Ninh-Binh, Phu-Ly, Hanoï, Bac-Ninh, Phu-Lang-Thuong, Bac-Lé et Lang-Son, d'où elle pénètre en Chine.

Une autre grande route partant d'Haïphong passe par Haïdzuong et atteint le fleuve Rouge à Hanoï, puis elle suit la rive droite du fleuve Rouge jusqu'au Yunnan, en passant par Sontay, Hong-Hoa, Cam-Ké, Than-Ba, Than-Quan, Bao-Ha et Laokaï. Elle détache, près de Hong-Hoa, un embranchement qui remonte la rivière Claire jusqu'à la frontière du Quang-Si en passant par Viétri, Phu-Doan, Tuyen-Quan, Bac-Quan et Hayang.

Dans le delta, toutes les villes sont reliées entre elles ou à la route mandarine par des voies secondaires correspondant à nos routes départementales, et les villages communiquent entre eux par des chemins vicinaux ou par des sentiers suivant, en zigzags, les talus des rizières.

La route mandarine a une largeur moyenne de dix mètres, et les autres voies de communication ont une largeur variant d'un à huit mètres. Tous ces chemins sont très agréables pour les piétons et les cavaliers pendant la saison sèche, mais les pluies les rendent glissants, savonneux, et quelquefois même elle les transforment en véritables bourbiers. Ils ont aussi le grand inconvénient d'être souvent interrompus par les nombreux cours d'eau du pays, quelquefois très larges et toujours profonds, qu'on est obligé de traverser en barque faute de ponts. Il est vrai qu'on trouve des barques, à volonté, sur tous les arroyos.

Ces barques, appelées sampans, sont de véritables petites maisons flottantes recouvertes d'une toiture en feuilles de latanier et en bambou ; elles abritent toute une famille de pêcheurs, naissant, vivant et mourant sur l'eau. Quelle que soit la durée des voyages que l'on ait à faire en sampans, il faut subir la compagnie de toute la famille, dont chaque membre a, d'ailleurs, son poste et son rôle déterminé à bord ; le père et les fils rament à l'avant, la mère et les filles rament à l'arrière en portant chacune un nourrisson à califourchon sur la hanche. Les vieux parents et les jeunes enfants préparent le riz et veillent à l'entretien du bateau, tout en prodiguant leurs services aux voyageurs assez confortablement installés sous la paillotte. Pendant les longs voyages, les rameurs entonnent un chant monotone rythmé sur le mouvement du sampan, et chanté en chœur par groupes se donnant la réplique de l'avant à l'arrière. Ces chants ont pour but d'encourager les rameurs

entre eux et de les maintenir en éveil, mais ils ont presque
toujours pour résultat d'endormir les voyageurs. C'est là d'ailleurs le meilleur moyen de charmer les loisirs du voyage, surtout lorsque les berges trop élevées de la rivière ne permettent pas de contempler les beaux paysages que l'on par-
court.

Sur les routes on voyage à pied, en palanquin et à cheval;
quelquefois en pousse-pousse lorsqu'il n'y a pas de trop larges
rivières à traverser.

Le palanquin annamite est tout simplement un hamac suspendu à un gros bambou que les porteurs appuient sur leurs
épaules. Il est recouvert d'une sorte de carapace en clayonnage
de bambou goudronné à l'épreuve de la pluie et des rayons du
soleil; vu de haut et d'une certaine distance, il a tout à fait
l'aspect d'une énorme tortue cheminant sur le sol.

Les mandarins ont des palanquins du même modèle, mais
ils sont ornés de soieries, d'ivoire, de bois précieux sculptés
et laqués aux couleurs rouge et or. On ne peut guère voyager
que couché dans ces sortes de hamacs ambulants, et, lorsque
la route est bonne et le sol horizontal, on y est suffisamment
bien, mais en terrain ondulé, où l'on a alternativement les pieds
ou la tête en bas, le voyage manque de charme, surtout si l'on
est sujet au mal de mer.

Les voyages à cheval se font sur de petits chevaux du genre
de nos chevaux corses. Ces animaux ont une allure et sont
doués d'une force vraiment extraordinaires pour leur petite
taille : leur allure habituelle est une sorte de trot menu comme
celui du chien.

Ils ont une sûreté de pieds qui leur permet de passer à peu
près partout où un homme peut passer. Ils franchissent les
fossés et les petits ruisseaux sur une planche ou sur un tronc
d'arbre; ils montent et descendent les escaliers avec leur cava-
·lier sur le dos; ils circulent sur les étroits talus des rizières
et gravissent les sentiers des montagnes, comme des chèvres.

Dans la traversée des rivières, ils sautent dans la barque,
comme de véritables chiens, à côté de leurs cavaliers, ou bien
s'il n'y a pas de place pour eux ils traversent la rivière à la

nàge derrière la barque. Ils sont aussi d'une sobriété telle qu'on n'a pas besoin de s'occuper de leur nourriture en voyage : il suffit de les laisser paître en liberté le long des chemins ou dans la brousse.

Dans l'intérieur des villes et dans leurs environs, on voyage en pousse-pousse ou calèche à deux roues traînée par deux coolies, dont l'un tire à l'avant et l'autre pousse à l'arrière. Ils conduisent ainsi une personne à une allure aussi vive que celle des fiacres de nos villes de France. On les paie à l'heure, cinquante centimes, et à la journée, une piastre.

Les grands mandarins du pays voyagent aussi quelquefois à éléphant, mais ces sortes de voyages sont peu appréciés, en raison de la fatigue qu'occasionnent les mouvements ondulés de la monture.

Dans les voyages par terre les bagages sont portés par des coolies qui les divisent en charges de trente à quarante kilogrammes et qui les suspendent à un bambou porté à deux sur les épaules.

Les convois par eau se font au moyen de jonques, d'un tonnage à peu près égal à celui des bateaux de nos canaux de France.


Un service postal est organisé dans l'empire d'Annam depuis le XII° siècle, mais jusqu'à notre arrivée dans le pays ce service n'était affecté qu'aux administrations publiques et non aux besoins des particuliers.

Ce service était assuré par des courriers rapides, à cheval, et par des courriers ordinaires, à pied, se relayant tous les douze kilomètres en des lieux, appelés *trams*, où l'on a construit de grandes maisons de refuge pour les courriers et leurs escortes. Ce sont ces courriers ou trams, qui portaient les ordres de Hué à Saïgon et Hanoï, et qui assuraient les communications entre la cour de Hué et celle de Pékin.

En outre de ces courriers, un système de télégraphie conventionnelle relie tous les villages entre eux au moyen du *tam-tam*, sorte de grosse caisse dont les batteries sont réglementées comme celles des tambours dans notre armée. Pendant la nuit, les villages communiquent aussi entre eux, au moyen de grands feux allumés en des points bien visibes, ou bien encore avec des cerfs-volants portant des feux de couleurs déterminées.

Les Chinois, plus pratiques encore que les Annamites, utilisent depuis des siècles les pigeons voyageurs, non comme messagers de guerre, mais simplement pour porter leurs dépêches d'une maison de commerce à l'autre et jusqu'à des distances de trois cents lieues. Ce sont eux qui nous ont fourni les premiers pigeons nécessaires pour l'organisation d'un colombier militaire, à Hanoï, en 1887. Ils adaptent à la queue de leurs messagers ailés une sorte de flûte de Pan en bambou très léger pour éloigner d'eux les oiseaux de proie, et pour prévenir de leur passage ou de leur arrivée à destination. Aujourd'hui, les principaux postes du Haut-Tonkin ont tous des colombiers militaires pour suppléer les lignes télégraphiques en cas de besoin.

Depuis 1886, une compagnie de messageries fluviales s'est fondée à Haïphong d'où ses bateaux, très confortablement aménagés, vont desservir les principales localités situées dans le delta ou sur le golfe du Tonkin. Ses bateaux montent d'Haïphong à Hanoï en vingt-quatre heures et en descendent en moitié moins de temps. Des bateaux d'un modèle spécial, ayant un faible tirant d'eau et une grande puissance motrice, remontent le fleuve Rouge jusqu'à Laokaï en huit jours et ils redescendent à Hanoï en trois jours.

Le Tonkin est en communication constante avec Saïgon et Hong-Kong au moyen des bateaux annexes de la grande ligne des Messageries maritimes, qui desservent tous les ports de la côte d'Annam, et qui font le trajet de Saïgon à Haïphong en quatre jours.

Un câble sous-marin, partant d'Haïphong, va se souder au câble anglo-chinois au cap Saint-Jacques, près de Saïgon, et relie ainsi le réseau télégraphique du Tonkin et de l'Annam à celui de l'Europe, soit par la ligne de Chine et de Sibérie, soit par l'Inde et la Méditerranée.

# CHAPITRE II

Résumé historique des rapports de l'Indo-Chine avec l'Europe. Rôle des
missionnaires. — Intervention de la France. — Le roi Louis XVI envoie des officiers français à Gia-Long, empereur d'Annam, pour organiser le pays et le soustraire à l'influence anglo-hollandaise. — Mauvaise
foi des successeurs de Gia-Long et des mandarins, qui refusent d'exécuter les traités. — Expédition de Tourane, sous les ordres de l'amiral
Rigault de Genouilly, et conquête de la Cochinchine. — Exploration
Doudart de Lagrée et Francis Garnier, à la recherche des voies de communication directes entre l'Indo-Chine et la Chine. — Francis Garnier
constate que le fleuve Rouge doit être navigable du Yunnan au golfe du
Tonkin.

Les rapports de l'Indo-Chine avec l'Europe ne peuvent évidemment pas remonter au delà du XV° siècle, puisque, jusqu'à
cette époque où la boussole était inconnue des Européens, aucun navigateur n'avait osé franchir l'océan Atlantique, ou doubler le cap de Bonne-Espérance pour gagner la mer de Chine
par l'océan Indien.

Au XIII° siècle, cependant, le voyageur vénitien Marco-Polo,
aurait pénétré en Chine par l'Asie-Mineure, la Perse et l'Inde,
et, au cours de ses voyages, il aurait visité le royaume de
Ciampa dont faisaient partie quelques-unes des provinces de la
Cochinchine actuelle.

Un peu plus tard, les Portugais après avoir doublé le cap de
Bonne-Espérance, sous la conduite de Vasco de Gama, ne tardèrent pas à s'aventurer dans l'océan Indien, puis dans les
mers de Chine d'où ils pénétrèrent jusqu'au Japon.

En 1556, ils s'emparèrent de Macao, ville chinoise située
dans une île, à l'embouchure du Si-Kiang. C'est en revenant de
Macao, où il avait été captif, que le Camoëns fit naufrage aux
bouches du Mékong, et qu'il se sauva à la nage en tenant hors
de l'eau son manuscrit des « Lusiades ».

Quelques années plus tard, les jésuites guidés par l'illustre
saint François-Xavier pénétrèrent dans l'intérieur du pays, et
fondèrent la mission de Cochinchine.

En 1650, le R. P. Alexandre de Rhodes, missionnaire, né à Avignon, partit de Macao et alla explorer le Tonkin et la Cochinchine dont il publia la première carte.

De leur côté, les Anglais essayèrent de profiter du déclin de l'empire du Portugal pour créer des colonies sur les côtes d'Annam, mais ils échouèrent dans leurs tentatives.

En 1637, les Hollandais, sur les conseils des Japonais qui faisaient déjà le commerce de la soie avec les Annamites, établirent à Hong-Yen, sur le fleuve Rouge, un comptoir qu'ils furent obligés d'abandonner, en 1700, à la suite de difficultés survenues avec les Annamites.

Les Français, après avoir organisé leurs comptoirs de l'Inde, voulurent à leur tour prendre pied en Indo-Chine, et, en 1669, Pallu, évêque du Tonkin, proposa à Colbert d'y fonder une colonie; Louis XIV écrivit même dans ce sens à l'empereur d'Annam, près de qui il nomma Pallu ambassadeur.

En 1684, la compagnie des Indes envoya au Tonkin un de ses agents qui, avec l'appui des missionnaires, obtint l'autorisation de construire des factoreries.

Quelques années plus tard, en 1687, Louis XIV, profitant des intrigues d'un ministre du roi de Siam, fit occuper Bang-Kok par le maréchal de camp de Forges, mais cette entreprise n'eut aucun résultat et nos troupes furent obligées d'abandonner le pays l'année suivante.

Pendant la fin du XVIIᵉ siècle, les guerres de la Ligue d'Augsbourg et de la Succession d'Espagne détournèrent complètement de l'Indo-Chine l'attention du gouvernement français.

En 1749, la compagnie des Indes obtint du roi d'Annam, Vo-Vuong, l'autorisation de fonder un comptoir dans la baie de Tourane, près de Hué, et ce prince rechercha même l'amitié du roi Louis XV.

En 1752, Dupleix, gouverneur de l'Inde, entra en relation avec l'abbé de Saint-Phalles, missionnaire au Tonkin, et il fit offrir des présents au roi d'Annam à l'effet d'établir des factoreries dans le pays, mais il fut rappelé en France à la suite de ses démêlés avec la compagnie des Indes. Ses successeurs, vaincus par les Anglais pendant la guerre de Sept ans, furent obligés d'abandonner ses projets.

Quelques années plus tard, plusieurs Français s'unirent pour chercher à faire du commerce dans l'Indo-Chine, mais la guerre d'indépendance de l'Amérique arrêta encore leurs projets.

En résumé, toutes les tentatives de la France pour acquérir des colonies dans cette région avaient échoué, tandis qu'au contraire les Anglais, les Hollandais et les Espagnols mêmes, avaient réussi à y conquérir de véritables empires.

Cependant, des circonstances imprévues vinrent bientôt servir les projets de la France, dont l'attention fut attirée vers la Cochinchine. Ce pays qui faisait originairement partie du royaume kmer ou cambodgien avait été annexé à l'Annam en 1658. Or, en 1787, l'empereur Gia-Long, surnommé le Louis XIV de l'Extrême-Orient, avait été dépossédé de l'empire d'Annam et obligé de s'enfuir en Cochinchine : il trouva un asile auprès de monseigneur Pigneau de Béhaine, évêque d'Adran, qui lui conseilla de demander l'appui de la France, au lieu de s'allier aux Anglais de l'Inde ou aux Hollandais de Batavia, pour remonter sur son trône. Monseigneur d'Adran espérait ainsi attacher l'Annam à la France et au catholicisme par les liens de la reconnaissance. Gia-Long accepta et il envoya son fils, sous la tutelle du prélat, en ambassade auprès de Louis XVI qui signa à Versailles, le 28 novembre 1787, un traité d'alliance avec le roi de la Cochinchine. Par ce traité, le roi de France devait envoyer au secours de Gia-Long vingt bâtiments de guerre, et Gia-Long devait céder à la France la ville et la baie de Tourane, ainsi que les îles de Poulo-Condore, situées au sud du delta du Mékong. Il accordait la liberté du commerce aux Français, la liberté du catholicisme dans le pays, le droit de nommer des consuls dans certains ports, et le droit de faire du bois dans les forêts annamites pour la construction et la réparation des navires. Enfin, en cas de guerre dans l'Inde, Gia-Long s'engageait à fournir un corps de quatorze mille hommes, et à lever une armée de soixante mille hommes pour défendre la Cochinchine si elle était attaquée.

L'exécution de ce traité fut confiée à notre gouverneur de l'Inde, M. de Conway, dont la mauvaise volonté ne permit pas de donner suite aux conventions. Cependant, Pigneau de Béhaine réussit à fréter dans l'Inde deux navires qui portèrent en Cochinchine quelques officiers français chargés d'organiser la flotte et l'armée annamites. Ces officiers étaient : le colonel du génie Ollivier, qui fut chargé de l'organisation des troupes d'infanterie, de l'artillerie et des fortifications. C'est lui qui construisit l'immense citadelle de Hué, et qui dressa les plans de la plupart des citadelles de la Cochinchine et du Tonkin, dont nos troupes durent s'emparer depuis;

Dayot, capitaine de vaisseau, qui fut ministre de la marine annamite et qui laissa de nombreux travaux sur l'hydrographie du pays;

Le docteur Despiaux, que Gia-Long s'attacha comme médecin;

Théodore le Brun, ingénieur des fortifications;

Barizy, lieutenant-colonel d'infanterie;

Girard de l'Isle-Sellé, capitaine de vaisseau;

Guillon, lieutenant de vaisseau;

Guilloux, lieutenant de vaisseau;

Chaigneau, Philippe Vannier et de Forçant, officiers de marine, qui consacrèrent le restant de leur vie au service de l'Annam, et dont les services furent fort mal récompensés par le successeur de Gia-Long, qui les obligea à quitter le pays sous peine de mort.

C'est cependant avec le concours de ces intrépides officiers français, et guidé par les conseils de monseigneur d'Adran, que Gia-Long put reconquérir son trône. A la mort de ce prélat, en octobre 1798, l'empereur prononça lui-même son oraison funèbre et il fit élever un magnifique tombeau, que l'on admire encore aux environs de Saïgon.

Gia-Long resta toujours favorable à la France, mais à sa mort (25 janvier 1820) l'une des dernières recommandations qu'il fit à son fils Minh-Mang fut la suivante : « Mon fils, aime les Français, sois-leur reconnaissant de ce qu'ils ont fait pour nous, mais ne leur permets jamais de mettre le pied dans ton empire. »

Ses successeurs, Minh-Mang (1820 à 1841), Thieu-Tri (1841 à 1847) et Tû-Dûc (1847 à 1883), observèrent fidèlement la seconde recommandation, mais au lieu d'aimer les Français, c'est-à-dire les missionnaires, ils s'acharnèrent à les persécuter, les accusant de chercher à saper l'antique foi populaire, dans le

but de transformer les pagodes en églises  et de substituer
les statues de la Vierge et des saints aux images de Bouddha.
Plusieurs missionnaires furent mis à mort et la tête des autres
fut mise à prix.

De temps en temps quelque vaisseau français, allant en Chine,
touchait à Tourane et protestait avec un bien faible succès
contre ces actes de cruauté. Néanmoins, en 1838, après de
nombreux massacres, Minh-Mang parut redouter une intervention sérieuse de la France et il envoya une ambassade au roi
Louis-Philippe qui refusa de la recevoir.

En 1843, le capitaine Lévèque, commandant la frégate l'*Hé-
roïne*, débarqua à Tourane et délivra cinq missionnaires. En
1847, les capitaines Lapierre et Rigault de Genouilly, commandant la *Gloire* et la *Victorieuse*, mouillèrent également à la baie
de Tourane où ils brûlèrent cinq navires annamites et délivrè-
rent plusieurs missionnaires dont monseigneur Lefèvre, prisonnier depuis deux ans.

En 1856, le gouvernement français, désireux de mettre un
terme à la triste condition des chrétiens du Tonkin et de la
Cochinchine, chargea M. de Montigny, notre consul en Chine,
d'aller conclure, avec la cour de Hué, un traité de nature à
améliorer le sort des missionnaires, à ouvrir des marchés à
nos bâtiments de commerce, et à obtenir la faculté d'envoyer
un agent diplomatique résident à Hué. M. de Montigny devait
en outre demander la cession de Tourane, ou de quelque île
voisine, pour y établir une factorerie, en vertu du traité d'alliance conclu jadis avec Louis XVI. Il se fit précéder à Tourane par le vaisseau *le Catinat*, commandé par le capitaine
Lelieur de Ville-sur-Arce, qui fut obligé de faire descendre à
terre sa compagnie de débarquement pour châtier l'insolence
des mandarins. Il attaqua, à la baïonnette, la garnison annamite, s'empara des forts, encloua soixante canons et jeta leurs
munitions à la mer.

Tû-Dûc, soutenu par la Chine, refusa néanmoins d'entrer en
négociations, et, comme nous ne possédions pas les forces suffisantes pour l'y contraindre, nous fûmes obligés de nous retirer. Cette retraite fut le signal d'un redoublement de persécu-
tion contre les chrétiens et plusieurs évêques espagnols fu-

rent exécutés. C'est alors que monseigneur Pellerin, évêque de Cochinchine, vint en personne exposer à Napoléon III la triste situation dans laquelle se trouvaient les missionnaires.

Pendant ce temps, Tû-Dûc faisait annoncer par ses mandarins que « des barbares d'Occident étaient venus avec un navire à feu jusqu'aux forts de la capitale de son royaume, mais qu'ils avaient eu la bonne idée d'en repartir aussitôt et d'échapper ainsi, par une prompte fuite, au châtiment mérité.

» Les Français, ajoutait-il, ne sont pas à craindre, ils aboient à distance comme des chiens, et fuient comme des chèvres dès qu'ils sont en présence des terribles guerriers annamites ».

Pour mettre un terme à ces bravades de Tû-Dûc et soutenir notre prestige dans l'Extrême-Orient, où notre marine, sous les ordres de l'amiral Rigault de Genouilly, venait de se couvrir de gloire en s'emparant de Canton (29 décembre 1857), une expédition fut décrétée contre l'Annam, et l'amiral Rigault de Genouilly en prit le commandement. Cette expédition était composée de douze navires français, d'un navire espagnol, de deux bataillons d'infanterie de marine, colonel Reybaud; d'une batterie d'artillerie, capitaine Latour, et d'un détachement du génie, capitaine Gallimard, soit un effectif de 1.500 hommes de troupes européennes auxquels se joignirent 800 Tagals des îles Philippines fournis par les Espagnols, sous le commandement du commandant Palanca. A la fin du mois d'août 1858 l'amiral Rigault de Genouilly mouilla dans la baie de Tourane et somma les mandarins de lui remettre la ville et les forts qui en gardaient l'entrée. Ne recevant aucune réponse, il bombarda la ville et s'empara des forts dont il retourna les ouvrages contre les Annamites.

Au commencement de l'année 1859, il laissa une partie de son escadre à Tourane sous le commandement du capitaine de vaisseau Toyon, puis il se dirigea avec l'autre partie aux bouches du Mékong. Son objectif était l'occupation de Saïgon, capitale de la Cochinchine, située sur le Donnaï, à 80 kilomètres dans l'intérieur du delta.

Le 10 février, il détruisit les deux forts qui défendaient l'entrée de la rivière, près du cap Saint-Jacques. Du 11 au 15, il éteignit les feux de divers forts échelonnés le long du Donnaï, et arriva en vue de Saïgon dont les deux forts sud ouvrirent immédiatement le feu contre ses navires. L'un de ces deux forts fut bien vite réduit au silence, mais l'autre, beaucoup mieux armé, ne put être attaqué que le lendemain.

La citadelle, à la Vauban, construite par le colonel Ollivier, offrit une résistance beaucoup plus sérieuse; elle riposta vigoureusement au bombardement de l'escadre et elle ne put être enlevée que le 17 février après une lutte des plus acharnées entre les assaillants et les défenseurs.

La prise de Saïgon nous rendit maîtres d'un matériel considérable, et elle constitua pour nous une base solide pour les opérations suivantes.

La guerre d'Italie et l'expédition de Chine obligèrent la France à abandonner, momentanément, la conquête de la Cochinchine et à évacuer Tourane pour concentrer toutes les troupes disponibles à Saïgon qui pouvait être menacée. L'amiral Rigault de Genouilly rappelé en France, sur sa demande, remit le commandement au capitaine de vaisseau d'Ariès, et le capitaine de frégate Jauréguiberry fut nommé commandant de la place de Saïgon, autour de laquelle on construisit un vaste camp retranché dont les lignes s'étendirent jusqu'à la ville chinoise de Cholon, située à sept kilomètres à l'ouest sur un arroyo couvrant les approches du camp de ce côté.

Pendant ce temps, les Annamites, sous le commandement du maréchal Nguyen-Tri-Phuong, ne restaient pas non plus inactifs. Profitant de notre faiblesse numérique, le maréchal se fortifia au nord de nos lignes, dans la plaine des Tombeaux, où il construisit des lignes de circonvallation dans le but de nous obliger à capituler. Ces lignes dites de « Ki-Hoa » avaient un développement de 15 kilomètres de longueur et elles étaient construites avec une science réelle de la fortification passagère. Les forts y poussaient comme des champignons, a dit un témoin de cette guerre, et il semblait que Nguyen-Tri-Phuong avait étudié ou deviné le système de fortification passagère de Wellington à Torrès-Vedras de Totleben à Sébastopol et pressenti le système de Denfert-Rochereau à Belfort.

Les Annamites bloquèrent ainsi notre petite garnison qui

resta six mois sans nouvelles de l'extérieur, et qui eut à repousser plusieurs attaques de vive force.

La fin de la campagne de Chine permit à l'amiral Charner de reprendre vigoureusement les opérations contre les lignes de Ki-Hoa qui furent enlevées le 25 février 1861, après plusieurs jours de combats acharnés qui nous coûtèrent des pertes cruelles en officiers et soldats.

Le maréchal Nguyen fut blessé et il perdit plus de mille hommes, mais il put se retirer et continuer la lutte en s'appuyant sur les places fortes de Mytho et de Bien-Hoa dont nos troupes s'emparèrent dans le courant de l'année.

Ces opérations obligèrent l'empereur Tû-Dûc à signer le 5 juin 1862, à Saïgon, un traité par lequel il cédait à la France les trois provinces de Saïgon, Mytho et Bien-Hoa, ainsi que les îles de Poulo-Condore.

Ce traité ouvrait au commerce le port de Tourane et deux autres ports de l'Annam. Tû-Dûc s'engageait, en outre, à payer à la France et à l'Espagne une indemnité de guerre de vingt millions, et il accordait enfin aux missionnaires et aux chrétiens la liberté du culte dans tout l'empire.

Ce traité fut promulgué en France par décret du 15 juillet 1863, mais il était à peine signé par Tû-Dûc que ce monarque cherchait à l'éluder en continuant les persécutions et en empêchant l'accès des ports spécifiés dans le traité. Il fomenta même une insurrection parmi ses anciens sujets des provinces cédées, ainsi qu'au Cambodge, qu'un traité, du 11 août 1863, avait placé sous le protectorat de la France.

Afin de mettre un terme aux déprédations des bandes qui ravageaient nos provinces, et qui, à l'approche de nos troupes s'enfuyaient dans les contrées encore soumises à Tû-Dûc, le gouvernement français autorisa l'amiral de la Grandière, notre gouverneur, à s'emparer des dernières provinces annamites de Cochinchine.

Une expédition fut organisée en secret, et, dans le courant du mois de juin 1867, nos troupes occupèrent Vinh-Long- Sadec, Chaudoc et Hatien.

A partir de cette époque, il n'y eut plus que quelques insurrections locales facilement réprimées par les milices indigènes.

Il faut dire aussi que le peuple annamite accepta de fort bonne grâce la domination française, et que son esprit de tolérance le fit bien vite sympathiser avec nous : le bouddhiste n'ayant pas, en effet, horreur du chrétien, comme le musulman, par exemple, qui nous donne toujours en Afrique le surnom injurieux de « giaour » (païen), chien, etc.

La paix signée et l'ordre rétabli en Cochinchine, il fallait organiser et coloniser le pays et en même temps ouvrir à son commerce des débouchés avec l'Europe et avec la Chine.

L'amiral Bonard, notre premier gouverneur, qui avait succédé.à l'amiral Charner, en 1861, avait été frappé de la ressemblance qui existait entre l'organisation hiérarchique de la Cochinchine et l'organisation française. Il avait dès cette époque conçu le projet de laisser administrer le pays par les mandarins annamites, sous la haute surveillance d'officiers français appelés « inspecteurs des affaires indigènes ».

Ce système ne donna tout d'abord pas de bons résultats parce qu'on était alors obligé de recourir à des fonctionnaires annamites, pas assez au courant de l'administration, pour remplacer les anciens mandarins chassés par la conquête. Afin de remédier, dans la mesure du possible, à cet état de choses, l'amiral de la Grandière augmenta le nombre des inspecteurs et il en plaça un à la tête de chaque arrondissement.

Puis, en 1864, on créa à Saïgon une direction de l'intérieur pour servir de base à cette organisation. En même temps, on créait dans tous les centres de population des écoles françaises pour l'enseignement du « quoc-ngu » (coquenieu) ou substitution des caractères latins aux caractères chinois, afin de mettre les jeunes indigènes à même d'étudier la langue française. Pour soulager nos soldats, dont le service était excessivement fatigant sous le climat meurtrier du pays, on réorganisa les milices indigènes.

Enfin, en 1879, on abandonna ce système d'administration pour lui substituer le gouvernement civil, avec application du Code pénal français.

Pour rechercher dans quelles limites les cours d'eau du pays pouvaient être utilisés comme voies de communication directes avec le centre de la Chine, l'amiral de la Grandière organisa une expédition française qu'il chargea tout d'abord d'explorer le Mékong. Cette expédition était dirigée par le capitaine de frégate Doudart de Lagrée, et composée de MM. Francis Garnier et Delaporte, lieutenants de vaisseau; Joubert et Thorel, médecins de la marine, et de Carné, attaché au ministère des affaires étrangères.

Elle partit de Saïgon le 5 juin 1866, visita les ruines célèbres d'Angkor (1), qui sont considérées comme les merveilles de l'architecture des Kmers. Elle explora le lac Toulé-Sap, situé aux confins du Siam et du Cambodge; les pays de Laos et de Bassac, puis elle franchit la frontière chinoise du Yunnan le 18 octobre 1867.

A partir de ce moment, Doudart de Lagrée reconnut qu'au lieu de continuer à remonter le cours du Mékong, qui s'infléchit de plus en plus vers le nord-ouest dans la direction des routes suivies déjà par les Anglais de Birmanie, il était préférable de chercher une voie commerciale vers le sud-est où les Européens n'avaient pas encore pénétré.

Il prit donc le parti de se diriger sur la ville de Yunnan, d'où il pouvait reconnaître le haut fleuve Rouge et la frontière du Tonkin, *« riche contrée, disait-il, avec laquelle la France devait avoir tout intérêt à entrer en relation dans l'avenir »*. Du Yunnan il envoya Francis Garnier en exploration sur le fleuve Rouge, que cet officier put reconnaître jusqu'au grand marché chinois de Mang-Hao, d'où il acquit la certitude que ce grand fleuve du Tonkin était navigable jusqu'à la mer de Chine, et

---

(1) Les monuments d'Angkor sont situés sur le territoire siamois, dans la région nord-ouest du lac Toulé-Sap. Leur construction date du Xe au XIVe siècle : ce sont les monuments les plus curieux qui existent dans toute l'Indo-Chine. Ils se composent d'une série de palais et de terrasses étagées dominés par d'immenses tours d'architecture indo-chinoise du plus merveilleux effet.

Les Cambodgiens, descendants des Kmers, ont non-seulement oublié l'art de construire de pareils édifices, mais ils ont même oublié les noms des architectes qui les ont construits.

Les uns disent que ce sont les anges ou les démons qui ont dressé ces tours et ces murailles; d'autres prétendent simplement qu'elles sont sorties de terre toutes seules.

qu'il était réellement la grande voie commerciale utilisée par les habitants du Yunnan, du Quang-Si et du Quang-Tong.

« La découverte de cette route, écrivait Doudart de Lagrée au gouverneur de Cochinchine, sera certainement un des plus utiles résultats de notre voyage. »

Quelques semaines plus tard, le 12 mars 1868, Doudart de Lagrée mourait à Tong-Tchoum, des suites d'une maladie contractée pendant ce long et pénible voyage. Francis Garnier prit le commandement de l'expédition et il se dirigea vers le Yang-Tsé-Kiang qu'il descendit jusqu'à Shang-Haï, d'où il s'embarqua pour Saïgon, le 12 juin 1868 (1).

La commission d'exploration avait parcouru en ces deux années 9.960 kilomètres dont 5.970 en barque et 3.990 à pied. Les résultats scientifiques de ce voyage furent admirables, tant au point de vue météorologique qu'au point de vue de l'archéologie et de l'histoire des peuples visités, et, si la question de navigabilité du Mékong se trouva écartée, il n'en demeura pas moins acquis que le fleuve Rouge, qui traversait le Tonkin, pays tributaire de l'Annam et par conséquent soumis à notre action, pouvait parfaitement devenir la voie commerciale cherchée.

_______

(1  Francis Garnier est né à Saint-Etienne le 25 juillet 1839. Il fit ses études à Montpellier, où il se fit remarquer par sa nature réfléchie, son intelligence avide de connaître et son caractère tenace. Rien ne put le détourner de son irrésistible vocation pour la marine. A 20 ans, il fut attaché, avec le grade d'enseigne de vaisseau, à l'état-major de l'amiral Charner et il prit part à l'expédition de Ki-Hoa, après la campagne de Chine.

Inspecteur, à 24 ans, des affaires indigènes, il se fit remarquer en Cochinchine par sa politique adroite et conciliante. Dès 1864, il appelait l'attention publique sur l'utilité qu'il y aurait, pour le commerce, à relier notre nouvelle colonie aux provinces méridionales de la Chine, et c'est sur ses instances que le Ministre de la marine le chargea, sous les ordres de Doudart de Lagrée, d'explorer le cours du Mékong. Il affirma, d'après des renseignements dignes de foi, que si le Mékong n'était pas la grande artère cherchée, le fleuve Rouge était navigable depuis Mang-Hao, à huit journées de la capitale du Yunnan. Après le siège de Paris, auquel il prit une part glorieuse, il retourna en Asie, où il commença un voyage d'exploration au Thibet, à l'effet de résoudre la question de l'origine des grands fleuves qui arrosent l'Inde et l'Indo-Chine.

C'est pendant le cours de ce voyage qu'il fut mandé à Saïgon par le gouverneur de la Cochinchine, qui le chargea de la délicate mission d'aller régler, au Tonkin, les difficultés qui venaient de surgir entre l'explorateur Jean Dupuis et la cour de Hué.

(Romanet du Caillaud : _Histoire de l'intervention française au Tonkin._)

# CHAPITRE III



L'honneur de reconnaître complètement la voie du fleuve
Rouge et de l'utiliser le premier fut encore réservé à un autre
Français nommé Jean Dupuis, auquel l'Académie des sciences
décerna, en 1881, le prix Delalande-Guérineau, institué pour
le savant ou le voyageur ayant rendu à la France et à la science
les plus grands services. L'amiral Mouchez, rapporteur de l'Académie, chargée de décerner ce prix, caractérise dans les termes suivants l'œuvre de Jean Dupuis :

Un homme d'un caractère énergique, plein de courage, de hardiesse
et de persévérance, vient de renouveler dans l'Extrême-Orient une
de ces entreprises rappelant, comme celle de Doudart de Lagrée dans
le Mékong, ces épisodes légendaires qui, au XVI<sup>e</sup> siècle, caractérisè-
rent les conquêtes dans le nouveau monde et firent, momentanément,
la grandeur de l'Espagne et du Portugal. Il nous donne un nouvel
exemple de cette puissance de l'initiative privée, qualité trop rare,
trop peu encouragée en France, mais aussi commune qu'appréciée
chez d'autres nations dont elle a le plus servi la prospérité. C'est à
cette vigueur de l'initiative de leur race, à cette confiance en soi,
à cette hardiesse d'entreprise qui les pousse sans cesse à porter au
loin hors de leurs frontières, l'exubérance de leur force et de leur
activité, que les Anglais et les Américains doivent surtout l'énorme
développement de leurs relations sur toute la surface du globe et
leur prospérité sans égale.

Si la France comptait beaucoup d'hommes comme Dupuis et savait
les encourager au lieu de les abandonner, elle ne tarderait pas à relever
son commerce de la déplorable infériorité où elle se trouve encore aujourd'hui en Extrême-Orient. C'est le droit et le devoir des nations
les plus civilisées, mais c'est aussi leur honneur et la cause la plus
efficace, la plus juste de leur prospérité, d'introduire chez les peuples arriérés leur influence, leur commerce et les bienfaits de la civilisation.

Malgré l'état si remarquablement prospère où se trouve aujourd'hui la France, on prendra certainement pour une marque de faiblesse ou d'impuissance sa non-intervention au Tonkin, et ce sera peut-être pour l'avenir une faute irréparable de ne pas suivre aujourd'hui la voie si facile, si fructueuse, ouverte par Dupuis dans cette belle et populeuse contrée, voisine de nos possessions asiatiques.

Jean Dupuis est né, en 1829, à Saint-Just-la-Pendue (Loire); il manifesta de bonne heure un goût prononcé pour les voyages et pour le commerce.

En 1857, il était en Egypte où il chercha à se créer une situation lors du percement de l'isthme de Suez. En 1859, il quitta l'Egypte pour suivre en Chine l'expédition franco-anglaise, et il s'établit à Han-Kéou, premier port ouvert au commerce européen. Il y fonda un dépôt d'armes et de munitions achetées en Europe et en Amérique pour le compte des mandarins chinois, qui avaient à combattre une insurrection des musulmans du Yunnan.

Il explora le Yang-Tsé-Kiang et se rendit, en septembre 1870, au Yunnan où il apprit bientôt que le fleuve Rouge était navigable. En sa qualité de fournisseur de l'armée chinoise, il obtint une escorte chinoise qui lui permit d'utiliser cette voie, beaucoup plus sûre et plus directe pour son commerce que le Yang-Tsé-Kiang. Il fit d'abord un premier voyage de la capitale du Yunnan au fleuve Rouge qu'il descendit jusqu'à la frontière du Tonkin, accompagné par un seul serviteur chinois. Les postes annamites l'ayant empêché de descendre plus loin, les mandarins chinois le chargèrent d'une mission commerciale ayant pour but le ravitaillement de l'armée du Yunnan par le fleuve Rouge, et ils l'accréditèrent auprès de la cour de Hué qui se reconnaissait toujours tributaire de la Chine.

Dupuis accepta la mission commerciale, mais il refusa toute intervention officielle de l'administration chinoise, parce que l'idée lui était venue de faire bénéficier la France du résultat important de sa découverte de la navigabilité du fleuve Rouge. Il chercha donc à s'assurer de la protection de la France, et, en 1872, il partit pour Paris où il reçut un accueil peu engageant pour son entreprise, parce que la France, au lendemain de ses désastres, était alors dans une situation qui ne lui permettait pas de le soutenir dans une pareille aventure. « Nous ne pouvons que faire des vœux pour le succès de votre entreprise, lui répondit l'amiral Pothuau, ministre de la marine, nous ne pouvons intervenir ni pour ni contre dans cette affaire qui demeure entièrement à vos risques et périls, mais nous ferons officieusement pour vous tout ce que nous pourrons sans nous engager (1) ».

Dupuis obtint, en effet, une lettre de recommandation auprès de l'amiral Dupré, gouverneur de la Cochinchine, et ce haut fonctionnaire lui promit de se tenir en communication avec lui, en envoyant chaque mois, de Saïgon, un navire de guerre dans les eaux du Tonkin (2).

Dupuis se rendit ensuite de Saïgon à Hong-Kong pour organiser son expédition qui fut composée de deux canonnières à vapeur, le *Hong-Kiang* et le *Laokaï*, et d'une chaloupe à vapeur, le *Sontay*.

Ces bateaux donnaient la remorque à une grande jonque chinoise chargée de sept mille fusils Chassepot, et autres armes à tir rapide, de trente pièces de canon, et de quinze tonnes de munitions.

Ils étaient montés par vingt-trois Européens qui devaient servir d'instructeurs aux troupes du Yunnan, ou d'ingénieurs pour les mines de ce pays, et par une centaine de Malais ou Chinois. Dupuis avait, pour le seconder dans son expédition, M. Millot, de la maison Millot de Sang-Haï; M. d'Argence, ancien agent des Messageries maritimes, et M. Georges Vlavianos, ancien officier du corps franco-chinois organisé par M. Gicquel, le fondateur de l'arsenal de Fou-Tchéou.

L'expédition partit de Hong-Kong le 26 octobre 1872 et elle arriva le 8 novembre à l'embouchure de la rivière d'Haïphong où elle trouva le navire de guerre *le Bourayne*, envoyé de Saïgon. Le commandant, M. Senez, sur les instructions qu'il avait reçues du gouverneur de la Cochinchine, favorisa le plus qu'il put les premiers rapports de Dupuis avec les mandarins des

---

(1) Dupuis : *Journal de voyage et d'expédition.*

(2) « Vous ne serez pas abandonné, me dit le général d'Arbaud, gouverneur par intérim, au moment où je quittais Saïgon pour aller organiser mon expédition à Hong-Kong; chaque mois j'enverrai un navire pour entretenir mes communications avec vous. » (Dupuis, *Journal de voyage et d'expédition.*)

provinces du bas delta, lesquels lui firent tout d'abord toutes sortes de belles promesses qu'ils s'efforcèrent ensuite de ne pas tenir. Le commissaire annamite Ly, qui était chargé de garder l'entrée du fleuve Rouge, chercha d'une part à ménager les susceptibilités de la cour de Hué, qui pouvait le destituer et peut-être faire pis s'il laissait pénétrer des étrangers dans l'intérieur du Tonkin, et, d'autre part, à satisfaire aux désirs de notre gouverneur de Cochinchine qui pouvait porter plainte contre lui.

Il chercha donc, par tous les moyens, à retenir l'expédition dans le golfe du Tonkin, en disant à Dupuis que le pays était en pleine insurrection et dévasté par des bandes de rebelles qui ne manqueraient pas de piller ses navires et de massacrer ses gens (3).

Voyant que ces raisons ne faisaient pas abandonner à Dupuis sa résolution de remonter quand même le fleuve Rouge, le mandarin Ly lui proposa d'attendre, d'abord pendant une quinzaine de jours, la réponse aux instructions qu'il avait demandées à Hué, puis, les quinze jours écoulés, il lui fit remarquer que la réponse pouvant se faire attendre pendant quatre à cinq mois, peut-être, il ferait bien d'aller l'attendre à Saïgon où le climat serait meilleur pour lui et ses équipages. Mais Dupuis, fixé d'avance sur la valeur des sentiments de sollicitude des mandarins à son égard, ne se laissa pas prendre à leurs pièges. Tant que le *Bourayne* stationna dans les eaux du Tonkin, ils n'osèrent pas non plus faire une opposition trop vive, par crainte de représailles, mais une fois ce navire parti ils défendirent sous peines sévères aux Annamites de vendre à Dupuis le bois et les vivres dont il avait besoin pour son expédition.

----

(3) « Le commissaire Ly, qui a mission de garder l'entrée du fleuve Rouge ne se dissimule pas la gravité de sa situation. La cour de Hué ne manquera pas de faire peser sur lui toutes les responsabilités. Il tente de me détourner de mon entreprise. Le fleuve Rouge n'est pas navigable, me dit-il, et puis les rebelles vous massacreront dans le haut du fleuve.

» Le pauvre commissaire paraît fort surpris, lorsque je lui réponds que je suis descendu, en 1871, du Yunnan aux avant-postes annamites du Tonkin et que je lui donne sur la navigabilité du fleuve et sur les rebelles, les détails les plus circonstanciés. » (Dupuis, *Journal de voyage et d'expédition*.)

Ils espéraient ainsi le décourager et lui faire abandonner ses projets (4).

Dupuis consentit, comme preuve de son désir de conciliation, à attendre pendant quinze jours la réponse de la cour de Hué, et il en profita pour reconnaître les canaux qui pouvaient lui permettre de gagner le fleuve Rouge en amont de son embouchure complètement obstruée par des bancs de sable.

Les quinze jours expirés, il dit aux mandarins qu'il prenait tout sous sa responsabilité et que, puisque les ordres de Hué n'arrivaient pas, il allait les attendre à Hanoï. Puis, comme les mandarins semblaient craindre des complications, surtout à cause de la présence de ses bateaux à vapeur à l'intérieur du pays, il leur proposa de les laisser à Haïphong s'ils voulaient lui faire fournir les jonques nécessaires pour transporter leur cargaison à Hanoï.

Les mandarins n'ayant pas répondu à ces dernières propositions, il partit d'Haïphong, le 4 décembre, avec toute son escadrille et il gagna le fleuve Rouge, par le Thaï-Binh et le canal des Bambous. Il déboucha dans le fleuve, à Hong-Yen, le 18 décembre, et arriva le 22 décembre à Hanoï où il fut de nouveau en butte aux vexations et à la mauvaise foi des mandarins qui ne voulaient pas davantage le laisser remonter le fleuve sans autorisation du roi.

Mais il fut très bien accueilli par la population et principalement par les négociants chinois qui s'appliquèrent à faire réussir son expédition, dont ils prévoyaient les plus heureuses conséquences pour leur commerce avec le Yunnan.

Le général chinois, commandant les troupes de Bac-Ninh, intervint également en sa faveur auprès des autorités annamites d'Hanoï et de Sontay pour qu'il lui fût délivré des jonques et des bateliers et pour qu'on le laissât circuler librement (5).

---

(4) « Malgré mes réclamations, les vivres promis la veille à bord du *Bourayne* n'arrivent pas. Le vide commence à se faire autour de nous et les petits bateaux de pêche, déjà très rares, ne répondent plus à notre appel. Cependant, le soir, au milieu de l'obscurité, on nous apporte des fruits, des légumes et du poisson, en nous disant qu'il y a défense, sous les peines les plus sévères, de nous fournir quoi que ce soit. » (Dupuis, *Journal de voyage et d'expédition.*)

(5) « Le général Tchèn somme les vice-rois d'Hanoï et de Sontay d'avoir à me laisser librement circuler pour le compte des mandarins du Yunnan,

Enfin, le 18 janvier 1873, il laissa à Hanoï ses navires à vapeur et se mit en route avec ses jonques et une chaloupe à vapeur chargées du matériel destiné au Yunnan. Il arriva à Sontay le 20, et le 25 à Hong-Hoa d'où il fut obligé de renvoyer à Hanoï sa chaloupe qui avait un trop fort tirant d'eau pour remonter le fleuve pendant cette saison des basses eaux.

Un mois plus tard, le 20 février, il était à Lao-Kaï, quartier général du fameux Lun-Vinh-Phuoc, qui n'osa même pas se montrer pour n'avoir pas à s'humilier devant un Européen, en présence de ses terribles pavillons noirs qui le regardaient comme un grand homme de guerre (6).

C'est ce même Lun-Vinh-Phuoc (Lou-Yen-Fou), et ses pavillons noirs, que nos troupes devaient retrouver, dix ans plus tard, à Sontay.

Il est né en 1837 dans la province chinoise du Kouang-Si où une insurrection formidable éclata en 1849 contre les mandarins qui ne purent la réprimer qu'en 1865 avec l'aide des troupes de la province de Canton.

Lun-Vinh-Phuoc, sorti des derniers rangs du peuple, devint par son talent et son énergie farouche l'un des chefs de cette insurrection, et, lorsque celle-ci fut vaincue, il se sauva au Tonkin avec sa bande de pavillons noirs, en même temps que son collègue Hoang-Tsong-in, chef des pavillons jaunes. Ces deux bandes ravagèrent toute la partie nord du ·Tonkin et elles allèrent même camper devant Hanoï, sur la rive gauche du fleuve Rouge.

C'est pour se délivrer de ces hôtes incommodes que les Annamites firent appel aux Chinois et c'est ce qui explique la présence de ceux-ci à Bac-Ninh, Thaï-Nguyen et Lang-Son, au moment de notre conquête du Tonkin.

---

et de me fournir les barques et les bateliers dont je puis avoir besoin. Dans le cas où l'on refuserait d'obéir à son ordre, il viendra lui-même à la tête de ses troupes, pour me faire donner des barques et protéger mon passage pour remonter au Yunnan. » (Dupuis, *Journal de voyage et d'expédition.*)

(6) « Les pavillons noirs ne nous voient pas arriver d'un bon œil. Ils savent bien que leur règne de brigandage ne durera pas longtemps, une fois le fleuve Rouge ouvert au commerce, mais que faire, puisqu'ils ne sont pas les plus forts? Ils sont polis, mais voilà tout. » (Dupuis, *Journal de voyage et d'expédition.*)

Lun-Vinh-Phuoc, chassé par les Chinois, remonta le fleuve Rouge et s'empara de Laokaï qu'il transforma en un véritable repaire de bandits, rançonnant les négociants dont les convois empruntaient la voie du fleuve Rouge.

De leur côté, les pavillons jaunes allaient, dans le même but, s'installer à Hayang sur la rivière Claire. Ces deux chefs de bandes devaient tout d'abord se partager entre eux le produit de leurs rapines exercées tant sur le fleuve Rouge que sur la rivière Claire, mais, comme celles du fleuve étaient plus fructueuses que celles de la rivière, Lun-Vinh-Phuoc refusa de partager : de là une guerre entre les deux bandes, et par la suite une alliance des pavillons noirs avec les Annamites contre les pavillons jaunes qui devinrent, à leur tour, les alliés des Français pendant la conquête du Tonkin.

Pendant ce premier voyage, Dupuis resta quatre jours à Laokaï où il reçut les doléances des gens du pays, qui lui firent connaître combien ils auraient été désireux qu'il les délivrât des pavillons noirs.

Ceux-ci, de leur côté, lui firent toutes les belles promesses possibles pour lui faciliter à l'avenir ses voyages sur le fleuve Rouge : ils espéraient qu'en agissant ainsi envers un agent accrédité du Yunnan, ils pourraient rentrer un jour dans les bonnes grâces du gouvernement chinois.

Enfin, le 4 mars, Dupuis arriva à Mang-Hao, point terminus de la navigabilité du fleuve Rouge. Ce premier voyage avait duré trois mois, retardé qu'il avait été par les nombreux pourparlers avec les autorités annamites, et par leur mauvais vouloir à laisser l'expédition se ravitailler dans le pays.

Le 21 avril, Dupuis repartait de Mang-Hao avec douze jonques chargées de marchandises de toutes sortes. Le 25, il passait de nouveau à Laokaï où les pavillons noirs ouvraient le feu sur ses jonques sans les atteindre, et, le 30 avril, il était de retour à Hanoï où il apprenait que les équipages de ses bateaux avaient été, pendant son absence, en butte aux vexations des mandarins annamites, et que plusieurs de ses gens avaient été enfermés dans la citadelle (7).

---

(7) « Pendant mon absence, le vice-roi d'Hanoï a fait emprisonner les propriétaires des jonques louées pour mon voyage. L'un d'entre eux est

A partir de ce moment, il eut à soutenir une lutte de tous les instants pour protéger ses navires et défendre ses gens contre la fourberie des mandarins, qui employèrent tous les moyens pour le faire échouer dans ses entreprises.

Afin de parer à toutes éventualités, il fit débarquer une partie de ses soldats du Yunnan et il les installa dans les maisons des bords du fleuve qu'il fortifia solidement à l'abri des canons de ses bateaux, tandis que les mandarins s'enfermaient dans la citadelle.

Puis, s'appuyant sur les nouvelles instructions qu'il avait apportées du Yunnan, il organisa de nouveaux convois de sel et autres marchandises à destination de ce pays, mais les Annamites et les pavillons noirs les forcèrent à rebrousser chemin, et ils tentèrent même de détruire ses navires au moyen de radeaux incendiaires lancés à la dérive sur le fleuve. Ils essayèrent également d'incendier son camp d'Hanoï avec des fusées et en mettant le feu aux maisons voisines. En même temps, ils firent construire des barrages partout où ses navires pouvaient chercher à passer, soit pour remonter au Yunnan, soit pour redescendre à la mer.

Dupuis ne se découragea pas un seul instant, et il tint tête à l'orage avec une audace inouïe, rendant les autorités d'Hanoï responsables des événements que cette situation pouvait amener et réclamant, à la cour de Hué, une indemnité de quinze cent mille francs, pour le préjudice causé par son inaction forcée qui l'empêchait de tenir ses engagements envers le Yunnan.

Il envoya, en même temps, à Saïgon, un de ses lieutenants, M. Millot, pour rendre compte au gouverneur de la situation qui lui était faite. Pendant ce temps, la cour de Hué demandait, de son côté, à notre gouverneur de vouloir bien l'obliger à

---

mort en prison des mauvais traitements qu'il a subis, les autres sont toujours incarcérés. La famille du Chinois Ly-Tsaï-Ki, qui nous avait fourni des provisions, a été également emprisonnée et son habitation a été pillée. Plusieurs autres personnes, convaincues d'avoir entretenu des relations avec nous, ont été arrêtées. J'ai écrit au vice-roi pour lui réclamer les prisonniers. Je lui dis que, dans le cas où les personnes qui ont été mises en prison pour avoir eu des relations avec moi ne seraient pas rendues à la liberté dans les vingt-quatre heures, j'irai moi-même les chercher dans la citadelle. » (Dupuis, *Journal de voyage et d'expédition.*)

quitter le Tonkin où il s'était établi, prétendait-elle, pour faire du commerce, au lieu de se contenter d'emprunter la voie du fleuve Rouge pour aller au Yunnan comme il l'avait promis, et ceci en violation des lois du pays qui défendaient aux Européens de s'établir au Tonkin et principalement dans la capitale.

Sur ces entrefaites, l'amiral Dupré envoya Francis Garnier au Tonkin avec pleins pouvoirs pour tâcher de régler le différend entre la cour de Hué et les autorités annamites. Francis Garnier arriva à Hanoï le 5 novembre 1873; il y fut reçu en grande pompe par Dupuis et ses gens qui lui rendirent les honneurs militaires. Il prévint aussitôt Dupuis qu'il était envoyé au Tonkin avec la mission officielle de faire une enquête sur ses réclamations contre le gouvernement annamite, et sur les plaintes de celui-ci à son endroit.

Il ajouta que l'amiral Dupré désirait mettre un terme à la situation équivoque du commerce étranger au Tonkin, et contribuer dans la mesure du possible à la pacification de cette contrée, puis, qu'il comptait beaucoup sur Dupuis et sur son expérience du pays pour l'éclairer sur la meilleure solution de ce difficile problème (8).

---

(8) Lettre de F. Garnier à M. Dupuis, datée d'Haïdzuong, 26 octobre 1873 : « Mon cher M. Dupuis. Je suis arrivé, vous le savez déjà peut-être, par le *d'Estrées*, avec la mission officielle de faire une enquête sur vos réclamations contre le gouvernement annamite et sur les plaintes de celui-ci à votre endroit. Ma mission ne se borne pas là. L'amiral désire mettre un terme à la situation équivoque du commerce étranger au Tonkin, et contribuer autant qu'il est en lui à la pacification de cette contrée. Je compte beaucoup sur votre expérience du pays pour m'éclairer sur la meilleure solution de ce difficile problème.

» Il est bon cependant, et vous comprendrez aisément pourquoi, que nos relations n'aient, au début, qu'un caractère officiel. A certain point de vue, je suis un juge qui ne doit paraître se laisser prémunir par aucune des deux parties. Mais, je puis au moins vous prévenir contre les bruits exagérés que les Annamites ne manqueront pas de faire courir sur les motifs de ma venue, et vous affirmer, de la façon la plus positive, que l'amiral n'entend abandonner aucun des intérêts commerciaux engagés. Il vous a, d'ailleurs, donné des preuves non équivoques de la vive sympathie qu'il porte à votre entreprise.

» Je serai sous très peu de jours à Hanoï, où nous pourrons causer ensemble de la situation politique du pays et de ses nécessités momentanées. J'ai tenu à vous faire parvenir ces quelques lignes par une autre voie que la voie annamite. Elles vous seront envoyées par les soins de la mission espagnole d'Haïdzuong.

» Signé : Francis GARNIER. »

Il fit aussi afficher deux proclamations : l'une adressée à ses compagnons d'armes, l'autre aux populations du Tonkin. Dans la première, il faisait remarquer à ses compagnons que l'amiral leur avait fait une faveur et donné une marque de confiance, en les envoyant au Tonkin sauvegarder les intérêts de la civilisation et de la France, et qu'ils devaient s'efforcer de mériter l'une et de justifier l'autre, en se rappelant qu'ils étaient au milieu de populations inoffensives et malheureuses, et que leur présence au milieu d'elles ne devait pas être une nouvelle charge ajoutée à celles qui les accablaient déjà, mais ouvrir, au contraire, une ère de soulagement et de paix pour le pays. « Vous êtes peu nombreux, leur disait-il, mais vos armes, votre discipline et la cause que vous servez vous rendront redoutables (9). »

Cette expédition était, en effet, bien petite pour une aussi grande entreprise. Elle se composait de l'aviso *le d'Estrées* ayant un équipage de cinquante-six hommes et portant un détachement de trente hommes d'infanterie de marine sous les ordres du sous-lieutenant de Trentinian (10), de l'aviso *le Decrès* et des canonnières *Espingole* et *Scorpion* portant une compa-

---

(9)                     « Marins et Soldats,

» En vous envoyant au Tonkin sauvegarder les intérêts de la civilisation et de la France, l'amiral gouverneur vous a fait une faveur et donné une preuve de confiance. Vous méritez l'une, vous justifierez l'autre. Vous vous rappellerez que vous êtes au milieu de populations inoffensives et malheureuses, que votre séjour au milieu d'elles ne doit pas être une charge ajoutée à toutes celles qui pèsent déjà sur elles, qu'il doit inaugurer au contraire une ère de soulagement et de paix. Vous vous abstiendrez donc de tout acte de brutalité; vous vous efforcerez de faire aimer et respecter le drapeau qui vous abrite en ne négligeant aucune occasion de vous rendre utiles en vous montrant en toutes circonstances justes et bienfaisants.

» Vous êtes peu nombreux, mais vos armes, votre discipline, la cause que vous servez vous rendent redoutables. Vous conserverez soigneusement ce prestige par une fidélité absolue aux règlements militaires, par une subordination complète à vos supérieurs de tout grade et de toute arme; par cet esprit d'union et de camaraderie qui allège les devoirs les plus pénibles et qui est la source d'une féconde émulation. J'aurai beaucoup à vous demander et je compte sur vous. Je me montrerai inflexible à réprimer tout acte de violence, d'intempérance ou d'indiscipline; mais vous ne trouverez pas de chef plus ardent que moi à vous faire obtenir les récompenses que vous aurez méritées. De ces deux devoirs, j'espère que vous ne me laisserez que celui-ci à remplir. »

(10) Actuellement général.

gnie de débarquement de soixante hommes sous les ordres de l'enseigne de vaisseau Bain de la Coquerie et des aspirants Hautefeuille et Perrin. Un ingénieur hydrographe, M. Bouillet, et trois médecins : M. Chédan, Dubut et Harmand, faisaient partie de l'expédition qui avait ainsi un effectif de cent quatre-vingts Européens.

Dans sa seconde proclamation Francis Garnier faisait savoir aux habitants que leurs mandarins ayant demandé assistance à Saïgon, l'amiral gouverneur l'avait envoyé au Tonkin pour voir comment les choses s'y passaient, et que de plus, les côtes étant ravagées par les pirates, il avait l'intention de pourchasser ces bandits, afin que tous les habitants puissent vaquer en paix à leurs affaires (11).

Cette dernière proclamation exaspéra les mandarins, et le vieux maréchal Nguyen-Tri-Phuong, qui venait d'être envoyé à Hanoï par la cour de Hué, fit défendre aux Annamites comme aux Chinois d'avoir aucune relation avec les Français. Les mandarins firent même lâcher et soudoyer des prisonniers pour incendier les logements de Dupuis et empoisonner l'eau qui devait servir aux Européens.

En présence d'une pareille insulte au drapeau de la France, Francis Garnier voulut s'emparer immédiatement de la citadelle, mais sur les conseils de monseigneur Puginier, évêque français du Tonkin, il différa de quelques jours l'exécution de

---

(11)        « *Aux haoitants du Tonkin*,

» Le représentant du noble royaume de France, Garnier, fait savoir à tous les habitants que, les mandarins du noble royaume Annamite étant venus à Saïgon demander assistance, l'amiral nous a envoyés au Tonkin pour voir comment les choses s'y passaient. De plus, ici, au Tonkin, les côtes sont désolées par de nombreux pirates qui font beaucoup de ravages; nous avons l'intention de pourchasser ces bandits, afin que tous les habitants de ces lieux puissent en paix vaquer à leurs affaires.

» Quant à nos soldats, si quelqu'un d'entre eux commet quelque acte répréhensible, que l'on vienne porter plainte, et nous ne manquerons pas de faire justice.

» Tout peuple se laisse facilement entraîner par les exemples de vertu. Populations du Tonkin, il faut bien vous convaincre d'une chose, c'est que les mandarins et soldats français sont unis avec les mandarins et soldats annamites comme des frères entre eux. En conséquence, nous désirons procurer au Tonkin la facilité de faire le commerce, et par là lui apporter la richesse et la paix. Telles sont nos intentions : nous vous les faisons connaître à vous tous, mandarins, soldats et populations du Tonkin. »

ce projet, et il reprit, inutilement d'ailleurs, les négociations entamées avec les autorités annamites.

Il posa alors un ultimatum au mandarin, sur l'ouverture du Tonkin au commerce chinois, espagnol et français, par application des traités précédents; mais ne recevant pas de réponse, il proclama la liberté de navigation du fleuve Rouge pour le commerce de ces trois nations. Quelques jours plus tard la cour de Hué lui répondit par deux lettres insolentes l'avertissant qu'elle allait en appeler aux Anglais de Hong-Kong.

Francis Garnier posa immédiatement un nouvel ultimatum au maréchal Nguyen : celui de désarmer la citadelle et de donner l'ordre à tous les gouverneurs de provinces de se conformer aux arrêtés français; enfin, de laisser Dupuis rentrer librement au Yunnan. Il ajouta que si l'on ne donnait pas satisfaction à ses propositions, il attaquerait la citadelle dès le lendemain.

La citadelle d'Hanoï est située au nord-ouest de la ville marchande qui la sépare du fleuve Rouge. Elle a été construite par le colonel Ollivier, à la fin du XVIII<sup>e</sup> siècle : c'est un grand carré de 1.200 mètres de côté, fortifié d'après le système de Vauban, avec bastions, courtines et demi-lunes.

Le mur d'escarpe construit en brique a six mètres d'élévation et il soutient un rempart en terre de quinze à vingt mètres d'épaisseur y compris le parapet qui a six à huit mètres d'épaisseur. Des embrasures sont ménagées de distance en distance, dans le parapet, pour le tir du canon en embrasure, et des plates-formes existent aux saillants pour le tir en barbette. Les unes et les autres sont recouvertes de paillotes ou maisonnettes pour abriter les défenseurs contre la pluie ou les ardeurs du soleil.

Elle est entourée d'un fossé de trente mètres de largeur et de quatre mètres de profondeur avec un mètre de vase et un mètre d'eau. Ce fossé, dont les talus sont en maçonnerie, est séparé du rempart par une berge de huit mètres de largeur appelée, par les Annamites, chemin des Eléphants, parce qu'il permet, en effet, aux éléphants de guerre d'y cheminer pour détruire les échelles ou autres engins de guerre que pourraient placer les assaillants contre la muraille.

Cinq portes donnent accès dans la citadelle; deux à la face sud communiquant avec la ville marchande et une au milieu de chacune des trois autres faces. Ces portes sont surmontées de miradors ou pagodes fortifiées servant de postes d'observation; un pont en pierre traverse le fossé à la hauteur de chaque porte. A l'intérieur il existe en outre, comme dans toutes les citadelles annamites, une grande tour construite sur un large tertre fortifié, servant tout à fois de réduit et de poste d'observation des environs.

Le palais du gouverneur construit au milieu de la citadelle est entouré de murailles qui en font également une petite forteresse.

Il existe beaucoup de maisons de mandarins, des casernes et des magasins immenses pour les approvisionnements en vivres et en matériel de toutes sortes nécessaires tant à la population civile qu'à la population militaire. Tel était du moins, en 1873, l'aspect intérieur de la citadelle que de larges rues, se coupant à angles droits, divisaient en carrés couverts de jardins ou premenades. Tout a été complètement transformé depuis par la construction de casernes à l'européenne, ainsï que d'un arsenal dont les machines ont dû troubler singulièrement la tranquillité du lieu. Les bâtiments des principaux magasins ont été transformés en un vaste hôpital, en attendant la construction de bâtiments à l'européenne.

A l'arrivée de Francis Garnier, elle était occupée par une garnison de sept mille hommes sous les ordres du maréchal Nguyen-Tri-Phuong, et elle n'était armée que de vieux canons dépareillés, mal approvisionnés et encore plus mal servis.

Les défenseurs eux-mêmes n'étaient armés que de lances, de sabres et de vieux fusils à pierre dont ils savaient à peine se servir. Francis Garnier connaissait parfaitement cette situation, et il avait appris, par son long séjour en Indo-Chine, à connaître le caractère des guerriers contre lesquels il allait se mesurer. Il avait, d'ailleurs, la certitude que le peuple et les soldats étaient avec lui contre les mandarins. Mais, néanmoins, il lui fallait un véritable courage pour se lancer, avec une poignée de braves, à l'assaut de cette immense citadelle contre laquelle il aurait pu échouer et s'occasionner un désastre irréparable.

Le 19 novembre 1873, il communiqua à ses officiers, ainsi qu'à Dupuis, les dispositions qu'il avait prises pour l'attaque qui devait avoir lieu le lendemain à 6 heures du matin, et qui devait être commencée par les canonnières *Scorpion* et *Espingole*, sous le commandement de l'enseigne Balny, ouvrant le feu sur les portes du nord et de l'est. Pendant ce temps, Francis Garnier devait se porter à la face sud de la citadelle avec vingt-cinq hommes d'infanterie de marine sous les ordres du sous-lieutenant de Trentinian; deux pièces de montagne et un détachement de matelots sous les ordres des enseignes Bain de la Coquerie et Esmez, et des aspirants Hautefeuille et Perrin.

Dupuis, avec ses soldats du Yunnan et un canon de ses navires, avait pour mission d'aborder la porte Est et de l'enfoncer à coups de canon pour pénétrer dans la place pendant que Francis Garnier y pénétrerait par les portes Sud.

Le 20 novembre, à 5 heures du matin tout le monde était debout, et, à 6 heures, chacun était à son poste et mettait à exécution le plan si bien combiné par Francis Garnier : les uns en escaladant les murs avec des échelles, les autres en enfonçant les portes à coups de canon ou de hache. Francis Garnier, lui-même, escalada la porte Sud-Est avec M. de Trentinian et deux soldats d'infanterie de marine, puis ils ouvrirent cette porte aux autres assaillants. Tous les détachements firent irruption à la fois dans l'intérieur de la citadelle et s'emparèrent immédiatement des miradors. Les défenseurs, terrorisés par cette attaque impétueuse, jetèrent leurs armes, escaladèrent les remparts et se sauvèrent en désordre, malgré l'énergie du maréchal Nguyen qui cherchait à ranimer leur courage par sa présence sur les remparts.

A 7 heures du matin, la citadelle était en notre pouvoir et le drapeau français flottait sur la grande tour. Nous n'avions qu'un soldat européen blessé et un soldat du Yunnan tué. Les Annamites avaient fait des pertes assez sérieuses, entre autres celle du fils du maréchal qui était gendre de Tû-Dûc. Le maréchal lui-même reçut une blessure assez grave et il ressentit de sa défaite un tel désespoir qu'il refusa de se laisser soigner, et il mourut un mois plus tard, à l'âge de soixante-sept ans, autant de chagrin que des suites de sa blessure. Ainsi finit ce vieil ennemi de la France, ce patriote et ce militaire dont la valeur avait failli jadis faire échouer notre conquête de la Cochinchine (12).

On trouva dans la citadelle un butin immense qui compléta fort à propos les provisions du petit corps d'occupation. Quarante canons, un grand nombre de fusils, de sabres, de lances, de la poudre, des boulets, des fusées, des troupeaux de bœufs, des lingots de cuivre, des barres d'argent, cent cinquante mille francs en sapèques, cinquante mille hectolitres de riz et huit cents hectolitres de sel.

Après la prise de la citadelle, Francis Garnier ne fut pas embarrassé de la tâche qui lui restait à accomplir, car, en prévision des événements, il avait précédemment organisé la conquête du delta, nommé des fonctionnaires, créé des milices et préparé des courriers pour correspondre rapidement avec les provinces. Il installa son petit corps expéditionnaire dans la citadelle et il poursuivit immédiatement sa conquête en envoyant des détachements dans toutes les directions.

Le 26 novembre, Balny, commandant de l'*Espingole*, s'empara de la citadelle de Phu-Ly, dont il confia la garde aux miliciens. De là il se dirigea sur Haïdzuong avec MM. de Trentinian et Harmand et un détachement de quinze soldats d'infanterie de marine. Le gouverneur ayant refusé de rendre la citadelle, elle fut canonnée par l'*Espingole;* la porte fut enfoncée et les défenseurs, terrorisés déjà par les précédents exploits des Français, mirent bas les armes le 4 décembre.

---

(12) Nguyen-Tri-Phuong était fils d'un chef de canton de la province de Gia-Dinh. Il se distingua dans sa jeunesse, en organisant un corps de volontaires avec lequel il enleva Saïgon aux rebelles de Vi-Khoï, en 1834.

On sait quelle résistance énergique il opposa à la conquête de la Cochinchine, et avec quelle intelligence il organisa et défendit les lignes de Ki-Hoa, en 1861.

Dans sa première entrevue avec Francis Garnier, à Hanoï, il lui dit : « Je pense vous avoir déjà vu ». Excellence, répondit Garnier, je dois vous avoir rencontré à Ki-Hoa et, depuis ce temps, j'ai toujours eu pour vous la plus grande estime. » (Bouinais et Paulus, *L'Indo-Chine contemporaine.*)

La citadelle d'Haïdzuong, l'une des plus grandes du Tonkin, était armée de cent canons et ses défenseurs, au nombre de deux mille environ, étaient en partie armés de fusil à tir rapide.

Pendant ce temps, l'aspirant Hautefeuille avec un canot à vapeur armé d'un canon de quatre et composé d'un équipage de huit hommes, s'emparait de Ninh-Binh, citadelle très bien fortifiée et défendue par quinze cents soldats résolus à résister. Le 5 décembre, à 4 heures du matin, il se présenta devant la place : les défenseurs éveillés par le bruit du canot se portèrent aussitôt sur les remparts, tandis que d'autres sautaient dans des jonques pour s'élancer à l'abordage du canot. Hautefeuille devinant leur projet s'avance contre eux à toute vapeur, mais le canot s'échoue et les tubes de sa chaudière se crèvent et le transforment ainsi en une masse inerte. N'écoutant alors que son courage, il se laisse dériver jusqu'aux jonques, saute dans l'une d'elles, et de là à terre où il est suivi par six de ses hommes. Il marche ensuite droit sur la porte de la citadelle où il rencontre le gouverneur, vieillard à barbe blanche, qu'il saisit au collet, lui place le revolver sur la tempe et lui déclare que si dans un quart d'heure, il ne lui a pas remis la citadelle et accepté ses conditions, il lui brûlera la cervelle (13).

Le gouverneur avoua, plus tard, qu'il avait été saisi par l'audace du jeune aspirant, et par l'effroi que causait à ses soldats son bateau « qui marchait tout seul », et des flancs duquel ils craignaient de voir surgir toute une armée. C'est pour ces motifs qu'il avait cru devoir se soumettre et signer la capitulation de la citadelle.

---

(13) « Le mandarin jouait avec moi, se croyant à bon droit le plus fort. Je lui dis qu'il me fallait, par écrit, son acquiescement à la liberté de navigation sur les fleuves, et que je l'accompagnerais dans la citadelle pour le voir faire.

» Il refusa, disant que je pouvais compter sur sa parole, etc.

» Bientôt, il me répondit que j'en demandais trop, et qu'il allait me punir ! A l'instant même, je le saisis au collet, et mettant ma montre sur la table (7 heures 30), mon revolver sur sa tempe, je lui déclarai que j'allais lui brûler la cervelle si, dans un quart d'heure, je n'étais pas dans la citadelle, les troupes à genoux et tous les mandarins m'escortant. A mon premier mouvement, les miliciens annamites s'étaient rapprochés, mais mes marins étaient là ; au commandement de « Joue » un grand cercle se fit autour d'eux. A 7 heures 43, j'entrais dans la citadelle aux conditions demandées. » (Extrait du *Rapport* de M. Hautefeuille à Francis Garnier.)

Francis Garnier fut très étonné lorsque, quelques jours plus tard, il arriva devant Ninh-Binh avec la canonnière *Scorpion*, d'y voir flotter le drapeau français, et d'être salué par le petit canon du canot que nos matelots avaient hissé sur le rocher de la citadelle. Il félicita chaleureusement Hautefeuille de son audace et il le nomma gouverneur de la province, puis il partit pour Nam-Dinh dont il s'empara le 11 décembre et nomma le docteur Harmand administrateur de la province, qui comptait près de deux millions d'habitants.

A dater de ce jour, la petite expédition française était complètement maîtresse du delta, dont les six forteresses principales étaient occupées par de petits détachements français et des miliciens indigènes soumis à notre cause.

La possession d'Haïdzuong assurait ses communications avec Haïphong et la mer dans la partie nord du delta; Nam-Dinh, Phu-Ly et Ninh-Binh jalonnaient la route dans la partie sud et assuraient en même temps la sécurité des missions françaises de Ké-So.

Francis Garnier adressa alors une nouvelle proclamation par laquelle il invitait les notables annamites et les commerçants chinois à se rallier à lui, et les mandarins à se soumettre ou à se démettre de leurs fonctions, sous peine d'être traduits devant un conseil de guerre (14).

---

(14) La lettre suivante adressée par F. Garnier à son ami M. Luro, administrateur des affaires indigènes en Cochinchine, montre bien que, dans les circonstances les plus graves, il ne perdait jamais le sang-froid et la bonne humeur qui étaient le fond de son caractère.

« Mon bon vieux, disait-il, je suis exténué de fatigue et de pose. Je me trouve une province de deux millions d'âmes sur les bras. Ce vieil obstiné de maréchal m'a forcé à lui faire la guerre : il a été jusqu'à appeler les rebelles chinois contre moi. Le pauvre diable en a porté la peine : la citadelle d'Hanoi est prise et il a une balle de mitraille dans la hanche. J'expéd'e en bloc tous les hauts fonctionnaires du pays à Saïgon, pour qu'ils ne se croient pas obligés de soulever les populations contre moi, et je reste toujours avec ma province sur les bras. Ne me réponds pas comme Sganarelle : « Mets-la par terre », mais viens me trouver. Je te demande avec instance à l'amiral. Avec toi, tout marchera comme sur des roulettes, mais, vrai, je ne peux pas tout faire. Je n'ai pas le temps de t'expliquer le pourquoi du comment. Dis à Philastre que je n'ai pas tort et que j'ai tendu aux Annamites la perche le plus longtemps possible. Je la leur tends encore, s'ils veulent de ma convention commerciale, puisque je dis que je rendrai Hanoï au roi dans ce cas, ce qui fait hésiter beaucoup de gens qui,

Cependant la situation devenait de plus en plus difficile à Hanoï : le prince Hoang-Ké-Viem, commandant militaire de Sontay, avait fait appel aux pavillons noirs, et ceux-ci étaient venus inquiéter la petite garnison française jusque sous les murs de la citadelle, en même temps que d'autres bandes venues de Bac-Ninh inquiétaient la ville marchande que les navires et les soldats de Dupuis avaient peine à protéger.

Le 18 décembre, Francis Garnier rentra à Hanoï où il apprit ces événements, et il résolut d'attaquer immédiatement les pavillons noirs qu'il espérait pouvoir chasser de Sontay et même de Hong-Hoa, en combinant une attaque par terre avec celle des bateaux remontant le fleuve Rouge. Il est probable que ces nouvelles opérations auraient été couronnées d'un plein succès, et que dès cette époque, tout le Tonkin aurait pu être soumis à la domination française, sans qu'il en coûtât d'aussi grands sacrifices que ceux que nous avons dû faire depuis.

Francis Garnier, d'ailleurs, n'avait agi de vive force que parce qu'il y avait été poussé par la mauvaise foi des mandarins toujours disposés à retirer le lendemain ce qu'ils avaient accordé la veille. Des circonstances imprévues l'empêchèrent de mettre son nouveau projet à exécution.

---

sans cela, se rallieraient à moi. Ou il ne fallait pas m'envoyer, ou je ne pouvais agir autrement. Viens, viens, viens ! Il y a beaucoup à faire ici. C'est certainement préférable comme richesse, climat, densité de population, à la Cochinchine. »

M. Philastre, lieutenant de vaisseau, dont il est question dans la lettre de Francis Garnier, était, en 1873, à la tête du service de la justice coloniale en Cochinchine. Absolument honnête et incapable de corruption, il avait une sympathie incontestable pour la race annamite, dont la civilisation et la langue lui étaient parfaitement connues, et M$^{me}$ Philastre était indigène. Peut-être faut-il chercher là les raisons qui le poussèrent à détruire en quelques jours l'œuvre de Garnier. Il joua, après la mort de Francis Garnier, un rôle très important dans les affaires du Tonkin, mais un rôle en opposition complète avec celui de son prédécesseur. L'un avait pris parti pour les Tonkinois contre les Annamites, l'autre prit le parti des Annamites contre les Tonkinois...

« A peine arrivé au Tonkin, il ordonna l'évacuation d'Haïdzuong, malgré les justes observations de M. de Trentinian : il laissa interner les chefs militaires et les fonctionnaires qui avaient servi sous notre drapeau ; il félicita les missionnaires espagnols du zèle qu'ils avaient apporté à empêcher tout mouvement des populations en faveur de la France ; en un mot, il semble que son but unique ait été d'anéantir au plus vite l'œuvre de Garnier. » (Maxime Petit, *La France au Tonkin et en Chine*.)

La cour de Hué, surprise par cette conquête aussi rapide qu'inattendue de ses forteresses du Tonkin, envoya des ambassadeurs à Hanoï pour s'entendre sur les bases d'un traité de paix ouvrant le fleuve Rouge au commerce. En même temps le gouverneur de la Cochinchine envoyait des renforts pour soutenir Francis Garnier et appuyer les prétentions de la France.

Dès leur arrivée à Hanoï, le 19 décembre, les envoyés de la cour de Hué, au lieu de chercher à calmer les esprits, comme c'était leur devoir, s'appliquèrent au contraire à pousser les populations à la révolte contre les Français, et, pendant les négociations préliminaires, ils laissèrent même les pavillons noirs attaquer la citadelle.

Le dimanche 21 décembre 1873, après la messe dite par Mgr Puginier (15), la petite garnison française d'Hanoï était rentrée dans ses cantonnements pour le repas du matin tandis que Francis Garnier et Mgr Puginier se rendaient chez les ambassadeurs annamites. A peine la discussion du traité était-elle engagée qu'un interprète l'interrompit en disant que la citadelle était attaquée par les pavillons noirs. Francis Garnier se dirigea immédiatement au pas de course vers la porte ouest où la fusillade était, en effet, engagée entre nos marins et les pavillons noirs. « Bon courage, mes braves, ce ne sera rien », leur dit-il en les postant sur le rempart et en allant de l'un à l'autre pour calmer leur émotion. Puis, aidé de l'aspirant Perrin, il plaça sur la porte attaquée une pièce de quatre dont les obus firent bientôt battre en retraite les pavillons noirs.

Comme ils ne se repliaient pas assez vite, il prit avec lui la petite pièce de canon avec douze hommes et il se mit à leur poursuite en cheminant d'abord sur une digue qu'il fut bientôt obligé de quitter parce qu'il se dirigeait trop à gauche de la direction de l'ennemi. Il laisse alors sa pièce de canon avec trois

---

(15) Mgr Puginier, évêque français de Ké-So et Hanoï, est au Tonkin depuis l'année 1858.

Il a été nommé chevalier de la Légion d'honneur en 1884 pour services rendus au corps expéditionnaire et à l'influence française. (Décédé à Hanoï le 25 avril 1892.)

marins sur la digue et coupe à travers champs avec les neuf hommes qui lui restent et qu'il divise en trois groupes chargés d'explorer les nombreuses touffes de bambous qui couvrent le terrain. Il se met lui-même à la tête du groupe du centre et marche droit vers un point d'une haute digue derrière laquelle s'agitent quelques pavillons. En cherchant à gravir cette digue il trébuche et tombe dans un fossé à proximité des touffes de bambous, abritant des pavillons noirs qui l'entourent aussitôt en le menaçant de leurs lances. Cependant il les tient en respect avec son revolver, qu'il décharge sur eux en criant à ses trois compagnons : « A moi, mes braves ! Venez, nous les battrons ! » Mais avant que ceux-ci puissent arriver à son secours, il tombe sous les coups des pavillons noirs qui lui coupent la tête et l'emportent comme trophée (16).

Pendant ce temps, l'enseigne Balny, à la tête d'un détachement d'une quinzaine d'hommes, avait suivi une autre digue qui l'avait conduit plus à l'ouest, dans la direction des retranchements des pavillons noirs. Ne voyant plus d'ennemis devant lui, il divisa également sa troupe en petites patrouilles pour explorer le terrain. Bientôt on le prévint que son fourrier, Dagorne, avait disparu ; il s'élança alors en avant dans l'espoir d'arracher ce sous-officier aux mains des pavillons noirs, et il arriva ainsi jusqu'à leurs retranchements, mais il fut tué à bout portant par quelques-uns de ces bandits embusqués derrière une digue.

----

(16) « J'ai causé longuement, ce soir, avec le sergent Champion, qui suivait F. Garnier au moment où il a été tué. Suivant lui, les deux hommes qui se trouvaient en arrière se sont sauvés, sans songer à défendre leur chef. L'un d'eux a eu la faiblesse de raconter qu'il avait cependant entendu Garnier crier : « A moi, mes braves ! Venez, nous les battrons ! »

» M. Garnier cherchait à se défendre avec son revolver, mais, une fois ses six coups tirés, il n'aura pu le recharger.

» Je viens de voir son corps rapporté dans la maison du maréchal. Il est au milieu de deux marins. Rien d'horrible comme ces cadavres sans tête.

» Ils sont là, étendus sur la paille. M. Garnier a le bras droit écarté, celui de gauche ramené le long du corps ; le pied droit est chaussé d'une bottine, l'autre n'a qu'une chaussette blanche ; ses vêtements sont en lambeaux, le corps est couvert de blessures faites par les lances et les sabres. La poitrine est ouverte, le cœur arraché... et la peau du ventre enlevée... Les deux mains sont crispées... Je lui serre pour la dernière fois et bien fortement sa pauvre main droite glacée, en lui jurant qu'il sera vengé. » (Dupuis, *Journal de voyage et d'expédition*.)

Plusieurs matelots furent tués ou blessés grièvement dans cette cruelle sortie qui nous coûtait la perte irréparable du chef distingué, du patriote ardent et du serviteur intelligent qui aurait pu peut-être, dès cette époque, doter la France, de cette belle colonie du Tonkin dont la conquête devait nous coûter tant de sacrifices dix années plus tard (17).

---

(17) « Francis Garnier était très aimé de ses hommes, qui avaient appris à le connaître; ils avaient foi en lui, et il exerçait sur eux le triple ascendant de la science, de la volonté et de l'héroïsme. J'ai sous les yeux, dit M. Hippolyte Gauthier, ami d'enfance de Garnier, une page touchante, où le sergent Imbert, chargé de tenir le journal de l'expédition, exprimait sa douleur et celle de ses camarades :

« Nous aimions tous un chef dont l'inaltérable bonté n'avait d'égale que » les plus hautes qualités morales. Nous déplorions l'injustice du sort qui » ravissait à ses mains laborieuses le fruit de tant de travaux, de fati- » gues, de veilles, et laissait incomplet un succès dû à son ardent et pur » patriotisme. Nous avions, enfin, le pressentiment que jamais Francis » Garnier ne serait remplacé dans sa difficile mission... Et nous disions » tous : Pauvre France! tu perds un de tes plus fidèles, de tes plus dé- » voués, de tes plus intelligents serviteurs. » (H. Gauthier, *Les Français au Tonkin.*)

M. Harmand, dans ses *Souvenirs du Tonkin*, donne cet autre témoignage des regrets qui entouraient F. Garnier : « Il lui restait à peine quelques piastres, quelques effets et son sabre. Le vieux sous-officier qui était chargé de l'inventaire pleurait à chaudes larmes, en refermant la caisse de son commandant. »

« La perte de F. Garnier, écrivait au journal *le Temps* (10 janvier 1874) M. Levasseur, professeur de géographie au Collège de France, est une de celles qu'on ne répare pas aisément, parce qu'on ne trouve pas toujours l'intrépidité, la science, le patriotisme et la passion des grandes découvertes réunis au même degré chez un même homme. La mort vient de l'arrêter bien jeune encore; ce qu'il avait fait déjà doit nous faire regretter davantage, pour l'honneur du nom français et pour le progrès de la connaissance du monde, qu'il n'ait pu poursuivre la belle entreprise qu'il commençait. »

# CHAPITRE IV

Evacuation du Tonkin après la mort de Francis Garnier. — Traité du
4 août 1874, qui donne à la France le droit d'installer des résidents dans
certains ports annamites ouverts au commerce étranger. — Mauvaise
foi de la cour de Hué et fourberie des mandarins qui s'efforcent d'éluder
certaines clauses du traité. — La Chambre des députés vote un crédit
de 2.400.000 francs et le gouvernement français envoie à Hanoï le capitaine de vaisseau Henri Rivière pour maintenir l'ordre dans le pays. —
Henri Rivière éprouve les mêmes difficultés que Francis Garnier. —
Reprise d'Hanoï et de Nam-Dinh. — Nouvelle lutte contre les pavillons
noirs, dans laquelle succombe Henri Rivière, le 19 mai 1883.


La mort de Francis Garnier jeta la consternation dans sa
petite armée et parmi les populations annamites qui s'étaient
ralliées à sa cause, et qui prévoyaient une réaction terrible de
la part des mandarins.

Le jour même de sa mort, des renforts, envoyés de Saïgon,
arrivaient à Haïphong en même temps qu'un nouvel ambassadeur de Hué, accompagné d'un administrateur français des
affaires indigènes de Cochinchine, M. Philastre, qui s'empara du
pouvoir et désavoua tous les actes de Francis Garnier et de
Dupuis. Les quelques braves qui avaient conquis les citadelles
durent, la mort dans l'âme, exécuter les ordres d'un autre Français leur prescrivant de rendre ces citadelles aux mandarins
pour se retirer ensuite à Haïphong, où les navires de Dupuis
furent mis en séquestre en attendant qu'un nouveau traité eût
reconnu la liberté de navigation sur le fleuve Rouge. C'était là
une véritable capitulation dont les conséquences devaient être
des plus funestes, aussi bien pour les populations annamites
que pour la France (1).

---

(1) « 14 janvier 1874. — J'ai vu Mgr Puginier, qui est dans la plus
grande tristesse. On vient de lui annoncer qu'aussitôt après le départ des

Le traité fut conclu le 15 mars 1874, entre l'amiral Dupré, gouverneur de la Cochinchine, au nom de la France, Lé-Thuan, ministre de la justice, et Nguyen-Van-Thuong, an nom de l'Annam. Il fut approuvé à l'Assemblée nationale de Versailles par une loi du 4 août 1874, et ratifié en grande pompe à Hué, le 13 avril 1875. Ce traité ouvrait au commerce étranger, sans distinction de pavillon, les ports de Quin-Nhon, Haïphong et Hanoï, et le fleuve Rouge jusqu'au Yunnan. Il reconnaissait à la France le droit d'installer des résidents dans ces ports ainsi qu'à Hué, et de leur laisser une escorte suffisante pour assurer leur sécurité et faire respecter leur autorité.

Ce traité consacrait, en outre, un principe qui devait faire naître plus tard des discussions à perte de vue avec la Chine, et nous mettre finalement en guerre avec cette puissance qui considérait toujours l'empereur d'Annam comme l'un de ses vassaux.

Il était dit, en effet, dans ce traité que le Président de la République française reconnaissait la souveraineté de l'empereur d'Annam et son entière indépendance vis-à-vis de toute puissance étrangère, « quelle qu'elle fût », et s'engageait à lui donner, sur sa demande et gratuitement, l'appui nécessaire pour maintenir dans ses Etats l'ordre et la tranquillité; pour le défendre contre toute attaque et pour détruire la piraterie qui désolait une partie des côtes du royaume.

Ce nouveau traité était à peine signé que Tû-Dûc tâchait d'en éluder les clauses qui lui déplaisaient, et nous suscitait toutes

---

garnisons françaises, on s'est mis à piller, à démolir et à incendier les maisons des chrétiens qui avaient pris le parti des Français. Ce sont les lettrés, aidés des soldats de Hué, qui commettent ces actes de brigandage. On a aussi décapité, à Nam-Dinh, un certain nombre de miliciens qui avaient aidé Francis Garnier.

» Le chef des Cantonnais vient aussi d'être avisé qu'on aurait assassiné à Nam-Dinh tous ceux qui occupaient des emplois auprès des Français, et qu'on avait promis de maintenir en fonctions.

» Mgr Puginier ajoute que les nouvelles sont de plus en plus mauvaises. Il y a plus de cinquante villages brûlés, cinq cents chrétiens tués. Plus de trente mille chrétiens sont en fuite, ne sachant où trouver de quoi se nourrir et se loger. » (Dupuis, *Journal de voyage*.)

sortes d'embarras, tant en Annam qu'au Tonkin. C'est ainsi
que, dès l'année 1876, il renouait des relations avec la Chine
et il affectait ostensiblement de faire acte de vassalité vis-à-vis
cette puissance. A Hué, il faisait tout pour empêcher la construction de la maison de notre résident, dont il laissait insul-
ter les gens au lieu de les protéger (2).

Au Tonkin, il recommandait aux pavillons noirs de se préparer à la résistance contre les Français, en même temps qu'il
affirmait à notre gouverneur de Saïgon qu'il allait faire chasser
ces pavillons noirs, par les troupes annamites, s'ils n'obéis-
saient pas à son ordre d'évacuer Sontay. Bientôt même nos
résidents et nos nationaux ne furent plus en sûreté : les missionnaires français et les gens de leurs chrétientés furent inquiétés, tandis qu'au contraire les missionnaires espagnols
étaient l'objet de toutes sortes de prévenances de la part des
mandarins annamites.

Le mot de *protectorat* n'ayant pas été inscrit dans le traité de
1874, la France ne pouvait pas non plus prétendre que ses résidents eussent dans le pays des droits supérieurs à ceux des
consuls des autres nations. De là, des réclamations, des tiraillements avec les autres puissances européennes au sujet de
leurs nationaux. Aussi, dès 1876, cette situation créait des difficultés telles que l'amiral Duperré, alors gouverneur de la
Cochinchine, ne voyait, disait-il, d'autre issue que la conquête
du Tonkin ou la retraite. Son successeur, l'amiral Lafont, fut
aux prises avec les mêmes difficultés, et la cour de Hué lui
donna bientôt des preuves de la plus évidente mauvaise foi
dans l'exécution du traité, en demandant le retrait de nos petites garnisons qui rendaient des services réels, en empêchant

---

(2) Un domestique de M. Rheinart, notre résident à Hué, ayant été
maltraité et blessé assez grièvement par un Annamite, M. Rheinart porta
plainte au gouverneur de Hué, qui refusa de lui rendre justice.

Il en fut de même au sujet de deux voyageurs français, MM. Courtin et
Villeroy, qui, bien qu'étant munis de passeports réguliers, avaient été
victimes d'une agression des Chinois et des pavillons noirs, dans les environs
de Bao-Ha, sur le haut fleuve Rouge. Le Tong-Doc d'Hanoï répondit
qu'il n'y avait rien à faire, parce que les pavillons noirs échappaient à sa
juridiction.

les révoltes et en faisant cesser la piraterie dans les provinces du delta.

En 1878, les madarins annamites poussèrent la fourberie jusqu'à faire appel aux rebelles chinois du Quang-Si et du Quang-Tong, en même temps qu'ils priaient l'amiral de les chasser de leur pays. Tû-Dûc envoya même une ambassade à Pékin pour bien montrer que, en dépit des termes du traité, il se considérait toujours comme vassal de la Chine (3).

En 1881, l'amiral Jauréguiberry, ministre de la marine, voulant mettre un terme à cet état de choses, fit adresser à notre chargé d'affaires à Hué l'ordre de déclarer au gouvernement annamite que la France était résolue à bloquer ses ports pour empêcher les arrivages du riz qui lui était nécessaire. Puis, le gouvernement français, sentant enfin le besoin de relever le prestige de l'autorité française, fit rendre un décret portant organisation de la juridiction française en Annam et soumettant à cette juridiction tous les sujets français ou protégés d'une puissance étrangère, dans tous les cas où il n'y aurait pas d'Annamites en cause.

La Chambre des députés vota, en même temps, un crédit de deux millions quatre cent mille francs pour maintenir l'ordre dans le pays, et le gouverneur de la Cochinchine reçut l'autorisation d'envoyer le commandant Henri Rivière au Tonkin, où il arriva au commencement du mois d'avril 1882 (4).

---

(3) Les dynasties chinoises ont accordé, pendant plusieurs siècles, aux rois d'Annam, une investiture qui n'a jamais eu d'effet politique sérieux, car elle n'impliqua jamais de concessions mutuelles d'alliance offensive ou défensive.

L'empereur Gia-Long se déclara aussi vassal de la Chine et il s'engagea à rendre hommage tous les quatre ans à son suzerain et à lui envoyer, tous les deux ans, un tribut à Pékin. Cet usage s'étant conservé jusque-là, la cour de Hué ne voulut pas manquer une aussi belle occasion de chercher à éluder l'une des principales clauses de notre traité de 1874.

(4) Le commandant Henri Rivière est né à Paris, le 12 juillet 1827. Il entra à l'Ecole navale en 1843, fut nommé aspirant en 1845, enseigne en 1849. Lieutenant de vaisseau en 1856, capitaine de frégate en 1870 et capitaine de vaisseau en 1880. Avant d'être nommé commandant de la marine à Saïgon, il avait pris part, en 1877, à la répression de la révolte des

A peine arrivé à Hanoï, Henri Rivière se trouva dans l'obligation d'imiter Francis Garnier en s'emparant de la citadelle qu'il fit désarmer et démanteler, en y laissant, toutefois, une garnison suffisante pour montrer aux mandarins sa ferme résolution de se maintenir quand même dans le pays.

Comme depuis l'expédition de Francis Garnier les pavillons noirs et des bandes chinoises s'étaient infiltrés un peu partout dans le delta, il demanda et obtint bientôt un renfort de 800 hommes avec lequel il s'empara de nouveau de Nam-Dinh, y laissa une garnison, puis il retourna à Hanoï où les pavillons noirs, profitant de son absence, avaient, comme au temps de Francis Garnier, cherché à s'emparer de la citadelle.

Il les refoula dans la direction de Sontay, mais ils revinrent bientôt en force et ils poussèrent l'audace jusqu'à incendier la ville marchande. Leur chef, Lun-Vinh-Phuoc, fit même afficher un placard dans lequel il narguait nos soldats et les menaçait d'aller les exterminer tous, dans la concession, s'ils n'avaient pas le courage d'aller combattre contre lui en rase campagne.

Il ajoutait qu'il leur laisserait la vie sauve s'ils lui appor-

---

Canaques de la Nouvelle-Calédonie, où il s'était distingué auprès du colonel Galli-Passeboc, tué dans cette expédition.

Le commandant Rivière était un lettré dont les ouvrages et quelques pièces de théâtre ont acquis un juste renom.

Dès son arrivée à Hanoï, il écrivit une longue lettre au Tong-Doc, pour lui exposer les griefs de la France contre le gouvernemnt annamite, et le sommer de lui rendre la citadelle, qui était une menace perpétuelle contre les Français logés à la concession.

« Je me réserve, disait-il, de prendre dans la citadelle les dispositions qui me paraîtront convenables pour la rendre désormais hors d'état de nuire à nos troupes. Mais après avoir pris ces dispositions, je m'engage à vous remettre la citadelle avec ses magasins, établissements et logements, ainsi que la plus grande partie de son enceinte.

» Si vous acceptez ces conditions, la bonne harmonie sera rétablie entre nous, et votre arrivée, à 8 heures du matin, au consulat, prouvera que vous voulez la paix et la concorde. Dans le cas contraire, l'attaque de la citadelle par mes troupes commencera immédiatement. » (*Lettre de Rivière au Tong-Doc de Hanoï, 25 avril 1882.*)

Le Tong-Doc n'ayant pas répondu, le lendemain Rivière s'emparait de la citadelle.

taient la tête d'Henri Rivière et celles des autres officiers de la garnison (5).

Cet état de choses devenait inquiétant, surtout pour la population annamite qui commençait à craindre de voir se renouveler les scènes de 1873, et il fallait absolument porter un grand coup pour ranimer les esprits et modérer l'audace des pavillons noirs. Le 18 mai 1883, on décida qu'une grande sortie serait opérée le lendemain et que l'on marcherait dans la direction de

---

(5) Le 10 mai 1883, Lu-Vinh-Phuoc faisait afficher sur les portes de la citadelle, alors occupée par les Français, le placard suivant qui montre bien que le bruit de nos défaites de 1870-71 était parvenu jusque chez ces bandits :

« Le guerrier robuste Lu fait la déclaration suivante aux Français : Vous n'êtes que des brigands hors la loi ; les autres nations ne font pas le moindre cas de vous. Partout où vous allez, vous dites venir enseigner la vraie religion. C'est un mensonge pour chercher à vous attirer les vrais habitants ; vous mentez encore lorsque vous prétendez venir faire du commerce, car vous ne venez que pour voler des terres. Vous avez le cœur d'un vil animal et votre conduite est celle des bêtes féroces. Depuis votre arrivée dans le royaume d'Annam, vous ne faites que prendre des citadelles et assassiner des mandarins.

.» Vos crimes sont aussi nombreux que les cheveux de vos têtes.

» Vous vous emparez des douanes et faites main basse sur leurs produits. Ce forfait mérite la mort.

» Vous êtes la cause de la misère du peuple et le pays est à la veille de sa ruine.

» Toute la population est irritée et le ciel crie vengeance. Aujourd'hui, moi, j'ai des ordres pour faire la guerre. J'ai conduit mes troupes à Phu-Hoaï ; mes drapeaux et mes lances obscurcissent le ciel ; mes fusils et mes sabres sont aussi nombreux que les arbres d'une forêt : tout cela dans le but d'aller vous tuer et de saper votre infernal repaire (la concession française).

» Mais l'intérêt public est à considérer avant tout. Je ne veux pas me permettre de prendre pour lieu de combat le territoire de la ville d'Hanoï par crainte de causer du préjudice aux habitants.

» C'est pourquoi, je vous fais savoir que, si vous êtes assez forts, vous n'avez qu'à conduire vos troupes de bandits à Phu-Hoaï pour qu'elles se mesurent avec moi. Si vous avez peur, si vous n'avez pas assez de courage pour y venir, eh bien, coupez et prenez les têtes du consul, du commandant en chef, du chef de bataillon et des capitaines et envoyez-les-moi à ma résidence. Rendez ensuite les citadelles, retournez en Europe et j'aurai alors assez de pitié pour ne pas vous poursuivre et vous massacrer !

» Si vous tardez trop à venir ou si vous ne venez pas, je ferai descendre mon armée et viendrai vous tuer tous jusqu'au dernier.

» En conséquence, réfléchissez bien !

» Le quatre du quatrième mois de la trentième année de Tû-Dûc (10 mai 1883).

» Signé : Lu-Vinh-Phuoc. »

Phu-Hoaï, où se trouvaient les postes avancés des pavillons noirs.

La colonne se composait de deux compagnies d'infanterie de marine, capitaines Puech et Jacquin, et de détachements de marins des canonnières *Victorieuse*, *Villars* et *Léopard*. Elle était commandée par le chef de bataillon Berthe de Villers; le commandant Henri Rivière, bien que malade, voulut l'accompagner en voiture.

On partit de la concession le 19 mai 1883 à 4 heures du matin, et, à 6 heures, on fit une halte près de la pagode où fut tué Balny en 1873. Bientôt l'action s'engagea près du village de Can-Giag, au pont de papier, où la route de Sontay traverse un arroyo. Le commandant Berthe de Villers enleva le pont de papier et l'infanterie de marine franchit l'arroyo. Elle se trouva bientôt en présence de villages fortifiés d'où partait une vive fusillade qui lui fit beaucoup de mal. Henri Rivière et le commandant Berthe de Villers traversèrent le pont et se portèrent en avant; ce que voyant, les pavillons noirs firent un mouvement et cherchèrent à s'emparer du pont pour couper notre ligne de retraite. La situation devenait critique et il fallait songer à battre en retraite, et c'est malgré lui que Henri Rivière en donna l'ordre en apprenant que Berthe de Villers venait d'être blessé mortellement.

La retraite s'opéra en échelons, et, pour arrêter l'ennemi qui se précipitait vers le pont de papier, Henri Rivière fit charger à mitraille un canon qui se trouvait près de lui et le fit tirer sur les assaillants, mais le recul fit culbuter ce canon dans la rizière. La situation devient bientôt intenable; les pavillons noirs arrivent de tous côtés pour chercher à s'emparer du canon que l'on fait atteler de deux chevaux dont l'un est aussitôt blessé. Henri Rivière se met à pousser à la roue pour donner l'exemple à ses jeunes soldats et leur remonter le moral.

Plusieurs officiers suivent l'exemple du commandant et cherchent à emmener la pièce, mais l'un d'eux, l'aspirant Moulun, a la tête fracassée par une balle, en même temps qu'un autre officier, M. Ducorps, est blessé grièvement. Un instant après, M. Clerc, officier d'ordonnance, et M. de Marolles, chef d'état-major d'Henri Rivière, sont blessés à ses côtés; il tombe à son tour, l'épaule gauche traversée par une balle. Cependant, la blessure n'est pas mortelle. Il se relève et refuse de se laisser soutenir afin de ne pas alarmer ses soldats, mais il est frappé de nouveau et tombe quelques pas plus loin pour ne plus se relever.

Le capitaine Jacquin, qui cherche encore à emmener la pièce de canon, est tué également ainsi que le lieutenant de Brisis. Il était 9 heures du matin, et la petite colonne avait soixante-dix hommes hors de combat et onze officiers, dont cinq tués, parmi lesquels les deux commandants.

La tête d'Henri Rivière étant mise à prix par Lun-Vinh-Phuoc, les pavillons noirs se disputèrent cette triste dépouille pour en faire un trophée qu'ils promenèrent à travers le pays. Les mains furent coupées ensuite par d'autres bandits jaloux de commettre un nouvel acte de barbarie.

Le capitaine Puech dirigea la retraite sous la protection d'une arrière-garde commandée par le lieutenant de vaisseau de Marolles, et la petite colonne, décimée et fatiguée par la chaleur et l'ardeur de la lutte, rentra à Hanoï à 10 heures du matin.

Les têtes et les corps d'Henri Rivière et de ses compagnons furent retrouvés plus tard par nos troupes secondées par le dévouement intelligent de Mgr Puginier, qui avait déjà rendu de si éminents services à la cause française au temps de Francis Garnier. Ces dépouilles avaient été enterrées au milieu de la route de Sontay, de façon à être piétinées par les passants.

Les restes d'Henri Rivière et de Berthe de Villers ont été ramenés en France : ceux de Rivière ont été inhumés au cimetière Montmartre, à Paris, et ceux de Berthe de Villers à Bagé-la-Ville (Ain).

# CHAPITRE V

Expédition du Tonkin. — Mort de l'empereur Tû-Dûc. — Prise de Thuan-An par l'amiral Courbet et traité de Hué, du 25 août 1883, reconnaissant le protectorat de la France sur l'Annam et le Tonkin. — Opérations militaires dans le delta. Prise de Sontay, Bac-Ninh, Thaï-Nguyen et Hong-Hoa. — Convention de Tien-Tsin, du 11 mai 1884, entre la Chine et la France, et nouveau traité de protectorat avec la cour de Hué, 6 juin 1884.

La nouvelle de la mort d'Henri Rivière arriva à Paris le jour même où la Chambre des députés devait discuter le projet de loi, modifié par le Sénat, tendant à ouvrir au Ministre de la marine un crédit de cinq millions trois cent mille francs pour l'envoi de renforts au Tonkin. Ce crédit fut voté à l'unanimité, le 26 mai 1883, et des instructions furent télégraphiées immédiatement au gouverneur de Cochinchine et à celui de la Nouvelle-Calédonie, en même temps que deux mille hommes de renfort embarquaient à Toulon. L'amiral Meyer prit le commandement de l'expédition comme officier du grade le plus élevé présent dans les mers de Chine, mais il fut bientôt remplacé par le général Bouet, commandant supérieur des troupes en Cochinchine, qui arriva à Hanoï le 7 juin 1883 (1).

Le général Bouet prit aussitôt les mesures de sûreté que nécessitait la situation en attendant les renforts. Il commença par

---

(1) Le général Bouet est né le 6 décembre 1833 ; il entra à l'Ecole spéciale militaire le 26 novembre 1852 et en sortit le 6 octobre 1854 comme sous-lieutenant d'infanterie de marine. Il passa cinq années au Sénégal (de 1855 à 1859) sous les ordres du général Faidherbe qui se l'attacha comme aide de camp. Il y remplit différentes missions politiques et militaires et, après sa rentrée en France, en 1868, il fut promu chef de bataillon, comme récompense de ses nombreux services. Il prit part à la guerre de 1870, à la suite de laquelle il fut nommé lieutenant-colonel (10 juin 1871). Il alla ensuite servir en Cochinchine, où il passa deux années (1871-1873). Nommé au grade de colonel en 1875, il fut désigné pour les fonctions de commandant militaire de la Guyane. Elevé au grade de général de brigade, le 19 juin 1882, il fut appelé au commandement des troupes de Cochinchine.

mettre Haïphong en état de défense et fit garder, par des détachements, les missions menacées. Il fit également activer les travaux de défense de la place d'Hanoï, et, avant d'entreprendre les opérations militaires dans le delta, il adressa aux habitants du Tonkin une proclamation par laquelle il leur faisait connaître que la France était enfin décidée à purger le pays des bandes qui troublaient sa tranquillité depuis si longtemps, et que les autorités annamites étaient impuissantes à repousser. Il terminait cette proclamation en disant aux Tonkinois : « Un grand peuple vous tend sa main loyale, repondez à son appel, et des destinées nouvelles et heureuses s'ouvriront désormais pour vous. »

Le premier fait militaire important qui signala l'expédition du Tonkin fut la brillante sortie de la garnison de Nam-Dinh contre les troupes annamites qui la bloquaient. Cette sortie dirigée par le colonel Badens, de l'infanterie de marine, défit complètement les Annamites aux lignes fortifiées de Cau-Gia le 19 juillet 1883. Pendant ce temps, la garnison d'Hanoï reconnaissait les positions des pavillons noirs dont elle refoulait les postes avancés dans la direction de Sontay.

Dans le courant du mois d'août, les premiers renforts étant arrivés, le général Bouet reprit les opérations contre l'armée de Sontay qu'il battit à Vong, sur la route d'Hanoï à Sontay, et à la pagode des Quatre-Colonnes sur le fleuve Rouge. Une inondation subite causée par un orage empêcha nos troupes d'avancer plus loin, mais ces opérations permirent de déterminer exactement la direction des lignes fortifiées des pavillons noirs. Elles permirent également de constater l'impossibilité de marcher sur Sontay avant l'arrivée de renforts plus considérables que ceux dont on pouvait disposer.

Sur un autre point nos troupes eurent quelques succès non moins heureux : Haïdzuong, qui avait déjà été prise jadis par Francis Garnier, et que l'on considérait à juste titre comme l'une des clefs du delta, fut reprise de nouveau par le colonel Brionval, de l'infanterie de marine, secondé par les canonnières *Yatagan* et *Carabine*.

Pendant que ces faits militaires se passaient au Tonkin, des événements d'une réelle importance se produisaient à Hué. Notre vieil adversaire, Tû-Dûc, mourait le 17 juillet 1883, laissant la régence à la reine-mère âgée de quatre-vingts ans. Celle-ci, d'accord avec les princes du sang et le comat, ou conseil des ministres, rendit un décret appelant au trône Hiep-Hoa, frère cadet utérin de Tû-Dûc. Ce nouveau roi ne régna que quelques jours; il eut à lutter contre les intrigues du régent Nguyen-Van-Thuong, qui le fit empoisonner pour avoir adhéré à des négociations avec les « barbares de l'Occident », comme nous appelaient les hauts mandarins annamites.

Vers la même époque, le docteur Harmand, consul à Bangkok (2) et ancien compagnon de Francis Garnier au Tonkin, fut nommé commissaire général civil de la République française au Tonkin, avec mission d'empêcher que l'action militaire ne s'étendît trop loin, de ramener à nous le gouvernement annamite, et d'essayer de gagner à sa solde les pavillons noirs. Il devait également tâcher de faire rompre les relations engagées, contrairement au traité de 1874, entre la cour de Hué et celle de Pékin.

Il était en un mot chargé de tous les pouvoirs civils au Tonkin, tandis que le général Bouet conservait les pouvoirs militaires. Cette dualité de pouvoirs fut une source de graves difficultés et d'embarras, aussi bien pour le pouvoir civil que pour le commandement militaire; chacun voulut bientôt agir selon ses instructions et son point de vue particulier. Il en résulta des divergences dans l'appréciation des choses, qui ralentirent forcément les opérations et amenèrent un conflit.

Dès son arrivée au Tonkin, vers la fin de juillet 1883, M. Harmant réunit en conseil de guerre, à Haïphong, le général Bouet et l'amiral Courbet qui avait remplacé l'amiral Meyer dans le

---

(2) Harmand (François-Jules), né le 23 octobre 1845 à Saumur, élève de l'Ecole du service de santé militaire de Strasbourg en 1863, part pour la Cochinchine en 1866 comme chirurgien et y reste jusqu'en 1870; médecin-major du *Limier* pendant la guerre (dans la Baltique), prend part à la répression de l'insurrection kabyle en 1871, retourne en Cochinchine en 1873 et fait partie comme médecin et naturaliste d'une mission au Cambodge. Envoyé au Tonkin avec Francis Garnier, il prend part à la prise d'Hanoï, Phu-Hoaï, Phu-Ly et Haïdzuong, obtient, à son retour en France, une mission scientifique à l'effet d'explorer de nouveau la Cochinchine, le Cambodge et l'Annam (1875-1877), nommé consul et commissaire du gouvernement français au Siam en 1881.

commandement des forces navales du golfe du Tonkin. On décida d'abord que l'effort principal, par terre, devait se porter
à Hanoï afin de chercher à détruire les bandes retranchées
dans les environs, à Sontay et à Bac-Ninh. Puis, le moment paraissant propice en raison du désarroi que causait la mort de
Tû-Dûc, on décida que la flotte irait faire une démonstration
contre Hué pour mettre un terme aux agissements du gouvernement et lui imposer un traité rectificatif du traité de 1874.

M. Harmand  obtint, du Ministre de la marine et par télégramme, l'autorisation de s'emparer des forts de Thuan-An, situés à l'entrée de la rivière de Hué et qui défendent les approches
de cette capitale. Il fut décidé que l'escadre du Tonkin se con-
centrerait dans la baie de Tourane où elle devait être rejointe,
le 15 août 1883, par d'autres navires apportant des renforts de
Saïgon.

Le 18 août, toute la flotte sous les ordres de l'amiral Courbet
arriva devant Thuan-An, dont elle bombarda les forts, situés
de part et d'autre de l'embouchure de la rivière, et très bien
armés. Les Annamites, prévoyant depuis quelque temps une
attaque possible de Hué, avaient complété le système de défense
en construisant des batteries avancées le long des dunes et en
barrant la rivière par des estacades en bois et des jonques coulées.

Cependant, le débarquement de nos troupes offrait d'assez
grandes difficultés en raison du mauvais état de la mer dans
ces parages, et de la présence d'une barre ou amoncellement de
sables mouvants recouvert de quelques pieds d'eau seulement,
et maintenant les navires à quinze cents mètres au large.

Le 19 août, la flotte continua le bombardement des forts
dont elle éteignit les feux, et, le 20, deux compagnies d'infanterie de marine  et une compagnie de tirailleurs annamites
amenées de Cochinchine purent débarquer et chasser les défenseurs solidement retranchés dans les dunes du Nord, pendant que les canonnières *Vipère* et *Lynx*, d'un faible tirant d'eau,
franchissaient la barre et allaient attaquer bravement les forts
des Cocotiers et de l'Ile-Verte situés à quelques kilomètres en
arrière des premiers. Les défenseurs, se voyant ainsi menacés
dans leur ligne de retraite, abandonnèrent les forts et se sau-

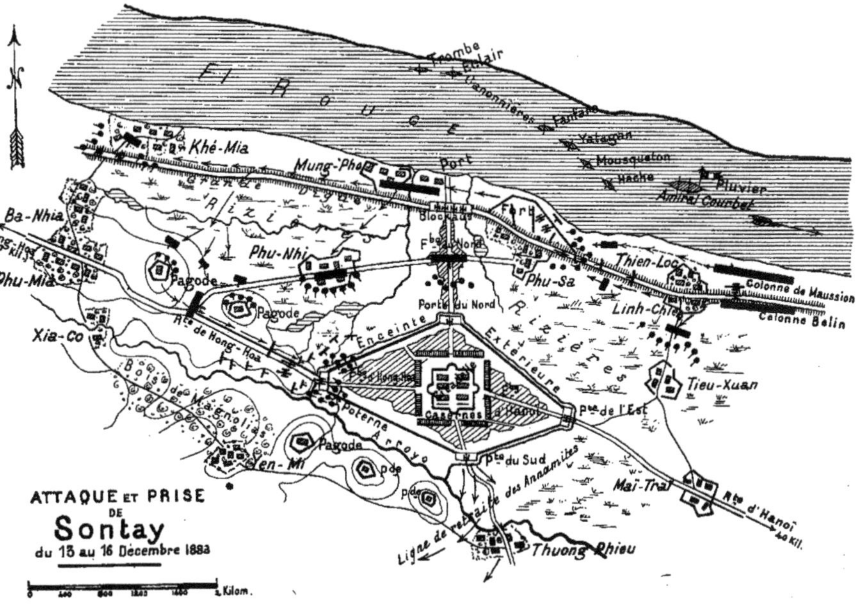

FLEUVE ROUGE
Trombe
Éclair
Canonnières
Fanfare
Yatagan
Mousqueton
Hache
Pluvier
Amiral Courbet
Khé-Mia
Mung-Pho
Port
Blockaus
Fort Nord
Thien-Loc
Linh-Chi
Colonne de Maussion
Colonne Belin
Tieu-Xuan
Phu-Sa
Fort
Rizières
Porte du Nord
Enceinte Extérieure
Pte de l'Est
Rte d'Hanoï
40 Kil.
Maï-Traï
Pte du Sud des Annamites
Thuong-Phieu
Ligne de retraite
Ba-Nhia
Hong-Hoa
40 kil.
Phu-Mia
Xia-Co
Phu-Nhi
Pagode
Pagode
Rte de Hong-Hoa
Rizières
Bois de Magnolia
en-Mi
Pagode
Pde
Pde
Poterne
Arroyo
Casernes
Hanoï
ATTAQUE et PRISE
DE
Sontay
du 15 au 16 Décembre 1883
1 Kilom.

vèrent à la nage à travers les lagunes qui entourent la place de Thuan-An.

L'impression produite sur la cour de Hué par la prise des forts de Thuan-An fut telle qu'elle sollicita une suspension d'armes, puis elle demanda à traiter. M. Harmand, assisté de M. le lieutenant de vaisseau Palasne de Champeaux, administrateur principal des affaires indigènes et ancien chargé d'affaires près de la cour d'Annam, se rendirent à Hué et s'installèrent à la Légation de France d'où M. Harmand envoya au gouvernement un ultimatum dans lequel il indiquait les nombreux griefs que la France avait à faire valoir, ainsi que les conditions dans lesquelles elle pouvait accepter la paix.

Le 25 août, après une longue discussion, le traité était accepté et signé entre M. Harmand pour la France d'une part; Tranh-Dinh-Tuc, grand censeur, et Nguyen-Trong-Hiep, ministre des affaires étrangères, pour l'Annam d'autre part.

Ce traité reconnaissait entièrement notre « protectorat » sur l'Annam et le Tonkin, et donnait à la France le droit de présider aux relations de toutes les puissances étrangères, « y compris la Chine », avec le gouvernement annamite, lequel, de son côté, ne pourrait communiquer directement avec ces puissances que par l'intermédiaire de la France.

Il stipulait, en outre, que les troupes françaises occuperaient Thuan-An, ainsi que les positions qui commandaient les communications entre l'Annam et le Tonkin; que les troupes annamites envoyées contre nous au Tonkin seraient rappelées et ramenées à leur effectif de paix, et que la France se réservait le soin d'en chasser les pavillons noirs et d'assurer la liberté du commerce en prenant telles mesures militaires jugées nécessaires. Notre résident à Hué devait avoir le privilège, refusé jusque-là, d'être reçu en audience personnelle par le roi à qui la France assurait une liste civile de deux millions prélevés sur les douanes annamites qu'elle devait être chargée d'administrer. M. de Champeaux était nommé résident à Hué, et il rejoignit son poste le 2 septembre.

Pendant les opérations contre Hué, les troupes du Tonkin ne restaient pas inactives. Le général Bouet, reprenant l'offensive contre l'armée de Sontay, qui avait réoccupé certaines positions abandonnées pendant les premiers combats, chassait de nouveau l'ennemi de ces positions et lui faisait subir, au village de Phong, des pertes considérables pendant les journées des 30 août, 1er et 2 septembre. Ces opérations eurent pour effet de refouler les pavillons noirs à 25 kilomètres d'Hanoï, mais elles nous coûtèrent des pertes cruelles en officiers et soldats et elles démontrèrent une fois de plus l'incontestable valeur de nos adversaires et la nécessité d'attendre de nouveaux renforts pour s'emparer de Sontay.

Quelques jours plus tard, le 18 septembre, un conflit ayant éclaté entre le commissaire général civil et le commandement militaire, le général Bouet demandait à rentrer en France, et il était remplacé par l'amiral Courbet qui confia provisoirement le commandement des troupes au colonel Bichot de l'infanterie de marine.

Cependant, la situation devenait assez difficile ; les mandarins annamites envoyés de Hué pour faire respecter le traité du 25 août montraient peu d'empressement à nous seconder ; les bandes de pirates recommençaient leurs exploits dans le delta, et le gouvernement chinois laissait ostensiblement pénétrer au Tonkin les troupes régulières du Quang-Si et du Yunnan pour renforcer les garnisons de Sontay et de Bac-Ninh.

Afin de mettre un terme à cet état de choses, l'amiral Courbet (3) proclama l'état de guerre et se rendit, le 25 octobre,

---

(3) « Courbet (Amédée-Anatole-Prosper), est né à Abbeville en 1727.

» Elève de l'Ecole polytechnique, il était aspirant de 1re classe à 22 ans, lieutenant de vaisseau à 29 ans et capitaine de frégate dix ans plus tard. En 1873, il est capitaine de vaisseau et contre-amiral en 1880, à l'âge de 53 ans.

» Comme capitaine de frégate, il a rempli les fonctions importantes de chef d'état-major de la division cuirassée du Nord et commandé la division navale des Antilles. Comme capitaine de vaisseau, dès sa promotion, il commande un cuirassé : par deux fois il remplit les fonctions de chef de l'état-major de l'escadre d'évolutions, puis il est appelé au poste de gouverneur de la Nouvelle-Calédonie. En 1880, il commandait à Cherbourg la division dite d'essai, formée des types nouveaux dont il devait diriger les expériences.

» L'amiral Courbet, travailleur infatigable, voit et fait tout par lui-même. C'est un savant versé dans toutes les sciences qui trouvent leur application dans l'art naval. C'est un chef froid, méthodique, donnant ses ordres avec netteté et sachant apprécier la valeur des hommes qui lui sont

à Hanoï, où il prit le commandement effectif du corps expéditionnaire et la direction des services civils. M. Harmand demanda un congé et rentra en France quelques semaines plus tard, et, le 30 octobre, la Chambre des députés, approuvant les mesures prises pour sauvegarder au Tonkin les intérêts, les droits et l'honneur de la France, vota un nouveau crédit de neuf millions de francs.

Le 12 novembre, les Chinois pillèrent la ville d'Haïdzuong, sans que la faible garnison française pût s'y opposer, et, pendant la nuit du 16 au 17 novembre, ils revinrent au nombre de quatre mille combattants dont quinze cents pénétrèrent dans la citadelle et attaquèrent les trente hommes d'infanterie de marine commandés par l'adjudant Geschwind, et retranchés dans le réduit construit, en 1873, par le sous-lieutenant de Trentinian. Le restant de la compagnie, commandé par le capitaine Berlin, occupait un fortin situé au sud, sur la rivière, en deçà de la ville qui le séparait de la citadelle. Cette petite garnison était appuyée par la canonnière *Carabine*, mouillée sur le Thaï-Binh.

Une première tentative du capitaine Berlin, pour secourir son adjudant, échoua complètement et la *Carabine*, criblée par la fusillade, fut obligée de filer ses chaînes et d'abandonner ses ancres pour fuir l'abordage des Chinois. La canonnière *Lynx*, en reconnaissance dans ces parages, se porta à toute vapeur vers le nord d'Haïdzuong et ouvrit le feu contre la citadelle en même temps que le commandant Coronat et le capitaine Berlin mettaient le feu à la ville pour en déloger les Chinois, qui abandonnèrent la ville après un combat de neuf heures.

Vers la fin de novembre, les premiers renforts envoyés d'Algérie et composés de deux bataillons de tirailleurs algériens et d'un bataillon de la légion étrangère étant arrivés, l'amiral Courbet jugea le moment propice pour opérer contre Sontay et Bac-Ninh. Mais il ne fallait pas songer à opérer contre les

---

subordonnés. Les officiers et les équipages ont en lui la plus entière confiance; malgré sa froideur, il sait les enthousiasmer. Très exigeant en service, juste toujours, une marque de satisfaction de sa part est estimée comme une véritable faveur. » (Journal *le Temps*.)

deux places à la fois avec l'effectif de neuf mille hommes dont se composait alors le corps expéditionnaire du Tonkin.

Les opérations précédentes avaient trop bien montré combien il était prudent de ne pas s'engager contre Sontay sans avoir les forces suffisantes pour assurer la victoire. On savait aussi que Bac-Ninh, occupée par les Chinois, opposerait une sérieuse résistance. Il fallait donc déterminer laquelle de ces deux places fortes serait la première attaquée, avec le moins de danger de voir Hanoï inquiétée, pendant les opérations, par la garnison de l'autre place. Sontay et Bac-Ninh sont, en effet, situées à égale distance d'Hanoï (40 kilomètres environ), mais Sontay se trouve, comme Hanoï, sur la rive droite du fleuve Rouge, tandis que Bac-Ninh est, au contraire, située sur la rive gauche. Pour venir de Sontay à Hanoï, l'ennemi ne pouvait être arrêté que par un seul obstacle naturel un peu sérieux : le Day, assez large et profond, mais il avait l'avantage de pouvoir opérer en terrain connu et au milieu de populations qui lui étaient absolument dévouées.

Les Chinois de Bac-Ninh avaient au contraire de grandes difficultés à surmonter s'ils voulaient marcher sur Hanoï. Ils avaient à franchir le canal des Rapides pour arriver en face d'Hanoï, où ils devaient être forcément arrêtés par le fleuve Rouge, qui a 1.200 mètres de largeur, et dont ils n'auraient pu tenter le passage qu'après s'être emparés d'un solide blockaus que nous occupions sur la rive gauche.

Ces considérations décidèrent l'amiral Courbet à marcher d'abord contre Sontay, où était le quartier général du prince Hoang-Ké-Viem, généralissime de l'armée annamite renforcée par les pavillons noirs de Lun-Vinh-Phuoc et par des Chinois du Yunnan et du Quang-Si. Ce qui portait l'effectif de cette petite armée à 9.000 hommes.

Par des travaux de fortification passagère fort habilement conçus, le prince Hoang-Ké-Viem (4) avait transformé Sontay

---

(4) Le prince Hoang-Ké-Viem, proche parent de l'empereur Tû-Dûc, était déjà commandant en chef des troupes annamites au Tonkin et gouverneur de Sontay au temps de Francis Garnier.

en un vaste camp retranché de plus de dix kilomètres de périmètre, ayant comme réduit au centre la citadelle à la Vauban
construite, comme toutes les autres citadelles annamites, d'après
les plans des officiers français de la mission Ollivier.

Cette citadelle, de forme quadrangulaire, a 300 mètres de
côté. Au milieu de chaque face se trouve une demi-tour circulaire de trente mètres de diamètre dont le flanc droit est percé
d'une porte voûtée communiquant avec un pont en briques construit sur le fossé dans la direction de la capitale de la tour.

Au centre de la citadelle se trouve la tour Mirador dominant
les palais du gouverneur et des mandarins, ainsi que des casernes et des magasins de toutes sortes. Tout autour de la
citadelle, il existe également des casernes et des magasins,
et de chaque côté de chacune des quatre rues partant des
portes  sont alignées des maisons chinoises ou annamites formant comme de longs faubourgs de 600 à 800 mètres.

Ces faubourgs sont entourés d'une enceinte continue, en terre,
de cinq mètres de hauteur, plantée de bambous et percée de
créneaux pour le tir de la mousqueterie et de l'artillerie.

Un fossé plein d'eau protège cette seconde enceinte qui est
percée de quatre portes fortifiées en blockaus battant les rues
des faubourgs.

Dans la campagne environnante se trouvent un certain nombre de pagodes construites sur des tertres et dont les murs
crénelés constituent autant de petits forts avancés. La zone de
défense de ces forts est encore renforcée par différents obstacles naturels dont le principal est constitué par un ravin très
escarpé et profond de quinze à vingt mètres, au fond duquel
coule une petite rivière. Ce ravin contourne toute la face sud-
ouest de la place, entre la citadelle et la ligne des pagodes.

Dans la partie nord de la place, à un kilomètre de la seconde
enceinte  et à deux cents mètres du fleuve Rouge, court une
grande digue construite contre les inondations et transformée
en une immense batterie armée de nombreux canons, et s'appuyant à l'est, du côté d'Hanoï, au village fortifié de Phu-Sa, et
à l'ouest au village également fortifié de Phu-Nhi. Cette ligne

de défense avait pour but de battre le fleuve et d'empêcher toute
tentative de débarquement (5).

Ces fortifications casematées et admirablement bien combi-
nées firent tout d'abord supposer que leur construction avait
dû être dirigée par des Européens servant dans les armées
annamito-chinoises, mais nous avons eu, par la suite, maintes
fois occasion de constater que les Chinois et les Annamites
étaient des maîtres en ces sortes de travaux, et qu'ils n'avaient
pas besoin non plus des Européens pour commander leurs
troupes.

Le farouche Lun-Vinh-Phuoc, en apprenant notre dessein de
nous emparer de Sontay, avait adressé à ses soldats une inso-
lente proclamation dans laquelle il se vantait d'exterminer les
Français ou de les battre comme il l'avait fait déjà au temps
de Francis Garnier, d'Henri Rivière et du général Bouet, .puis
il avait de nouveau mis à prix les têtes de nos officiers et de
nos soldats, et promis des récompenses à ceux des siens qui
s'empareraient de canons, de forts ou de navires français (6).

Mais le sort devait en décider autrement. Le 11 décembre
1883 au matin, deux colonnes françaises, fortes d'environ trois
mille hommes chacune, quittèrent Hanoï et prirent la direction
de Sontay.

La première, commandée par le colonel Belin et composée
de tirailleurs algériens, d'un bataillon de la légion étrangère,
d'un bataillon d'infanterie de marine et d'auxiliaires tonkinois
ou annamites, d'un détachement du génie et de trois batteries

---

(5) Les renseignements qui précèdent concernant la place de Sontay
sont, en partie, extraits du rapport de l'amiral Courbet.

(6) « Le Dé-doc Lun-Vinh-Phuoc a décrété, le 12e jour du 11e mois (11
décembre 1883), ce qui suit :

« Pendant la guerre, quiconque coupera la tête à l'ennemi sera récompensé de la manière suivante :

» 1° Pour une tête de Français, 100 taëls, et, si ce Français a des galons,
20 taëls en plus pour chaque galon. Pour savoir s'il y a des galons, il faut
regarder sur les manches. Plus il aura de galons, plus la récompense sera
grande;

» 2° Pour une tête de turco ou de soldat de la légion étrangère, 50 taëls ;

» 3° Pour une tête de tirailleur annamite, 40 taëls ;

» 4° Pour une tête de catholique, 10 taëls. »

(Document trouvé à Sontay.)

d'artillerie de marine, prit la voie de terre et forma la colonne de gauche.

La seconde colonne, commandée par le colonel de Maussion de l'infanterie de marine  et composée de troupes d'infanterie de marine, de fusiliers marins, d'artillerie de marine et de tirailleurs annamites de Cochinchine, fut embarquée sur les canonnières et sur une flottille de jonques, et forma la colonne de droite.

Le colonel Bichot avait le commandement général des troupes de terre et l'amiral Courbet, embarqué sur la canonnière *Pluvier*, commandait en chef les opérations. Ces deux colonnes se prêtaient un mutuel appui, et celle du fleuve Rouge avait en outre l'avantage de pouvoir se porter rapidement sur le Day pour en faciliter le passage, au cas où l'ennemi aurait cherché à l'empêcher.

La flottille remonta le fleuve sans autre incident que quelques coups de canon tirés à grande distance sur des pavillons qui s'agitaient près d'une pagode de la rive gauche, à hauteur du village de Palan.

De 3 à 6 heures du soir le débarquement s'effectua à cinq cents mètres de l'entrée du Day, et les troupes se formèrent immédiatement en ligne de façon à couvrir la bande de terrain de trois kilomètres .qui s'étend entre la digue et le fleuve Rouge d'où les canonnières protégeaient leur flanc droit.

Quant à la colonne de gauche, elle avança sans résistance jusqu'au Day qu'elle ne put traverser que le lendemain et avec de grandes difficultés. Le pont établi avec des jonques s'étant rompu, on fut obligé de faire le va-et-vient avec les jonques.

Ce ne fut seulement que le 13 décembre à midi  qu'elle put opérer sa jonction avec la colonne de droite, et prendre position à sa gauche et à six kilomètres des ouvrages avancés de Sontay.

Le 14 décembre, à 6 heures du matin, les colonnes se mirent en marche; celle de gauche suivant la digue et celle de droite s'avançant sur la route qui longe le fleuve. La flottille réglait sa marche sur celle des colonnes. A 9 h. 30 du matin, l'avant-garde arrivait en vue des premiers postes ennemis, et, à 10 h. 30, la colonne de droite se trouvait à six cents mètres des ouvrages de Phu-Sa dont le feu força à ralentir la marche pour prendre position. La flottille engagea immédiatement le combat contre les positions de Phu-Sa dont les batteries furent bientôt prises à revers par l'artillerie de la colonne de droite.

Les défenseurs de Sontay cherchèrent à opérer une diversion en envoyant une forte colonne qui se déploya dans la plaine pour marcher contre notre aile gauche, mais cette contre-attaque fut arrêtée par les troupes de la colonne Belin qui la tinrent en respect pendant une partie de la journée. Vers 4 heures du soir, le colonel Belin, jugeant que le feu de l'ennemi se ralentissait sensiblement, demanda l'autorisation de donner l'assaut contre la position de Phu-Sa qui fut enlevée avec un élan admirable. L'ennemi riposta vigoureusement et nous fit subir des pertes sérieuses : le commandant Jouneau, des tirailleurs algériens, fut blessé grièvement; le capitaine Godinet et son adjudant tués; le capitaine Cuny, de l'infanterie de marine, fut blessé mortellement, et le lieutenant Clavet, qui le remplaça dans le commandement de sa compagnie, tomba frappé d'une balle quelques instants après; le capitaine Doucet, des tirailleurs annamites, trouva également une mort glorieuse dans cette attaque.

Toute la nuit du 14 au 15 décembre se passa en combat continuel contre les pavillons noirs qui profitèrent de l'obscurité pour harceler nos troupes, puis, vers 4 heures du matin, après une tentative infructueuse contre nos lignes, ils abandonnèrent définitivement les ouvrages de Phu-Sa pour se retirer dans l'enceinte extérieure de Sontay.

Dans la journée du 15 décembre, le corps expéditionnaire continua son mouvement en avant, en se dirigeant vers l'ouest, afin d'aborder la porte Ouest de la citadelle considérée comme la plus vulnérable. Cette porte, quoique défendue par une batterie de quatre pièces, offrait, en effet, à l'attaque des conditions particulièrement favorables. Située à l'extrémité d'un saillant très allongé, elle était percée au milieu d'un front en pan coupé d'une étendue de trente mètres seulement, et les deux faces qui aboutissent à cette porte pouvaient être enfilées facilement par les feux de l'assaillant, placé aux pagodes voisines, de sorte que tous les projectiles dirigés sur ce saillant se concentraient dans le quartier Ouest de la ville qu'ils contribuaient à rendre inhabitable pour les défenseurs. De plus, l'aile droite de l'assaillant se trouvait couverte par le ravin de l'arroyo sur lequel plusieurs pagodes nous donnaient des têtes de pont. D'autre part, le terrain de ce côté est légèrement ondulé et couvert de rizières étagées en gradins et bordées de talus parallèles à la ligne d'attaque et pouvant, par conséquent, servir d'abris aux assaillants.

A 150 mètres de la porte et à droite de la route se trouve un petit tertre élevé de quelques mètres au-dessus du sol et permettant d'embusquer quelques bons tireurs qui pouvaient diriger leurs feux contre les défenseurs de la porte.

Le 16 décembre, vers 1 heure du soir, tout le corps expéditionnaire commença son mouvement contre l'enceinte extérieure de la citadelle, après avoir repoussé une sortie des défenseurs cherchant à déborder la droite de nos lignes. Une lutte acharnée s'engagea contre les barricades de la rue du Nord conduisant au fleuve Rouge. Cette attaque, dirigée par le commandant Chevallier, des tirailleurs annamites, avait pour but de tromper l'ennemi sur la véritable attaque qui se faisait vers l'ouest, où la légion étrangère s'empara bientôt des pagodes et lança ses tirailleurs à moins de cent mètres de l'enceinte extérieure.

Pendant ce temps, les canonnières *Trombe* et *Eclair* exécutaient un bombardement lent et précis de la citadelle intérieure dans le but de la rendre intenable aux défenseurs. Ces canonnières n'avaient pu prendre part à l'action qu'en allant s'embosser sur la rive gauche du fleuve, d'où elles pouvaient seulement avoir des vues sur la place, en raison de la baisse des eaux et de l'élévation des berges qui masquaient complètement le tir des autres canonnières.

Cependant nos troupes, la légion étrangère en tête, gagnent du terrain et les tirailleurs ne sont plus qu'à quelques mètres du fossé; l'ennemi ébranlé par un feu étourdissant répond avec moins de vigueur, le soleil baisse, le moment est venu de donner l'assaut. L'artillerie cesse son feu et l'amiral commande : « En avant ! », les clairons sonnent la charge et nos vaillants soldats se précipitent aux cris de : « Vive la France ! ».

La légion étrangère, ayant à sa tête le commandant Donnier, court vers la porte murée, et le bataillon des fusiliers marins, guidé par le commandant Laguerre, court vers la poterne située plus à droite.

Les troupes désignées pour rester en réserve trépignent d'impatience, et le colonel Bichot est obligé de se multiplier pour les empêcher de suivre le mouvement.

L'ennemi dirige sur nos braves un feu intense; plusieurs tombent, mais rien n'arrête leur élan.

La légion étrangère ne pouvant franchir la porte murée réussit à se frayer un passage à travers le fouillis inextricable des bambous accumulés par les défenseurs; le capitaine adjudant-major Melh tombe frappé d'une balle au milieu de ses hommes qu'il aidait à abattre les bambous.

Une partie des marins du commandant Laguerre déblaient la poterne, tandis que d'autres traversent le fossé avec l'infanterie de marine, et rejoignent la légion étrangère sur le talus extérieur du rempart; ceux que l'encombrement retient en dehors couvrent le parapet de feux, pour en chasser l'ennemi.

Après des efforts inouïs, la haie de bambous cède et les assaillants pénètrent dans la place un peu en arrière de la porte murée dont les grands étendards noirs tombent et sont remplacés par le drapeau français. Les ennemis fuient en désordre vers la citadelle et sont poursuivis par nos troupes à travers les rues. A 5 h. 45 du soir, l'amiral entre dans la place avec son état-major, et l'on s'organise immédiatement contre un retour offensif probable pendant la nuit, qui se passa cependant dans le calme le plus profond.

Le 17 décembre, au point du jour, le colonel de Maussion et le commandant Laguerre qui s'avançaient pour reconnaître les abords de la citadelle purent constater qu'elle était évacuée. Ils y pénétrèrent sans coup férir, et, à 8 heures du matin, l'amiral Courbet y entra lui-même accompagné du colonel Bichot et de son état-major, aux acclamations de nos vaillants soldats. Un drapeau tricolore formé de trois lambeaux de pavillons ennemis noués ensemble flottait sur la grande tour de Sontay.

On a su depuis que l'ennemi avait quitté la ville en désordre aussitôt après l'assaut de la porte Ouest. Tout, en effet, indiquait une fuite précipitée : canons, argent, munitions, vivres, vêtements, les défenseurs avaient tout abandonné, tout, même leurs morts, malgré le respect légendaire que les pavillons noirs eux-mêmes professent pour les victimes du feu de l'ennemi. L'amiral envoya immédiatement l'*Eclair* pour couper la retraite de l'ennemi par la rivière Noire, mais la baisse des eaux ne permit pas à cette canonnière d'atteindre le confluent de la rivière (7).

L'ennemi avait neuf cents tués et un beaucoup plus grand nombre de blessés. Lun-Vinh-Phuoc était blessé, et plusieurs grands mandarins chinois tués.

De notre côté, nous avions 68 tués et 249 blessés le 14; 15 tués et 70 blessés le 16. Dans ce nombre cinq officiers tués et 22 blessés.

La prise de Sontay jeta la consternation parmi les mandarins de Hué qui avaient encouragé et favorisé la résistance à nos troupes, et qui comptaient beaucoup sur Lun-Vinh-Phuoc avec qui ils faisaient cause commune. Un parti anti-français avait même fait empoisonner le roi Hiep-Hoa qui avait été remplacé, le 2 décembre, par Kien-Phuoc ou Taï-Phu, jeune homme de 15 ans, neveu de Tû-Dûc.

En même temps, M. de Champeaux, notre résident à Hué, avait été menacé dans sa résidence et obligé de rompre les relations officielles avec la cour, mais il avait pu néanmoins engager des relations officieuses avec le nouveau gouvernement.

Le 28 décembre, M. Tricou, notre ambassadeur en Chine, se rendit à Hué où il trouva l'auteur du coup d'Etat hostile à la France, le ministre Nguyen-Van-Thuong, disposé à la soumission et il le força à reconnaître sans restriction le traité du 25 août 1883.

Aussitôt après la prise de Sontay, afin de ne pas laisser res-

---

(7) Il est regrettable que le mouvement enveloppant des troupes de l'amiral n'ait pas pu s'accenter davantage vers le sud de la place de Sontay. Il suffisait de traverser l'arroyo, guéable en plusieurs points, et de faire occuper quelques positions judicieusement choisies sur les hauteurs qui dominent les environs, pour couper toute retraite à l'ennemi, qui eût sûrement été obligé de capituler.

pirer l'ennemi, l'amiral Courbet aurait désiré marcher sur Hong-Hoa, place forte située au confluent de la rivière Noire et du fleuve Rouge, mais, malgré leur faible tirant d'eau, les canonnières ne pouvaient pas remonter le fleuve Rouge jusque-là et il n'était pas prudent de laisser les troupes suivre seules la route de terre et traverser la rivière Noire pour marcher sur cette forteresse. Force était donc d'ajourner ces nouvelles opérations jusqu'à l'époque de la crue du fleuve. On se borna à rayonner dans toutes les directions autour de Sontay, que l'on fortifia afin d'immobiliser le moins possible d'hommes dans cette garnison qui fut réduite à trois bataillons, et le restant des troupes rentra à Hanoï avec le colonel Bichot.

En attendant le moment de reprendre les opérations, l'amiral Courbet prit toutes les mesures nécessaires pour réprimer la piraterie qui continuait ses ravages dans le bas Tonkin. Le colonel Brionval, chargé de diriger les opérations, défit complètement les bandes dans les provinces de Nam-Dinh et de Ninh-Binh.

Dans les premiers jours du mois de janvier 1884, le colonel Belin fit une reconnaissance dans la direction de Bac-Ninh où les éclaireurs signalèrent bientôt la présence des réguliers chinois poussant leurs avant-postes vers le fleuve Rouge. Mais, en exécution des ordres reçus, la reconnaissance rentra à Hanoï après avoir envoyé quelques coups de canon aux Chinois, contre lesquels il ne fallait pas songer d'engager la lutte avant d'avoir reçu de nouveaux renforts de France.

L'infanterie de marine n'étant plus à même de fournir les troupes de renfort nécessaires, le gouvernement français décida qu'une brigade serait fournie par le ministère de la guerre, et que le commandement en chef des troupes du Tonkin serait donné à un général de division relevant de ce ministère. Le général Millot (8) fut désigné, et le 12 février 1884, Courbet,

---

(8) Le général Millot (Charles-Théodore), né en 1829, est sorti de l'Ecole spéciale militaire le 1er octobre 1849. Il prit part comme capitaine à la campagne de Chine, en 1860. Chef de bataillon le 27 février 1869, il fit partie de l'armée de Metz ; fait prisonnier, il s'évada et fut nommé lieutenant-colonel, puis général à titre auxiliaire. La commission de revision des grades l'ayant remis lieutenant-colonel, il fut promu colonel en 1875, général de brigade en 1880 et général de division en 1882.

nommé vice-amiral, lui remit le commandement, puis il reprit le commandement de la division navale.

Le corps expéditionnaire fut alors constitué en deux brigades placées sous les ordres des généraux Brière de l'Isle et de Négrier.

La décision du gouvernement fut sans doute pénible à l'amiral Courbet arrêté en plein succès, mais il n'en laissa rien paraître. D'ailleurs, l'obstination de la Chine et sa mauvaise foi ne devaient pas tarder de lui donner occasion de se couvrir d'une nouvelle gloire dans cette lutte qui devait coûter encore tant de sacrifices à la France.

A peine arrivé au Tonkin, le général Millot se prépara à marcher sur Bac-Ninh qui, de l'aveu même de l'ambassadeur de Chine à Paris, était occupée par des troupes régulières chinoises. Pour chercher à démoraliser nos soldats, les espions chinois faisaient courir le bruit que cette place était encore beaucoup mieux fortifiée que Sontay, et que nous devions forcément échouer contre elle.

Le 8 mars, la brigade Brière de l'Isle concentrée à Hanoï traversa le fleuve Rouge sur des jonques remorquées par des petits vapeurs, puis elle se forma en ordre de bataille sur la rive gauche. Pendant ce temps, la brigade de Négrier partait d'Haïphong et se dirigeait sur Bac--Ninh, par Haïdzuong et les Sept-Pagodes.

Le 11, la première brigade traversait le canal des Rapides et prenait bientôt le contact avec la deuxième brigade qui fit un mouvement tournant vers l'est pour couper la ligne de retraite des Chinois, et attaquer leurs positions de ce côté, pendant que le général Brière de l'Isle aborderait la place du côté ouest. Après une vive fusillade de part et d'autre, nos troupes s'emparèrent des ouvrages avancés et poursuivirent de leurs feux les Chinois jusque dans la citadelle qui fut canonnée par le général de Négrier. Les défenseurs se voyant ainsi menacés dans leur ligne de retraite abandonnèrent la ville et s'enfuirent en désordre.

Le 13 mars 1884, les deux brigades occupaient cette citadelle dans laquelle s'étaient retirés le prince Hoang-Ké-Viem et Lun-Vinh-Phuoc, avec l'espoir d'arrêter l'élan de nos troupes.

Ce glorieux fait d'armes jeta la consternation dans le parti de la guerre à Pékin, et plusieurs hauts fonctionnaires furent disgraciés pour leur manque de prévoyance et la mauvaise direction des troupes.

Après la prise de Bac-Ninh des colonnes volantes explorèrent la région et l'une d'elles, sous les ordres du général Brière de l'Isle, poursuivit les Chinois jusqu'à Thaï-Nguyen dont elle s'empara le 19 mars. Puis les deux brigades marchèrent sur Hong-Hoa où s'étaient réfugiés une partie des défenseurs de Sontay. Cette place très bien fortifiée et située au confluent de la rivière Noire, dont elle défendait le passage, fut abandonnée par l'ennemi et occupée par nos troupes, le 12 avril, après une canonnade de deux jours dirigée des hauteurs de la rive droite de la rivière Noire.

Les Chinois et les pavillons noirs, ainsi chassés de toutes les citadelles du delta, s'enfuirent dans les montagnes et se retirèrent à Laokaï sur le haut fleuve Rouge et à Tuyen-Quan sur la rivière Claire. Cette dernière place fut occupée par nos troupes le 1ᵉʳ juin 1884.

Pendant que ces opérations avaient lieu au Tonkin, la cour de Pékin signait, à Tien-Tsin, une convention qui devait servir de base aux négociations à ouvrir entre la Chine et la France. Cette convention fut signée le 11 mai 1884, entre Li-Hang-Tchang, vice-roi du Petchili, pour la Chine, et le capitaine de vaisseau Fournier, pour la France. Quelques jours plus tard, le 6 juin, M. Patenôtre notre ministre en Chine, se rendait à Hué, où il concluait, avec le roi d'Annam, un nouveau traité de protectorat revisant à notre avantage le traité du 25 août 1883.

Ce traité plaçait diplomatiquement, militairement et administrativement, l'empire d'Annam sous l'autorité française (9).

_______________

(9) « Le gouvernement de la République française et celui de Sa Majesté le roi d'Annam, voulant empêcher à jamais le renouvellement des difficultés qui se sont produites récemment et désireux de resserrer leurs relations d'amitié et de bon voisinage, ont résolu de conclure la Convention suivante :

» Art. 1ᵉʳ. — L'Annam reconnaît et accepte le protectorat de la France. La France représentera l'Annam dans toutes ses relations extérieures. Les Annamites à l'étranger seront placés sous la protection de la France.

» Art. 5. — Un résident général, représentant du gouvernement français, présidera aux relations extérieures de l'Annam et assurera l'exercice régulier du protectorat. Il résidera dans la citadelle de Hué avec une escorte militaire. Le Résident général aura droit d'audience privée et personnelle auprès de Sa Majesté le roi d'Annam.

» Art. 6. — Au Tonkin, des résidents ou résidents-adjoints seront placés par le gouvernement de la République dans les chefs-lieux où leur présence sera jugée utile. Ils seront sous les ordres du Résident général. Ils habiteront dans la citadelle, et, en tous cas, dans l'enceinte même réservée au mandarin ; il leur sera donné, s'il y a lieu, une escorte française ou indigène.

» Art. 10. — En Annam et au Tonkin, les étrangers de toute nationalité seront placés sous la juridiction française. »

(Extrait du traité, en 18 articles, du 6 juin 1884.)

# CHAPITRE VI

Affaire de Bac-Lé et guerre avec la Chine. — L'amiral Courbet dans la mer de Chine. — Bombardement et prise de l'arsenal de Fou-Tchéou. Destruction de la flotte chinoise. — Blocus de l'île de Formose et opérations dans l'île. — Marche du général de Négrier sur Lang-Son et la porte de Chine. — Défense de Tuyen-Quan assiégée par les Chinois. — Combat de Hoa-Moc et délivrance de Tuyen-Quan. — Retraite de Lang-Son et traité provisoire avec la Chine.

Il avait été stipulé, dans la convention de Tien-Tsin, que les troupes chinoises abandonneraient le Tonkin, et que nos troupes pourraient occuper, dans un délai de vingt jours, les places frontières de Lang-Son, Caobang et That-Ké (1). C'est en vertu de cette clause qu'une petite colonne formée à Phu-Lang-Thuong, et composée d'un bataillon d'infanterie de marine, d'un peloton de cavalerie, d'une section du génie et de pontonniers, et d'une compagnie de tirailleurs tonkinois, se mit en route le 13 juin 1884, sous le commandement du lieutenant-colonel Dugenne, de la légion étrangère. Cette colonne devait parcourir, en cinq journées, la distance de Phu-Lang-Thuong à Lang-Son, et son convoi devait être embarqué sur des jonques remontant le Song-Thuong jusqu'à Bac-Lé, d'où il devait suivre la colonne par la voie de terre. Le mauvais état des chemins détrempés par des pluies torrentielles rendit la marche excessivement pénible, et ce n'est que le 22 juin qu'on arriva en aval de Bac-Lé où devait avoir lieu le passage du Song-Thuong.

---

(1) « Après un délai de vingt jours, c'est-à-dire le 6 juin, les troupes françaises pourront occuper Lang-Son, Caobang, That-Khé et toutes les places du territoire tonkinois adossées aux frontières du Quang-Tong et du Quang-Si. A la même date, la France pourra établir des stations navales sur toute l'étendue des côtes du Tonkin.

» Ces délais expirés, les Français pourront procéder sommairement à l'expulsion des garnisons chinoises attardées sur le territoire du Tonkin. » (Extrait de la *Convention de Tien-Tsin.*)

Pendant que l'on faisait la reconnaissance de la rivière pour chercher un gué, on put constater que tous les mouvements de la petite colonne étaient épiés par des Chinois embusqués sur les hauteurs de la rive opposée.

Le lendemain matin, la colonne commença néanmoins à franchir la rivière pour continuer sa route, mais, à peine quelques compagnies étaient-elles sur la rive droite qu'elles essuyèrent une vive fusillade partant des hauteurs boisées environnantes. Le passage de la rivière s'effectua néanmoins, et la colonne prit position pour une halte gardée.

Vers 8 heures du matin, un parlementaire chinois se présenta aux avant-postes, porteur d'une lettre du commandant des troupes chinoises, exprimant le désir d'obtenir un délai de dix jours pour pouvoir se replier avec ses dix mille hommes au delà de la frontière, disant qu'il connaissait parfaitement les termes de la convention de Tien-Tsin, mais qu'il lui fallait un ordre de Pékin pour se retirer. Il priait même le colonel Dugenne de vouloir bien télégraphier à Pékin pour avoir cet ordre (2).

---

(2) La lettre du commandant chinois était conçue en ces termes :

« *Au noble commandant des troupes françaises.*

» Votre compatriote, M. Fournier, a dit à Tien-Tsin, au moment où il s'en retournait en France, que, après 20 jours, des soldats français seraient envoyés pour parcourir le pays et que l'armée de Kouang-Si devrait s'en retourner camper dans certains endroits. Nous le savons comme vous.

» Vous voulez aujourd'hui que nous nous retirions sur la frontière ; mais il faut absolument pour cela un avis du Tsong-Li-Yamen. Ce n'est pas que nous voulions violer le traité. Le traité de Tien-Tsin porte bien que nos troupes seront reportées sur la frontière. Nous ne voulons pour cela qu'une lettre qui nous fixe sur les mouvements que nous avons à faire. On ne doit pas rompre la paix par des combats inutiles.

» Nous vous prions donc de vouloir bien, vous-même, adresser un télégramme à Pékin, pour demander une lettre du Tsong-Li-Yamen. Il ne faudra que peu de temps pour la demande et la réponse. Dès que nos troupes auront reçu l'avis du Tsong-Li-Yamen, elles se formeront en bataillons et évacueront le territoire annamite, pour retourner aussitôt au Quang-Si.

» Nos deux pays ayant, en effet, conclu la paix, on ne doit pas faire naître de nouvelles luttes. Tel est ce que nous avions à vous dire.

» *Les chefs du camp chinois,*
Signé : Li-Wang et Wei. »

Deux heures plus tard, il se présenta un nouvel émissaire qui se disait envoyé par le vice-roi du Quang-Si pour faire connaître aux chefs militaires qui pouvaient l'ignorer la signature de la paix, empêcher toute collision entre les Français et les Chinois et hâter la retraite de ces derniers.

Le colonel Dugenne lui demanda si, en sa qualité d'envoyé du vice-roi, il avait autorité sur les chefs militaires, et sur sa réponse affirmative, il lui dit que, pour couper court à toute difficulté, il n'avait qu'à inviter le commandant des troupes chinoises à commencer immédiatement son mouvement de retraite.

Puis il lui exprima son indignation d'avoir été reçu à coups de fusil par des soldats qui savaient que leur nation était en paix avec la nôtre.

L'émissaire répondit qu'il allait donner l'ordre d'évacuation et en assurer l'exécution, puis il affirma au colonel Dugenne que les coups de fusil avaient été tirés par des bandits de la montagne et non par des soldats chinois.

A 2 heures du soir, il se présenta de nouveau aux avant-postes accompagné du commandant des troupes chinoises et suivi d'une nombreuse et brillante escorte. Le colonel Dugenne chargea son chef d'état-major, le commandant Crétin, d'aller les recevoir et de les engager à venir le trouver au camp. L'envoyé du Quang-Si parut disposé à s'y rendre, mais le chef militaire déclara d'abord qu'il ne dépasserait pas la limite des provinces de Bac-Ninh et Lang-Son, puis, un instant après, il se retira sous prétexte de changer de vêtement; l'envoyé se retira à son tour et ni l'un ni l'autre ne reparurent.

Ce que voyant, le colonel Dugenne fit prévenir, par lettre, le commandant des troupes chinoises, qu'une heure plus tard les troupes françaises reprendraient leur marche.

A 4 heures du soir, la colonne se mit en marche avec l'ordre formel à l'avant-garde de ne pas ouvrir le feu la première sur les Chinois. Après quelques minutes de marche dans un défilé enserré entre des rochers à pic de plus de cent mètres d'élévation, l'avant-garde déboucha dans une clairière et se trouva en face de retranchements d'où partit aussitôt une vive fusillade qui s'étendit bientôt aux crêtes situées sur les flancs de la colonne, mise ainsi dans l'impossibilité de riposter contre un ennemi invisible.

Le colonel Dugenne fit renforcer l'avant-garde qui avait peine à résister au feu terrible qu'elle recevait de front et de flanc, puis en même temps il fit protéger, par une compagnie du bataillon d'Afrique, nouvellement arrivée, le flanc droit de la colonne menacée d'un mouvement tournant des Chinois qui semblaient vouloir se porter au convoi. Cette compagnie se trouva bientôt aux prises avec un ennemi dix fois supérieur en nombre et armé de fusils à tir rapide. Bientôt le lieutenant Génin, commandant la compagnie, fut atteint de deux coups de feu et plusieurs soldats tombèrent à ses côtés. A l'avant-garde, comme aux flancs-gardes, il fut impossible de gagner un pouce de terrain et les pertes devenaient de plus en plus sensibles, même au centre de la colonne qui n'avait aucun abri pour la protéger contre les balles tirées à longue distance, et par un ennemi embusqué derrière des crêtes boisées, d'où il était impossible de le déloger.

Le feu cessa à la nuit seulement, et le colonel Dugenne en profita pour rassembler le convoi sur un mamelon autour duquel se groupa la colonne, avec la ferme résolution de vaincre et de faire payer chèrement, aux Chinois, la perfidie avec laquelle ils avaient organisé ce guet-apens.

La nuit se passa sans autres incidents que quelques coups de feu échangés aux avant-postes. Le chef de la colonne songea alors à rendre compte de ces événements au général en chef, mais la chose n'était pas facile, car les Chinois gardaient toutes les voies de communication. Le lieutenant Bailly, de l'infanterie de marine, chargé du service optique, put au péril de sa vie gagner le sommet d'une colline et se mettre en communication avec le poste optique le plus rapproché et demander des ordres au général Millot.

Le lendemain, 24 juin, à 7 heures du matin, le feu recommença sur toute la ligne et causa de très grands ravages dans la colonne, surtout parmi les chevaux et les mulets que n'abritaient pas les tranchées construites à la hâte autour de la position. Il fallut songer à la retraite qui s'effectua sous la protection du détachement de cavalerie et de l'infanterie de marine. On put emporter les blessés et leur éviter une mort affreuse, mais on fut obligé d'abandonner une partie du convoi.

A 5 heures du soir, la colonne était cantonnée à Bac-Lé, hors d'atteinte de l'ennemi, et le 27 juin elle était renforcée par le général de Négrier qui en avait reçu l'ordre du général en chef.

Ce guet-apens de Bac-Lé nous coûtait deux officiers et vingt-deux hommes morts; cinq officiers et soixante-cinq hommes blessés plus ou moins grièvement.

Il ne fut pas possible de venger immédiatement ces glorieuses victimes de la perfidie chinoise, en raison des chaleurs excessives et des cas d'insolation qui se produisaient parmi nos soldats, même au repos. D'autre part, les pertes subies par les coolies dans cette affaire en rendaient le recrutement fort difficile, et cependant, ils étaient indispensables pour suppléer au manque d'animaux de bât. Puis, il était prudent de ne pas s'aventurer contre Lang-Son, sans avoir pu organiser des colonnes assez solides pour briser les nombreux obstacles qu'allaient forcément y accumuler les Chinois. Ces différentes considérations firent remettre à une autre époque la marche en avant.

La cour de Pékin rejeta, naturellement, sur les Français toute la responsabilité de ce guet-apens. Elle prétendit que la convention de Tien-Tsin n'était qu'un engagement provisoire conclu, sans son assentiment, entre le vice-roi du Petchili et le commandant Fournier. Elle avoua même qu'elle avait envoyé, aux commandants chinois, l'ordre de ne pas livrer les places qu'ils occupaient au Tonkin, mais qu'elle leur avait cependant recommandé d'éviter le moindre conflit, et elle déclara que, tout en déplorant ce fâcheux événement, elle se croyait en droit de refuser l'indemnité qui lui était réclamée, par la France, pour les victimes de Bac-Lé.

En présence de cette mauvaise foi avérée, ordre fut donné à l'amiral Lespès, commandant l'escadre des mers de Chine, de bombarder le port de Kelung, situé au nord de l'île de Formose, afin de bien montrer au Céleste-Empire que la réparation demandée serait obtenue de gré ou de force. Cette opération eut lieu le 5 août 1884, et elle fut couronnée d'un plein succès, mais malheureusement elle ne produisit pas de grands résultats, parce que l'amiral n'avait pas assez de troupes de débarquement pour occuper les forts, qu'on fut obligé d'abandonner après les avoir détruits.

En même temps l'amiral Courbet marchait sur Fou-Tchéou, grande ville de six cent mille habitants, située à soixante-dix kilomètres de l'embouchure de la rivière Min, et défendue par une série de forts et un arsenal construit par notre compatriote M. Gicquel. L'amiral Courbet, après avoir franchi les passes de la rivière, alla mouiller en vue de l'arsenal, à proximité de la flotte chinoise qui occupait déjà la rade. Pendant tout le temps que durèrent les négociations au sujet de l'affaire de Bac-Lé, nos marins restèrent inactifs, mais le 22 août, un télégramme du gouvernement français ordonna l'ouverture des hostilités.

Les marins chinois qui ne s'expliquaient pas les lenteurs des négociations s'étaient figuré que nous redoutions d'en venir aux mains, mais dès le 22, l'amiral Courbet, après avoir informé les navires européens des instructions qu'il venait de recevoir, fit prévenir le commandant chinois que le feu serait ouvert dès le lendemain. Celui-ci se mit immédiatement en mesure de résister, et le 23, vers 2 heures du soir, l'amiral fit attaquer en même temps l'arsenal et les navires chinois, chacun des navires français ayant un objectif bien déterminé.

Le plan de l'amiral fut exécuté avec un élan et un ensemble parfaits, et avant la fin du jour la flotte chinoise était détruite et les forts de Fou-Tchéou réduits au silence. La journée du 24 fut employée au bombardement de l'arsenal, et le 25 les compagnies de débarquement furent mises à terre, pour en achever la destruction.

Fou-Tchéou détruit, il fallait sortir de la rivière où les Chinois s'étaient vantés d'enfermer nos navires. L'amiral, avec un sang-froid et une audace admirables, détruisit successivement les forts échelonnés de part et d'autre, et le 30 août toute notre flotte avait pu descendre à l'embouchure de la rivière.

Ces brillantes opérations, qui coûtèrent aux Chinois près de trois mille hommes tués ou blessés, ne nous coûtèrent que dix tués, dont un officier, le lieutenant de vaisseau Bouet-Villaumez, et quarante-huit blessés dont six officiers.

Après les opérations de la rivière Min, le gouvernement français fit envoyer des troupes de débarquement à l'amiral Courbet avec l'ordre de s'emparer de l'île de Formose, que nous devions conserver comme gage, jusqu'à l'acceptation par la Chine de la convention de Tien-Tsin.

L'île de Formose, placée sous la dépendance de la Chine, est très riche en production de charbon, de pétrole, de soufre, de cuivre, de fer, d'ardoise, de magnésie et peut-être d'or. Ses villes les plus importantes sont : Kélung, Tamsui, Taï-Van-Fou et Takau; elles sont toutes situées sur le versant occidental de l'île, face aux provinces chinoises de Fo-Kien et de Quang-Tong.

Kélung est située au fond d'un port, à l'extrémité nord de l'île, dans une position qui commande les mers de Chine. Elle est le grand entrepôt des mines de charbon, lesquelles sont reliées au port par un canal.

Tamsui, située sur une rivière, est très importante au point de vue commercial; son port, qui se trouve abrité par des montagnes très élevées, a son entrée protégée par une barre de sable sur laquelle il n'y a guère que deux mètres d'eau à marée basse.

Le 1ᵉʳ octobre, vers midi, l'amiral Courbet, avec dix navires de guerre, mouilla en rade de Kélung et mit aussitôt à terre ses troupes de débarquement, qui, après une affaire assez chaude, s'emparaient d'un piton fortifié, sur lequel s'étaient retranchés les Chinois depuis la destruction des forts par l'amiral Lespès, et qui gardait la route de Tamsui. Du 2 au 5 octobre, l'amiral Courbet, jugeant qu'il n'était pas prudent de s'avancer plus loin sans avoir une solide base d'opérations, fit fortifier et occuper les principales positions qui assuraient les communications entre les troupes débarquées et les navires.

Pendant ce temps, l'amiral Lespès se présentait devant Tamsui dont il espérait s'emparer par un coup de main, après avoir détruit les torpilles qui barraient la passe. Le débarquement s'opéra, en effet, le 8 octobre, sans coup férir, et les cinq com-

pagnies de débarquement se formèrent à terre sans trop de
difficultés, puis elles se portèrent en avant déployées en tirailleurs. Le terrain coupé de rizières, de bois, de haies, de fossés
et de buissons de cactus rendit bientôt la marche fort difficile.
Au bout de quelques kilomètres nos marins furent reçus par
une vive fusillade et les commandants des deux compagnies de
tête furent mis hors de combat.

Ce fut alors une lutte corps à corps; les Chinois s'élançaient
avec une vigueur inouïe, entourant nos soldats et menaçant leur
ligne de retraite. La lutte devenant de plus en plus acharnée,
les munitions s'épuisant et le succès paraissant impossible, il
fallut se retirer à bord des navires en abandonnant nos morts
aux Chinois qui poussèrent des cris de triomphe et emportè-
rent, comme trophées, les têtes de nos malheureux soldats.
Ces actes de barbarie transportèrent d'indignation les Européens habitant Tamsui, et dans la journée le consul anglais et
le commandant du navire de guerre anglais, en station dans la
rade, allèrent faire des remontrances au général chinois qui
promit solennellement de donner des ordres pour prévenir de
pareils faits dans l'avenir.

A la suite de ces événements, l'amiral Courbet, renonçant,
pour le moment, aux opérations de terre, déclara le blocus de
Formose et prit immédiatement ses dispositions pour en assurer les effets.


Pendant ces opérations de notre flotte contre Fou-Tchéou et
Formose, les troupes du Tonkin se tenaient sur la défensive en
attendant de nouveaux renforts qui pussent leur permettre de
commencer la lutte contre les Chinois, dont le nombre grossis-
sait de plus en plus dans la vallée du Loch-Nam. A la fin du
mois d'août le général Millot, éprouvé par le climat, fut auto-
risé à rentrer en France, et il laissa le commandement au général Brière de l'Isle (3), qui se mit aussitôt en mesure de pous-

_____________

(3) Le général Brière de Lisle est né le 4 juin 1827 à la Pointe-à-Pitre
(Guadeloupe). Entré à l'Ecole spéciale militaire le 30 octobre 1846, il en
sortit sous-lieutenant au 4e régiment d'infanterie de marine le 1er octobre
1848. Capitaine en janvier 1856, il assista à la prise de Vinh-Long (Cochinchine) et fut promu chef de bataillon le 23 janvier 1862. Colonel le

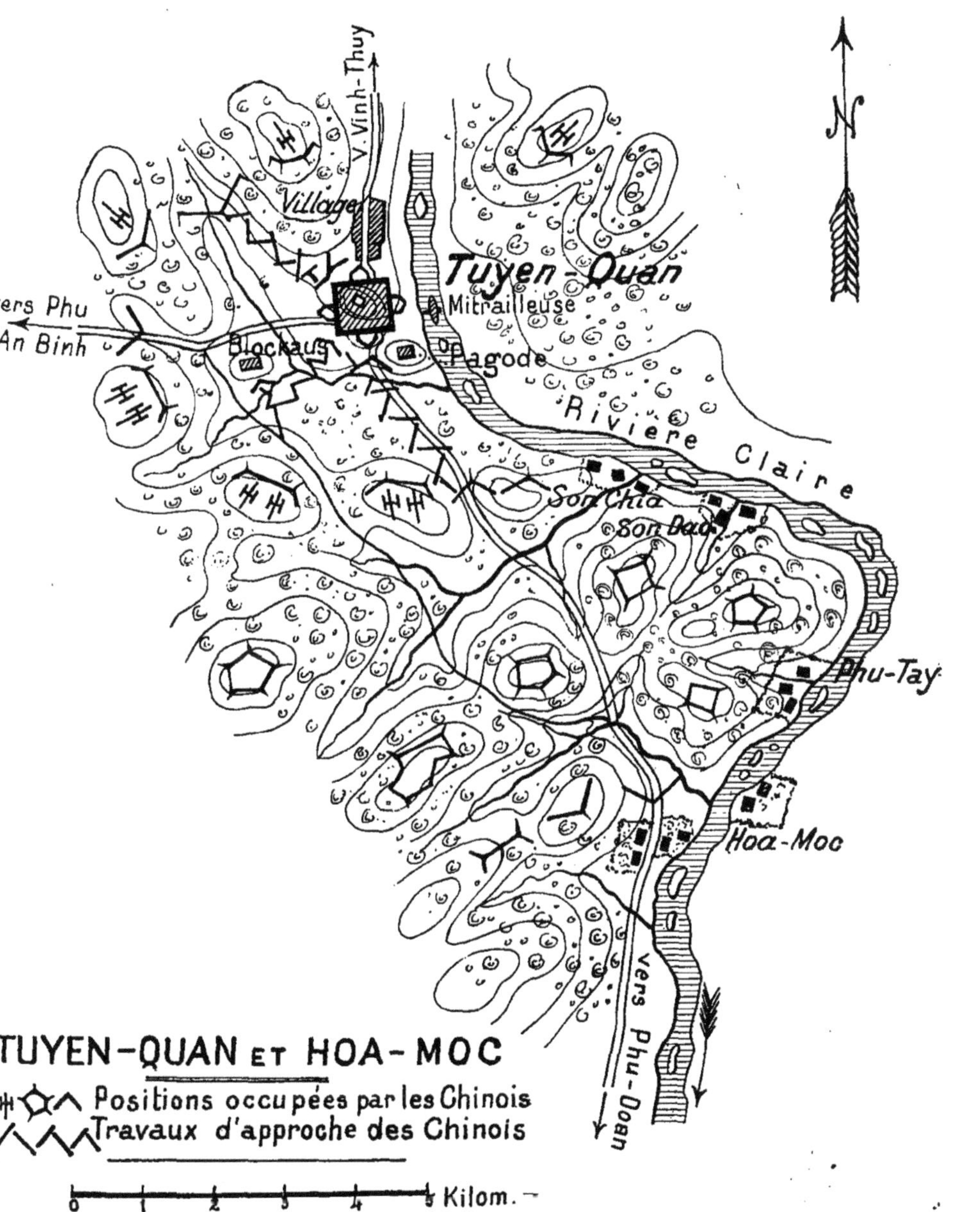
V. Vinh-Thuy
Village
Tuyen-Quan
vers Phu
An Binh
Mitrailleuse
Blockaus
Pagode
N
Riviere Claire
Son Chia
Son Dao
Phu-Tay
Hoa-Moc
vers Phu-Doan
TUYEN-QUAN ET HOA-MOC
Positions occupées par les Chinois
Travaux d'approche des Chinois
0  1  2  3  4  5 Kilom.

ser nos postes en avant dès que les circonstances le permettraient. En conséquence, il massa ses troupes à Haïphong, Haïdzuong et Bac-Ninh et fit pousser des reconnaissances par les canonnières, sur tous les arroyos où elles pouvaient naviguer.

Au commencement d'octobre, le général de Négrier quitta Hanoï pour aller prendre la direction générale des opérations et marcher de nouveau sur Lang-Son.

Les Chinois se portèrent à sa rencontre et se fortifièrent dans les positions de Kep et Chu (Kiou) qui ne purent être enlevées qu'après plusieurs combats dans lesquels nos troupes furent victorieuses, mais payèrent chèrement leur victoire.

En même temps, l'armée du Yunnan attaquait sans succès la petite garnison française de Tuyen-Quan, que les débris des bandes de Lun-Vinh-Phuoc cherchaient à isoler de nos garnisons du fleuve Rouge. Le 18 novembre, une petite colonne envoyée d'Hanoï sous les ordres du lieutenant-colonel Duchesne, réussit à chasser les pavillons noirs des rives de la rivière Claire, et à ravitailler Tuyen-Quan dont la garnison fut renouvelée pour permettre à l'ancienne de se reposer des rudes fatigues qu'elle venait d'éprouver.

Sur la route de Lang-Son les mois de novembre et décembre furent employés à explorer la vallée du Loch-Nam, en attendant le moment favorable pour attaquer sérieusement les Chinois, dont l'audace devenait de plus en plus grande.

Au mois de janvier 1885, deux brigades furent formées et placées sous les ordres du général de Négrier et du colonel Giovanninelli, et le 1er février le général Brière de l'Isle prit la direction générale des opérations. Le 3 février les deux bri-

---

2 août 1870 à 43 ans. Général de brigade le 1er janvier 1881. Comme colonel, il commanda d'abord le 1er régiment d'infanterie de marine, puis, en 1872, il fut appelé au ministère de la marine pour y remplir les fonctions de chef du bureau des troupes de l'infanterie. Il occupa ce poste jusqu'en 1877, époque à laquelle on l'investit des hautes fonctions de gouverneur du Sénégal. Appelé au commandement d'une des brigades du corps expéditionnaire du Tonkin, au mois de décembre 1883, il prit part aux attaques de Bac-Ninh et de Hong-Hoa et fut promu, pour services rendus au Tonkin, à la dignité de grand-officier de la Légion d'honneur, puis, quelque temps après, au grade de général de division.

gades quittèrent Chu, par une pluie torrentielle, et se mirent
en route dans la direction de Lang-Son. Le 4, elles arrivèrent
devant les grands retranchements chinois de Dong-Song, qui
furent enlevés après un combat qui dura toute la journée.

Le 5 février, nouveaux combats contre les mamelons fortifiés de Hao-Ha, et, à partir de ce moment, les deux brigades
livrèrent chaque jour des combats héroïques, tout en continuant à supporter de très grandes fatigues causées par la nature du terrain mamelonné et boisé, et par le mauvais état des
chemins que les pluies rendaient boueux et glissants.

Le 12 février, la colonne abordait les positions couvrant
Lang-Son, et dès 9 heures du matin elle commençait le feu
contre les masses chinoises couronnant les crêtes des collines
et s'appuyant sur sept forts formidablement défendus dont la
prise nous coûta des pertes sérieuses, notamment celle du commandant d'artillerie Levrard, et du lieutenant Bossant, officier
d'ordonnance, tué aux côtés du général en chef.

A la nuit, l'ennemi fuyait, en désordre, dans la direction de
la frontière, et le lendemain à midi le drapeau français flottait
sur la citadelle de Lang-Son, dont les canons furent braqués
sur le faubourg fortifié de Ki-Lua, où s'étaient réfugiés les
débris de l'armée chinoise qui furent bientôt obligés d'abandonner cette dernière position. Nous étions dès lors complètement maîtres de la principale route de Chine, par où étaient
venues les troupes du Quang-Si et du Quang-Tong.

Mais si les armées du Quang-Si et du Quang-Tong étaient
vaincues, il n'en était pas de même de celle du Yunnan qui
avait profité de ce que nous étions occupés sur le Loch-Nam
pour aller bloquer notre petite garnison de Tuyen-Quan. En
marchant sur cette place, le plan de l'armée du Yunnan était
de refouler nos postes dans le delta et de tendre la main aux
armées chinoises du Quang-Si et aux bandes annamites du
fleuve Rouge et de la rivière Noire. Ces trois armées espéraient
pouvoir ainsi former une ligne concentrique d'investissement
s'étendant de Lang-Son à Hong-Hoa et s'appuyant sur les citadelles de Lang-Son, Thaï-Nguyen, Tuyen-Quan, Hong-Hoa et les
lignes de la rivière Noire et du Day.

Tuyen-Quan est l'une des plus petites forteresses du Tonkin. Elle est située en pleine forêt vierge, sur la rivière Claire, et à huit jours de marche d'Hanoï.

La citadelle, construite sur la rive droite de la rivière Claire, n'est qu'une bicoque carrée de trois cents mètres de côté dont les murs sont envahis par la broussaille. Chaque face est flanquée au milieu par une demi-lune dans laquelle est percée une porte voûtée communiquant avec les sentiers de la montagne. La face Est est longée à cinquante mètres par la rivière dont les berges sont assez élevées. Les autres faces ne sont pas protégées par des fossés. Au centre de la citadelle se trouve un tertre, en forme de pain de sucre, sur lequel est construite une pagode dominant de soixante mètres le sol de la place. Tout autour de ce tertre il existe des magasins et des casernes comme dans les autres citadelles annamites. A l'extérieur, au nord, un village s'étend le long de la rivière, et au sud, une pagode élevée sur un monticule domine le cours de la rivière. Tous ces ouvrages sont dominés, à cinq cents mètres, par une ceinture de montagnes boisées très favorables à l'attaque.

La petite garnison française chargée de la défense de ce poste avancé se composait de deux compagnies de la légion étrangère, d'une compagnie de tirailleurs tonkinois, de trente hommes d'artillerie de marine, de quelques hommes du génie et des services administratifs. Plus la petite canonnière *Mitrailleuse* que les basses eaux avaient retenue sous les murs de la place.

Toutes ces troupes étaient placées sous le commandement du chef de bataillon Dominé de la légion étrangère (4). Les

---

(4) Dominé (Marc-Edmond) est né le 22 juillet 1848. Elève à l'Ecole spéciale militaire le 4 octobre 1866, il fut nommé sous-lieutenant au 2e régiment de zouaves le 1er octobre 1868. En 1870, à l'attaque d'Aïn-Chaïr (Maroc), il eut le poignet traversé d'une balle et fut fait chevalier de la Légion d'honneur pour sa belle conduite. Il prit ensuite part à la guerre franco-allemande et il reçut une nouvelle blessure au même bras. Lieutenant le 1er novembre 1870. Capitaine le 6 février 1874 au 2e bataillon d'infanterie légère d'Afrique, il suivit avec distinction les cours de l'Ecole supérieure de guerre et, le 1er août 1884, il fut promu au grade de chef de bataillon.

Il était attaché à l'état-major du 19e corps d'armée lorsque, sur sa de-

compagnies de la légion étaient commandées par les capitaines de Borelli, Cathelin et Moulinay, et celle de tirailleurs tonkinois par le capitaine Dia.

L'artillerie était commandée par le lieutenant Derappe et le génie par le sergent Bobillot.

M. Gautier de Rougemont, officier d'administration, était chargé des services administratifs et M. le médecin-major Vincens, du service sanitaire.

Un aumônier protestant, M. Boisset, était resté volontairement dans la place, pour donner les secours de sa religion aux soldats de la légion étrangère qui étaient presque tous protestants.

La canonnière *Mitrailleuse* était commandée par l'enseigne de vaisseau Senès, et elle avait un équipage de 25 hommes.

L'artillerie de la place se composait de six pièces : deux pièces de 4 de montagne, deux pièces de 80 millimètres de campagne et deux canons-revolvers Hotchkiss, et 2.460 projectiles pour ces six pièces.

L'infanterie avait des cartouches en quantité suffisante, mais elle n'avait pas d'outils de compagnie, ce qui réduisait la garnison à l'usage des outils du génie seulement, composés de 40 pelles, 27 pioches et 4 haches.

La garnison était approvisionnée en vivres pour plusieurs mois et quelques convois de jonques, envoyés d'Hanoï, purent compléter cet approvisionnement à six mois.

Dès la fin du mois de novembre, la place fut bloquée par une armée chinoise de dix mille hommes commandés par Lun-Vinh-Phuoc. Les communications étaient coupées et il fallait à tout prix résister jusqu'à ce que la colonne de Lang-Son pût envoyer des secours.

---

mande, il fut envoyé au Tonkin le 11 mars 1885, et il fut promu au grade de lieutenant-colonel, à la suite de sa conduite héroïque à Tuyen-Quan.

Nommé colonel le 9 juillet 1888, il passa, sur sa demande, dans l'infanterie de marine, en 1889, et alla prendre le commandement de la 3e brigade du corps d'occupation du Tonkin, à Hué. Au mois de février 1892, sa santé ébranlée par un séjour prolongé en Afrique et au Tonkin, ainsi que par ses blessures, l'obligea à prendre prématurément sa retraite, alors qu'une carrière des plus brillantes s'ouvrait devant lui.

Le commandant Dominé organisa la défense avec un sang-froid admirable et prit toutes les mesures possibles pour tenir l'ennemi à distance et retarder l'attaque directe du corps de place. Le 30 janvier 1885 seulement, l'ennemi put s'emparer d'un blockhaus construit sur un mamelon, à huit cents mètres à l'ouest de la citadelle, et, à partir de ce jour, il fallut défendre le terrain pied à pied et opposer tranchée à tranchée pour protéger l'enceinte de la place.

Bientôt les Chinois commencent le bombardement auquel le manque de munitions ne permet pas de répondre. La garnison est décimée par le feu, mais rien n'abat son courage, ni l'entrain de nos soldats décidés à vaincre ou mourir, plutôt que de se rendre à un ennemi sur la générosité duquel il n'y avait pas à compter.

Le 12 février, une première brèche est faite à la muraille, mais elle est aussitôt bouchée. Les Chinois continuent leurs travaux de mines avec acharnement et pendant la nuit ils réussissent à faire sauter le saillant Sud-Ouest de la citadelle, sans pouvoir cependant pénétrer par cette nouvelle brèche gardée aussitôt par la légion étrangère.

A partir de ce moment, la garnison est principalement occupée à des travaux de terrassement, pour se protéger contre les coups des assaillants et ménager les munitions qui deviennent de plus en plus rares.

Le 22 février, les Chinois réussissent à faire jouer de nouvelles mines qui font une brèche de 150 mètres au saillant Sud-Ouest.

Le capitaine Moulinay, emporté par son ardeur, entraîne sa compagnie et garnit la brèche, mais presque aussitôt plusieurs mines font explosion et mettent la moitié de cette compagnie hors de combat; le capitaine Moulinay et douze de ses soldats trouvent une mort glorieuse, et vingt-cinq autres sont blessés, parmi lesquels le sous-lieutenant Vincent.

Sans le moindre trouble, la réserve de ce secteur se porte dans les tranchées préparées en arrière de la brèche où elle est bientôt rejointe par les survivants de l'explosion, et tous se reforment et repoussent les Chinois qui pénétraient dans la place en criant victoire.

Pendant ce temps, dans le secteur Nord, les Chinois incendiaient le village occupé par nos auxiliaires annamites auxquels ils faisaient subir de grandes pertes, et, dans le secteur Sud, ils attaquaient avec acharnement la pagode occupée par les tirailleurs tonkinois dont le capitaine M. Dia était tué. En même temps, ils essayaient de couper nos communications avec la rivière pour nous empêcher d'y prendre de l'eau et nous isoler de la canonnière dont le tir les gênait beaucoup.

Le petit détachement du génie, dont le rôle était si important et si périlleux, perdait également son chef, le sergent Bobillot (5), et la plupart des sapeurs étaient blessés.

A partir de ce moment, les assaillants ne laissèrent pas un instant de répit aux défenseurs; ils bombardèrent la place jour et nuit et s'acharnèrent de plus en plus contre les murailles qu'il devenait impossible de défendre dorénavant.

Mais le commandant Dominé, en prévision d'un assaut général, fit fortifier le mamelon intérieur qui constitua un excel-

---

(5) Le sergent Bobillot avait la colonne vertébrale brisée. Il fut transporté à Hanoï, à l'hôpital, où il mourut le 17 mars, à l'âge de 25 ans. Avant d'entrer au service, il avait écrit dans plusieurs journaux littéraires des pièces de vers et des nouvelles qui furent très appréciées. Il avait aussi collaboré, avec M. Valabrègue, à diverses pièces de théâtre.

M. Valabrègue faisait de lui, à cette époque, le portrait suivant :

« Beau, brave et charmant garçon, ayant une tête et une âme d'artiste, un style puissant et personnel; un talent d'observation remarquable et d'incontestables qualités de théâtre. »

D'un autre côté, le commandant du génie Sorel, dans une allocution qu'il prononça sur sa tombe, retraça en ces termes les services rendus par Bobillot :

« Le sergent Bobillot était noté comme un de nos meilleurs sous-officiers, quand il fut envoyé à Tuyen-Quan, au moment où ce poste était menacé d'un siège.

» Intelligent autant que modeste, il devint l'âme de la défense, comme l'a dit le commandant Dominé lui-même. Il dirigea la construction d'un ouvrage extérieur qui tint longtemps l'ennemi éloigné de la citadelle, fit construire des retranchements intérieurs et ne craignit pas, bien que dénué de ressources, d'entamer sous les parapets une lutte souterraine continuée avec succès jusqu'à la levée du siège...

» La mort l'a enlevé trop tôt, mais sa mémoire restera honorée parmi nous et demain, quand nos camarades arriveront de France à Hanoï, nous pourrons leur dire en leur montrant cette tombe : « Prenez pour modèle le » sergent Bobillot! »

Depuis, une statue a été élevée au sergent Bobillot, à Paris, sa ville natale.

lent réduit d'où les défenseurs pouvaient résister jusqu'à épuisement complet des vivres et des munitions.

Le 25 février, un Annamite, qui, au péril de sa vie, avait réussi à franchir les lignes chinoises, apporta au commandant Dominé une lettre l'informant de la prise de Lang-Son, et que la première brigade tout entière remontait la rivière Claire pour venir débloquer Tuyen-Quan.

Aussitôt après la prise de Lang-Son, en effet, le général Brière de l'Isle se mit immédiatement en mesure de secourir Tuyen-Quan dont il connaissait la situation critique. En conséquence, il laissa la brigade de Négrier à Lang-Son, avec mission de dégager la place et de repousser l'ennemi au delà de la frontière de Chine, puis il se mit en route, le 16 février, avec la brigade Giovanninelli qui, en six jours, parcourut les 140 kilomètres qui séparent Lang-Son d'Hanoï.

Le 22 février, cette brigade fut embarquée sur la flottille qui la transporta au confluent de la rivière Claire, d'où elle reprit la route de terre le 24, en s'appuyant sur les canonnières qui devaient tenter l'impossible pour remonter la rivière jusqu'à hauteur de la position de Hoa-Moc, que les Chinois avaient fortifiée pour empêcher le ravitaillement de Tuyen-Quan.

Le 27, la colonne arriva à Phu-Doan où elle put être ravitaillée par ses jonques et se préparer à franchir le Song-Chay pour s'engager dans les sentiers de la forêt vierge qui sépare Phu-Doan de Tuyen-Quan.

Le 2 mars, toute la brigade était en vue de la position de Hoa-Moc constituée par une série de forts étagés sur les collines, et protégée, en avant, par des tranchées et des piquets de bambous s'étendant jusqu'à la rivière.

Tous ces ouvrages étaient dissimulés dans la broussaille, et un silence de mort régnait partout, au point de faire croire que la position était abandonnée. Le colonel Giovanninelli fit avancer quelques tirailleurs tonkinois, et la fusillade éclata de tous les côtés, contre nos soldats immobilisés par les haies de bambous. Bientôt, cependant, l'artillerie put prendre position et canonner les forts, mais sans grands résultats.

Nos officiers et nos soldats, la rage au cœur, et ayant hâte d'arriver au secours de leurs camarades de Tuyen-Quan, escaladèrent les haies de bambous et s'élancèrent à l'assaut, sous une grêle de mitraille et sur un sol transformé en véritables volcans par les mines accumulées sur tous les points. En quelques instants, le bataillon Mahias, de l'infanterie de marine, avait 6 officiers et 164 hommes hors de combat, sur un effectif de 320 !

Enfin, la palissade céda et un premier fort fut enlevé, mais les autres paraissaient imprenables; les Chinois, dirigés par Lun-Vinh-Phuoc en personne, résistaient avec un acharnement inouï. On coucha sur les positions, à 200 mètres de l'ennemi; la nuit se passa dans une angoisse terrible sous une pluie torrentielle et sous une grêle de projectiles. Nos soldats étaient massacrés jusque dans leurs lignes par des ennemis invisibles rampant sous la broussaille. Le 3 mars, au petit jour, un suprême effort fut tenté et nos soldats, dont les chefs étaient presque tous hors de combat, s'élancèrent à l'assaut avec une furie telle qu'ils arrivèrent dans les retranchements des Chinois, malgré la fusillade et les mines qui éclataient sous leurs pas.

A 2 heures de l'après-midi, le général Brière de l'Isle pénétra dans la citadelle de Tuyen-Quan où l'attendait le brave commandant Dominé entouré de ses officiers. Le général embrassa le valeureux chef de cette héroïque garnison et il adressa aussitôt deux ordres du jour aux troupes, pour féliciter les unes de leur héroïque défense de Tuyen-Quan et les autres du courage qu'elles avaient déployé dans leurs marches forcées de Lang-Son à Tuyen-Quan (6).

----

(6) Ordre général n° 14.

« Officiers, sous-officiers, soldats et marins de la garnison<br>de Tuyen-Quan,

» Sous le commandement d'un chef héroïque, le chef de bataillon Dominé, vous avez tenu tête pendant 36 jours, au nombre de 600, à une armée, dans une bicoque dominée de toutes parts.

» Vous avez repoussé victorieusement sept assauts.

» Un tiers de votre effectif et presque tous vos officiers ont été brûlés par les mines ou frappés par les balles et les obus chinois, mais les cadavres de l'ennemi jonchent encore les trois brèches qu'il a vainement faites au corps de place.

» Aujourd'hui, vous faites l'admiration des braves troupes qui vous ont dégagés au prix de tant de fatigues et de sang versé.

Les combats de Hoa-Moc nous coûtaient 76 tués dont 6 officiers et 408 blessés dont 21 officiers. De son côté la petite garnison de Tuyen-Quan avait perdu un cinquième de son effectif
pendant ce siège mémorable.

A son retour de Tuyen-Quan, la première brigade eut à châtier une bande de pirates qui s'étaient acharnés contre nos postes
de la rivière Claire pendant que nos troupes étaient occupées
ailleurs. Une petite colonne dirigée par le colonel de Maussion
détruisit complètement cette bande au village de Phu-Duc et
rétablit le calme dans la région.

Sur mer, l'amiral Courbet donna la chasse à une flotte chinoise qui avait pu se reconstituer avec les quelques navires
échappés aux combats de Fou-Tchéou. Il l'atteignit à Scheipoo,
le 15 février 1885, et la fit couler par ses torpilleurs.

Pendant ce temps, les négociations continuaient entre le gouvernement français et la cour de Pékin. Ces divers succès de
nos armes forcèrent la Chine à accepter enfin les bases de la
convention de Tien-Tsin, et la paix allait être définitivement
conclue lorsque survinrent les malheureux événements de Lang-
Son où la brigade de Négrier, restée seule, fut obligée de battre
en retraite devant les masses chinoises cherchant à lui couper
la retraite.

Le général de Négrier, aussitôt après l'occupation de Lang-
Son, avait poussé ses avant-postes jusqu'à la porte de Chine
dont il s'était emparé après un brillant combat livré à Dong-
Dang, le 22 février 1885.

A partir de ce moment, il fut obligé de rester sur la défensive
en présence des forces toujours croissantes des Chinois.

Le 22 mars, ceux-ci reprirent l'offensive et tentèrent une attaque de nuit contre Dong-Dang, mais nos soldats faisaient bonne
garde et cette tentative échoua.

Le 23, le général de Négrier se voyant serré de plus en plus

---

» Demain, vous serez acclamés par la France entière.
» Vous tous aussi, vous pourrez dire avec orgueil :
« J'étais de la garnison de Tuyen-Quan; j'étais sur la canonnière *Mi-*
» *trailleuse.* »
» Au quartier général à Tuyen-Quan, le 3 mars 1885. -
» Signé : BRIÈRE DE L'ISLE. »

près résolut de franchir la frontière et d'attaquer les Chinois dans leurs positions retranchées de Bang-Bo.

Les premières lignes de retranchements furent enlevées avec un élan admirable, malgré la supériorité numérique de l'ennemi, mais il fut impossible de s'emparer des dernières lignes dans lesquelles les défenseurs se renouvelaient sans cesse. Pendant deux jours la petite colonne française, d'un effectif de mille hommes à peine, eut à lutter contre les deux armées réunies du Quang-Si et du Quang-Tong, et elle eut un tiers de son effectif hors de combat.

Le général de Négrier jugeant ces efforts inutiles et craignant d'avoir sa ligne de retraite coupée donna l'ordre de se replier sur Dong-Dang et Lang-Son.

Les Chinois enhardis par leurs succès poursuivirent la colonne qu'ils harcelèrent jusque sous les murs de Lang-Son où ils furent tenus en respect, pendant quelques jours, par l'arrivée de renforts qui portèrent son effectif à trois mille cinq cents hommes.

Le 28 mars, ils attaquèrent nos positions de Lang-Son, en garnissant les hauteurs et les mamelons environnants; leur plan était de dépasser la colonne et de l'envelopper.

Cette tactique fut déjouée par les habiles dispositions du général de Négrier qui leur fit payer chèrement leur audace. Malheureusement, le général fut blessé vers la fin de la journée et obligé de passer le commandement au lieutenant-colonel Herbinger qui ordonna une retraite générale sur Chu et Kep, où la brigade arriva le 1er avril.

Le mouvement rétrograde de Lang-Son à Chu se fit en assez bon ordre, mais avec une précipitation que la situation ne paraissait pas justifier. L'artillerie, les gros bagages et cinq cent mille francs en piastres furent jetés dans le Song-Ki-Kong pour alléger le convoi, tandis que les Chinois terrifiés par les pertes effrayantes qu'ils avaient subies pendant le combat du 28 mars battaient également en retraite de leur côté.

Les dépêches annonçant notre retraite étant parvenues au vice-roi de Canton, par la voie de Hong-Kong, celui-ci envoya immédiatement à son armée l'ordre de réoccuper Lang-Son.

Pendant ce temps, nos troupes se reformaient sur la ligne

Chu-Kep et prenaient leurs dispositions pour empêcher une nouvelle invasion du delta. Mais, à ce moment, on apprit tout à coup qué la paix venait d'être conclue entre la France et la Chine (4 avril 1885).

# CHAPITRE VII

Nouvelles mesures prises par la France pour obliger la Chine à conclure un traité de paix définitif. — Le général Roussel de Courcy est nommé au commandement du corps expéditionnaire avec le titre de Résident général et de Représentant de la France près la cour d'Annam. — Traité de paix définitif avec la Chine (9 juin 1885). — Mort de l'amiral Courbet. — Nouvelles intrigues de la cour de Hué, qui obligent la France à agir énergiquement contre elle. — Guet-apens du 5 juillet 1885, dirigé contre le général de Courcy et la petite garnison française de Hué. — Fuite de la cour et avènement au trône du roi Dong-Khan, partisan du protectorat français.

Après les événements de Lang-Son et afin d'éviter de nouvelles surprises de la part du gouvernement chinois, le gouvernement français crut devoir maintenir notre situation militaire au Tonkin, jusqu'à la signature du traité de paix définitif. Les Chambres votèrent à l'unanimité de nouveaux crédits de deux cents millions de francs, dont cent millions destinés à la marine et cent millions à l'armée de terre. Puis, un décret du 14 avril 1885 nomma le général de Courcy (1), commandant du

---

(1) Roussel de Courcy (Philomène-Marie-Henri), né le 30 mai 1827. Elève à l'Ecole spéciale militaire le 27 novembre 1844, en sortit le 1er octobre 1846 comme sous-lieutenant aux chasseurs à pied. Lieutenant le 19 juillet 1849, capitaine le 29 décembre 1853, chef de bataillon le 25 mai 1860, lieutenant-colonel le 14 juillet 1864, il se distingua en Afrique, en Crimée, en Italie et au Mexique. Blessé devant Puebla le 27 mars 1863, il fut cité trois fois pour action d'éclat au Mexique. Nommé colonel du 90e régiment d'infanterie le 17 janvier 1866, il fit à la tête de ce régiment la campagne de l'armée de Metz et prit part aux batailles de Borny et de Gravelotte.

Général de brigade le 15 septembre 1870, il fit partie de l'armée de Versailles à son retour de captivité, puis il fut placé, sur sa demande, à la tête d'une brigade d'artillerie.

Pendant la guerre turco-russe, il fut désigné pour suivre les opérations du grand-duc Michel dans le Caucase et il assista à la prise d'Ardahan et de Kars.

Promu général de division le 8 janvier 1878, il commanda par intérim le 6e corps d'armée, puis il fut nommé au commandement du 10e corps, en 1883.

Le général de Courcy est mort en France, en 1888, quelque temps après sa rentrée du Tonkin.

10ᵉ corps d'armée, au commandement du corps expéditionnaire du Tonkin, auquel furent envoyés les renforts nécessaires pour la constitution de deux divisions sur le pied de guerre. Une troisième division, dite de réserve, fut organisée au camp du Pas-des-Lanciers, près de Marseille, où elle devait être embarquée au premier signal.

Les chefs des deux divisions du Tonkin étaient les généraux Brière de l'Isle et de Négrier promu général de division, et les quatre brigades constituant ces divisions étaient commandées par les généraux Giovanninelli, promu général de brigade; Jamais, Munier et Prudhomme. L'artillerie était placée sous le commandement du général Jamont.

L'organisation de la division du Pas-des-Lanciers était confiée au général Coiffé, ayant pour chefs de brigades les généraux Pereira et Sermanson.

Le général de division Warnet était chargé des importantes fonctions de chef d'état-major du corps expéditionnaire.

Le général de Courcy partit de France le 30 avril 1885 avec le titre de Résident général de France au Tonkin et de Représentant de la République française près de la cour d'Annam. Il était muni de tous pouvoirs civils et militaires, et un décret lui donnait même le droit de faire des nominations dans les grades de lieutenants et de capitaines, et de conférer des décorations d'officier et de chevalier dans l'ordre national de la Légion d'honneur. Il arriva au Tonkin le 1ᵉʳ juin, et il fut reçu à la baie d'Along par le général Brière de l'Isle qui lui remit immédiatement le commandement.

Le gouvernement chinois inquiété par ces nouveaux préparatifs, et par le blocus du Petchili qui empêchait le ravitaillement de Pékin, se hâta de conclure le traité de paix qui fut signé à Tien-Tsin, le 9 juin, entre M. Patenôtre, ministre plénipotentiaire pour la France, et le vice-roi Li-Hung-Chang, pour la Chine.

Par une cruelle coïncidence, le jour même où était signé ce traité, celui qui avait contribué le plus à sa conclusion, l'amiral Courbet, mourait à bord de son navire le *Bayard* au mouillage de Makung dans les îles Pescadores dont il s'était emparé depuis quelques semaines. L'illustre commandant en chef de l'escadre succombait aux suites d'une maladie contractée pendant cette rude campagne, et cela juste au moment où ses fatigues allaient prendre fin, où la Patrie reconnaissante allait lui préparer un accueil triomphal et le remercier d'avoir rendu, comme ses émules Brière de l'Isle et de Négrier, quelque prestige à nos armes, quelque espérance à nos cœurs. Cette mort inattendue fut un deuil pour toute la France qui sentait qu'elle perdait l'un de ses plus habiles marins. Le gouvernement fit ramener en France, à bord du *Bayard*, les restes de l'amiral en l'honneur de qui des obsèques nationales furent célébrées à l'Hôtel des Invalides à Paris. Puis il fut enterré à Abbeville, sa ville natale, où un superbe monument a été érigé à sa mémoire, en 1890, par souscription nationale.

Revenons à l'Annam et jetons un coup d'œil sur les principaux faits et gestes de la cour de Hué, depuis le traité du 25 août 1883.

Ce traité était à peine signé que les mandarins annamites usèrent de leur astuce habituelle pour tâcher d'en éluder les clauses principales. Ils insistèrent d'abord pour que cet instrument diplomatique, qui déclarait l'Annam indépendant vis-à-vis de toutes les puissances étrangères, portât les mots « y compris la Chine » afin de blesser la cour de Pékin et de l'exciter davantage contre la France. D'un autre côté, comptant sur l'assistance de la Chine et sur le succès de ses armées au Tonkin, le parti des lettrés, qui s'était déclaré ennemi mortel des Français, avait fait empoisonner l'empereur Hiep-Hoa, coupable d'avoir consenti au traité, et l'avait remplacé, le 2 décembre 1883, par Kien-Phuoc ou Taï-Phu, neveu de Tù-Dùc.

Le premier ministre, Nguyen-Van-Thuong, n'avait par la suite accepté le traité que parce qu'il se sentait menacé par la forte garnison que nous avions à Hué et à Thuan-An pour protéger notre résident.

Nguyen-Van-Thuong était un homme doué d'une intelligence prodigieuse et d'une énergie admirable, et qui s'était élevé, par son seul talent, à la plus haute situation de l'empire. Il était fils d'un forgeron de la province de Quang-Tri, et il avait pu, à force de travail persévérant, conquérir les plus hauts grades de lettré et arriver au pouvoir suprême en passant par tous les degrés de la filière hiérarchique, plus compliquée encore en Indo-Chine qu'en Europe. Il fut successivement archiviste au ministère de la justice, sous-préfet, préfet de Hué, directeur des établissements agricoles de la province de Quang-Tri, conseiller au ministère des cultes, ambassadeur à Saïgon, envoyé extraordinaire à Hanoï pour traiter avec Francis Garnier et M. Philastre. C'est lui qui signa le traité du 15 mars 1874, et il fut à cette occasion nommé grand officier de la Légion d'honneur. Il fut ministre des finances et des affaires étrangères jusqu'en 1881. A la mort de Tû-Dûc, en 1883, il fut nommé régent et conserva ce titre sous les règnes Hiep-Hoa et Kien-Phuoc. Il était alors le véritable chef du gouvernement annamite, et les autres ministres se considéraient eux-mêmes comme ses subordonnés. En 1885, c'était un grand vieillard sexagénaire, d'une correction parfaite et plein de dignité.

Plusieurs documents trouvés à Sontay, à Bac-Ninh et plus tard à Hué ont prouvé sa complicité avec le prince Hoang-Ké-Viem et Lun-Vinh-Phuoc contre les Français.

Au commencement de 1884, le gouvernement français, ayant reconnu la nécessité de modifier le régime du protectorat, chargea notre ambassadeur en Chine, M. Patenôtre, de se rendre à Hué et de peser sur la cour par l'envoi d'un ultimatum. Il éprouva une grande résistance de la part de Nguyen-Van-Thuong, qui refusa d'abord de livrer le sceau impérial donné jadis, par la Chine, à l'empereur Gia-Long comme marque de vassalité de l'empire d'Annam vis-à-vis l'Empire du milieu.

Il se décida enfin à livrer ce sceau, mais à condition qu'il serait fondu en sa présence au lieu d'être envoyé à Paris, comme le proposait M. Patenôtre, et, le 6 juin 1884 (2), il signa le traité de protectorat proposé, traité qui mettait fin aux malentendus en déterminant exactement les droits de la France sur l'Annam et le Tonkin. Il permettait, notamment, à nos résidents d'habiter les citadelles à côté des mandarins annamites,

(2) Voir l'extrait du traité, page 90.

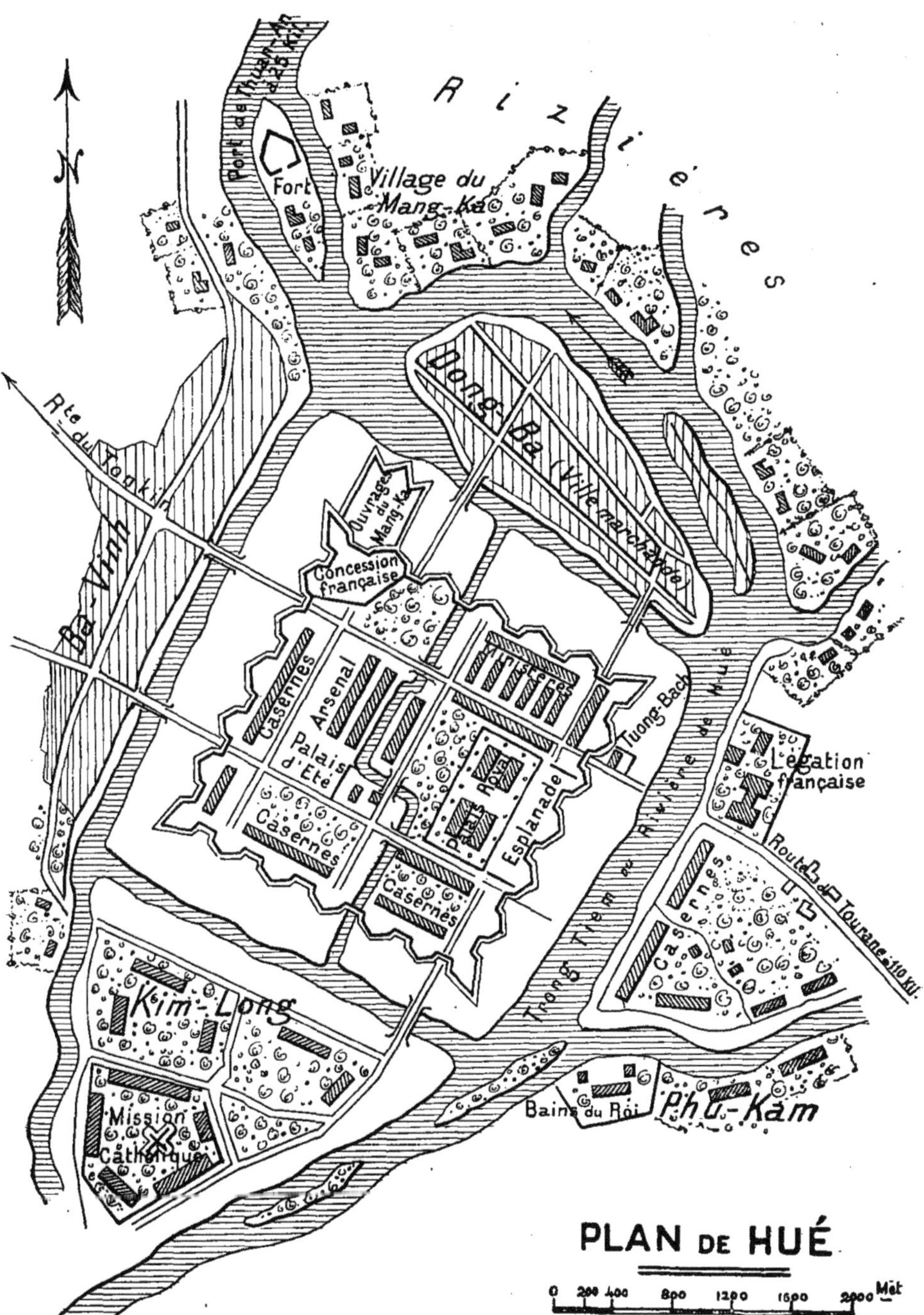
Rizières
Port de Thuan-An 25 Kil.
Fort
Village du Mang-Ka
Dong Ba Ville marchande
Rte du Tonkin
Ba-Vinh
Ouvrage du Mang-Ka
Concession française
Casernes
Arsenal
Palais d'Eté
Casernes
Casernes
Palais Royal
Esplanade
Trong Tien
Rivière de Hué
Tuong-Bach
Légation française
Casernes
Route de Tourane 110 Kil.
Kim-Long
Mission Catholique
Bains du Roi
Phu-Kam
PLAN DE HUÉ
0   200  400    800   1200   1600   2000 Mèt

et à notre résident général de Hué de contrôler les actes de l'empereur d'Annam, dont il devenait en quelque sorte le ministre des affaires étrangères.

Un terrain de trois cent soixante mètres de côté nous était concédé dans l'angle Nord de la citadelle de Hué avec le droit d'y installer la garnison nécessaire pour la garde de notre résident. La France se réservait également le droit d'occuper militairement tous les points dont il paraîtrait utile de s'assurer la possession si quelque rébellion ou quelque agression extérieure venait à menacer la paix ou la sécurité de l'empire.

Cependant malgré ce nouveau traité la cour de Hué continuait ses intrigues avec la Chine et avec le prince Hoang-Ké-Viem et Lun-Vinh-Phuoc. A Hué même les ministres protestaient auprès de notre résident général, contre notre établissement dans la citadelle, sous le fallacieux prétexte que notre petite garnison aurait trop de peine à défendre un terrain d'un périmètre aussi étendu que celui de notre concession.

La cour s'était même réservée l'occupation d'un bastion central dominant complètement la partie que nous occupions, et notre commandant militaire, le colonel Pernot de l'infanterie de marine, fut obligé à plusieurs reprises de faire cesser les travaux d'armements qui menaçaient nos troupes.

Les ministres firent alors observer que si on ne les laissait pas libres de se défendre comme ils l'entendraient, la cour abandonnerait Hué pour se retirer dans la province de Quang-Tri, à Came-Lô, où elle faisait construire une nouvelle citadelle.

D'un autre côté, tous les hauts fonctionnaires qui s'étaient ralliés à notre cause étaient dégradés par le gouvernement annamite et menacés dans leurs personnes et dans leurs familles. Le nouvel empereur, qui avait signé le traité du 6 juin, ne paraissait pas plus en sûreté que les mandarins, et, quelques semaines plus tard, il mourait subitement dans son palais où il était confiné depuis plusieurs mois. La rumeur publique accusa aussitôt le conseil de régence de l'avoir fait disparaître comme ses prédécesseurs, et ce qui donnait plus de force à ce bruit, c'est que Nguyen-Van-Thuong se hâta de faire élever sur le trône un jeune frère du défunt, sans même en informer notre résident général, afin de bien montrer, par cet acte d'indépendance, qu'il ne tenait aucun cas du traité du 6 juin. Le nouvel empereur, jeune homme de 14 ans à peine, monta sur le trône le 2 août 1884, malgré les observations de notre résident, et il prit le nom de Ham-Nghi qui signifie « accord universel ».

Nguyen-Van-Thuong fit observer à notre résident qu'il avait cru devoir agir ainsi parce que les usages traditionnels de la cour ne permettaient pas de laisser le trône vacant même pendant une heure, et que, d'ailleurs, le traité du 6 juin ne stipulait pas expressément que le consentement de la France fût nécessaire pour placer un nouvel empereur sur le trône. Enfin, il ajoutait que Kien-Phuoc avait, dans un testament *in extremis*, désigné lui-même son frère pour sa succession au trône.

Notre résident général, M. Rheinart, qui avait remplacé M. de Champeaux, ne pouvait pas accepter de semblables raisons, et, pour appuyer ses observations par la force, il demanda des renforts au général Millot qui envoya aussitôt à Hué un bataillon d'infanterie de marine et une batterie d'artillerie, avec le colonel Guerrier, son chef d'état-major, qu'il chargea de pleins pouvoirs pour régler la question.

Le colonel Guerrier arriva à Hué le 12 août 1884, et il fit aussitôt signifier au conseil de régence un ultimatum par lequel il exigeait que la cour demandât le consentement de la France pour nommer l'empereur; en cas de refus, la citadelle de Hué devait être occupée dès le 14 par nos troupes.

Les mandarins cédèrent devant cette menace et acceptèrent toutes les conditions imposées par l'ultimatum, mais il firent encore de grandes difficultés pour laisser au cérémonial de reconnaissance le caractère de grandeur usité en pareille circonstance avec les représentants de l'empereur de Chine.

Ils auraient voulu, notamment, que le colonel Guerrier, représentant le gouvernement de la République française, entrât au palais par l'une des portes de côté, au lieu d'entrer par celle du milieu réservée à l'empereur et aux ambassadeurs chinois, puis, que son escorte fût très limitée et sans armes. Mais cette question d'étiquette avait une trop grande importance pour les Annamites, aux yeux desquels on voulait faire passer le représentant de la France pour un vassal de l'empereur d'Annam, et le colonel Guerrier décida qu'il entrerait au palais par la porte du milieu, avec le résident et le commandant du navire le *Tarn* qui l'avait amené, tandis que les officiers et les soldats de son escorte, en armes, passeraient seuls par les portes latérales.

La cérémonie eut lieu dans cet ordre, le 17 août; le roi parut entouré de ses mandarins en costume de gala, et ceux décorés de la Légion d'honneur porteurs de leurs insignes. Nguyen-Van-Thuong portait la plaque de grand officier. Après les discours et les salamalecs d'usage, nos officiers furent conduits dans une salle de repos, puis ils se retirèrent avec l'escorte. Dans la soirée la cour envoya des présents à tous les soldats qui avaient assisté à la cérémonie et le lendemain 18 août les troupes de renfort quittèrent Hué pour retourner au Tonkin avec le colonel Guerrier.

C'était la première fois qu'une troupe de « barbares d'Occident » pénétrait dans ce palais du petit-fils du Ciel.

Tous ces événements montrent que, depuis la mort de Tû-Dûc, l'anarchie la plus complète régnait à Hué où chaque parti avait un prétendant à placer sur le trône. L'un des plus puissants rivaux du régent Nguyen-Van-Thuong était le ministre de la guerre, le prince Thuyet, parent de Tû-Dûc, et second régent du royaume. Ces deux grands ministres ne s'entendaient bien entre eux que dans leurs menées sourdes contre la France à laquelle ils n'ont jamais voulu se rallier. Pendant nos opérations contre la Chine, ils nous suscitèrent toutes sortes d'embarras et ils cherchèrent même à réorganiser la rébellion au Tonkin où Thuyet avait servi pendant de longues années, sous les ordres du prince Hoang-Ké-Viem, son parent.

Dès son arrivée au Tonkin, le général de Courcy reconnut bien vite que le seul moyen de mettre fin à toutes ces intrigues était de porter un grand coup en Annam, en s'emparant de la citadelle de Hué et des chefs-lieux de provinces ouvertement hostiles à notre domination.

Il partit d'Haïphong le 1er juillet 1885 et débarqua le 2 à Thuan-An, d'où il se rendit immédiatement à Hué escorté par un bataillon du 3e zouaves (commandant Metzinger) et une compagnie du 11e bataillon de chasseurs à pied (capitaine Borne).

Il s'installa à la légation de France où son arrivée fut saluée par des salves d'artillerie française et annamite, et les pourparlers pour la remise en audience solennelle des lettres qui l'accréditaient auprès de la cour furent engagés immédiatement. Mais, comme de coutume, les négociations furent des plus laborieuses : les questions d'étiquette furent agitées de nouveau par les ministres qui n'étaient pas du tout disposés à laisser pénétrer, dans le palais du roi, un aussi grand nombre d'officiers, l'épée au côté et suivis d'une nombreuse escorte.

De son côté, la cour faisait ostensiblement parader les trente mille hommes de troupes préposés à la garde de la citadelle et du palais, et les mandarins se vantaient d'offrir à nos officiers le spectacle d'une revue et d'une fête militaire à nulle autre pareille. Tout faisait pressentir, en effet, que quelque chose d'extraordinaire se préparait : les allées et venues des grands mandarins, de la citadelle à la légation, leur mauvais vouloir évident d'accepter les propositions de notre résident et surtout le mutisme absolu du ministre de la guerre Thuyet qui, sous prétexte de maladie, refusait d'entrer en relation avec le général de Courcy.

En présence de cette situation, le général prit le parti d'attendre patiemment le résultat des délibérations de la cour, en installant de son mieux nos troupes dans la concession et autour de la légation. Il est certain, cependant, que malgré les avertissements secrets qu'il avait reçus, le général de Courcy ne prévoyait pas, à ce moment, que les Annamites auraient l'audace de nous attaquer.

La citadelle de Hué est immense : c'est un quadrilatère de 2.500 mètres de côté, entouré d'une enceinte bastionnée construite par le colonel Ollivier et très bien entretenue. Les murs d'escarpe, en briques, ont huit mètres de hauteur et ils soutiennent un parapet de vingt mètres d'épaisseur.

Les quatre angles de la citadelle sont orientés suivant la direction des quatre points cardinaux. Chacune des trois faces Nord-Est, Nord-Ouest et Sud-Ouest est percée de deux portes voûtées et surmontées d'un mirador, à deux étages, servant de corps de garde; la face Sud-Est est percée de quatre portes semblables.

Tout autour de l'enceinte se trouve un fossé large de trente mètres et profond de quatre, avec deux mètres d'eau ou de vase. Ce fossé est séparé du mur d'escarpe par le chemin des Eléphants, large de huit mètres. De magnifiques et solides ponts en pierre traversent le fossé en face de chaque porte, et communiquent avec un chemin de ronde circulant au bas des glacis larges de deux cents mètres. La façade Sud-Est est, en outre, longée par la rivière de Hué, qui a quatre cents mètres de largeur, et les trois autres faces sont contournées par un canal navigable, large de cinquante à soixante mètres et traversé par des ponts en bois en forme d'escaliers, à hauteur de chaque porte de la citadelle.

Dans l'intérieur de la citadelle, et vers le milieu de la face Sud-Est, se trouve une seconde enceinte quadrangulaire de cinq cents mètres de côté, également fortifiée et entourée d'un fossé plein d'eau, traversé par quatre ponts communiquant respectivement avec la porte voûtée percée au milieu de chaque face. Cette seconde enceinte abrite le palais royal ou plutôt les nombreuses pagodes qui servent d'habitations au roi et à la cour.

Toutes ces pagodes sont construites sur un soubassement en pierre d'un mètre cinquante centimètres à deux mètres de hauteur. Elles sont en bois de fer sculpté, ciselé, laqué en rouge et or, et elles sont ornées à profusion de sentences en caractères chinois et du dragon symbolique. Leurs toitures, en tuiles vernissées, aux angles retroussés, sont également couvertes de dragons et autres animaux en porcelaine de diverses couleurs étincelantes au soleil.

Les pagodes principales portent les noms pompeux de palais du roi, palais de la reine, palais du ciel, palais de la terre, palais des génies, palais de la gloire, palais des vertus, palais des études ou des savants, palais des femmes, etc.

Chaque groupe de palais est entouré de hautes murailles et séparé des groupes voisins par des avenues ou des ruelles plus ou moins larges qui font, de l'ensemble de ces palais, un dédale inextricable dans lequel il est absolument impossible de se diriger, sans un bon guide ou un plan détaillé.

Des jardins superbes, plantés d'arbres séculaires, et parsemés de grands réservoirs artificiels, entourent la plupart des palais. Chaque palais a toujours, sur sa face principale, trois entrées précédées de larges escaliers en pierre : l'entrée du milieu peinte en jaune, couleur royale, est partout réservée au roi et aux grands dignitaires.

Deux casernes pour cinq cents hommes chacune sont situées à l'est et à l'ouest des palais, et servent de logement à la garde royale : Tigres et Dragons impériaux.

La face Sud-Est de l'enceinte fortifiée des palais est percée également de trois larges portes voûtées donnant sur une esplanade de deux cents mètres de largeur et de cinq cents mètres de longueur, servant pour les exercices et les parades militaires.

Au sud de cette esplanade, en face des portes et contre la face Sud-Est de la citadelle, se trouve un énorme cavalier de rempart surmonté d'un grand mât de pavillon en haut duquel flotte le drapeau annamite.

Ce cavalier, fortement armé de batteries étagées, sert à garder les portes d'entrée principale du palais, et à protéger la cour contre les regards indiscrets des profanes de l'extérieur.

L'intérieur de la citadelle est sillonné par des rues et de larges avenues se coupant à angles droits et bordées de rangées d'arbres, de haies vives ou de murs entourant des parcs délicieux. Dans certains quartiers, la végétation des tropiques croît absolument en liberté et leur donne ainsi un caractère de beauté étrange, tout à fait inattendu.

Les hauts fonctionnaires ont seuls le droit d'habiter l'intérieur de la citadelle, et leurs habitations sont presque toutes situées au nord-est du palais, dans un quartier appelé quartier des Ministères.

Quelques mandarins militaires ont leurs demeures échelonnées le long des remparts, sur la ligne des casernes, placées de distance en distance tout autour et à l'extérieur de l'enceinte. De vastes casernes entourent également le palais à l'extérieur.

Au centre de la citadelle se trouve l'arsenal qui forme une véritable ville composée de magasins renfermant des approvisionnements immenses en armes, vivres, meubles ou argent.

En dehors et au nord-ouest du palais royal il existe deux superbes palais d'été ou pagodes érigées à la mémoire des empereurs Gia-Long et Thieu-Tri. Ces palais sont séparés du palais royal par un enclos, appelé manège du roi, couvert de pelouses et parsemé de pavillons chinois du plus gracieux effet.

Au nord du manège du roi, et près de l'arsenal se trouve le jardin du roi, vaste enclos rempli de pièces d'eau parsemées d'îlots et de bosquets servant de refuge au gibier réservé aux chasses royales. Sur les pièces d'eau sont construites des galeries couvertes qui permettent de chasser et de pêcher, à l'abri, le gibier d'eau et le poisson qui y abondent.

Plus au nord on rencontre encore la rizière du roi, où la cour va chaque année présider à la fête de l'agriculture. La citadelle est traversée de l'est à l'ouest par un canal servant de voie de ravitaillement pour l'arsenal et les palais. Les principales avenues traversent ce canal sur de magnifiques ponts en pierre.

La ville marchande est située en dehors des canaux ou de la rivière qui entourent la citadelle. Elle forme une série de faubourgs dont les plus importants sont Dong-Ba à l'est; Mang-Ka au nord; Ba-Vinh au nord-ouest; Kim-Long à l'ouest et Phu-Kam au sud.

Kim-Long est le siège de l'évêché catholique français et Phu-Kam, situé sur la rivière du même nom, est le séjour d'été des mandarins et des riches bourgeois.

La légation de France est construite à l'est de la citadelle dont elle est séparée par la rivière. C'est une superbe construction européenne entourée de jardins et protégée par des casernes fortifiées qui gardent, en même temps, la route de Tourane. En face de la légation, et sur la rive opposée, se trouve le Thuong-Bac ou maison des ambassadeurs et autres fonctionnaires auxquels l'entrée de la citadelle était interdite.

Près du faubourg de Mang-Ka, à un endroit où la rivière de Hué fait un coude pour se diriger vers Thuan-An, après avoir contourné la partie Est de la citadelle, il existe un ouvrage avancé dont les feux peuvent prendre la rivière d'enfilade. C'est dans cet ouvrage appelé Mang-Ka (queue de poisson) que notre petite garnison française était retranchée depuis que nous occupions Hué, ainsi que dans l'angle Nord de la citadelle qui nous avait été concédé par le traité du 6 juin 1884.

. Au moment de l'arrivée du général de Courcy, plus de 800 pièces de canon étaient en batterie sur les remparts de la citadelle ou sur ceux du palais ou disséminées en divers points de la place. Ces canons constituaient une collection de tous les modèles connus depuis le primitif pierrier jusqu'à la pièce de 24 de rempart. Ils étaient, fort heureusement, assez mal servis par des artilleurs peu expérimentés, et leurs affûts en bois de fer étaient, pour la plupart, assez difficiles à manœuvrer. Quelques-uns de ces affûts étaient ornés de sculptures qui en faisaient de véritables objets d'art.

D'autre part, l'infanterie annamite était aussi mal armée de lances et de fusils anciens modèles qui la rendaient peu redoutable. Quelques compagnies seulement étaient armées de fusils à tir rapide : carabines ou chassepots cédés par la France au traité de 1874.

En somme, toute cette armée, suffisamment solide derrière ses remparts, était peu susceptible d'opposer une résistance sérieuse à nos troupes bien armées et disciplinées.

Notre petite garnison française était composée de trois compagnies d'infanterie de marine, du bataillon du 3ᵉ régiment de zouaves et d'une compagnie du 11ᵉ bataillon de chasseurs amenés par le général de Courcy, et d'une batterie d'artillerie de marine, soit un total de 31 officiers, 1.387 hommes de troupe et 17 pièces d'artillerie. Toutes ces troupes occupaient la concession française et l'ouvrage du Mang-Ka, moins une compagnie d'infanterie de marine installée à la légation dont elle avait la garde.

Elles étaient placées sous le commandement supérieur du colonel Pernot, secondé par le commandant Metzinger du bataillon de zouaves et le commandant Collomb de l'artillerie de marine. Une petite canonnière de rivière, la *Javeline*, armée d'un canon de 16, d'un obusier de 4 et de deux canons-revolvers, était mouillée dans la rivière près de la légation.

Le 4 juillet, au soir, le général de Courcy reçut à la légation les officiers français et quelques mandarins annamites afin de régler avec eux les préparatifs de la cérémonie de remise de ses lettres de créance au roi. Il faisait une chaleur accablante; tout était calme partout et rien ne pouvait faire supposer que, pendant cette pacifique réunion, l'armée annamite se **préparait** à nous attaquer traîtreusement.

La soirée se prolongea assez tard, et vers 11 heures du soir les officiers logés à la concession regagnèrent leurs cantonnements en traversant la rivière en sampans, puis la partie Est de la citadelle où ils avaient été autorisés à circuler librement. Pendant cette marche d'une demi-heure, rien d'anormal n'attira leur attention, si ce n'est le manque de sampans sur la rivière et l'apparition de quelques lumières brillant d'un éclat particulier dans l'intérieur de la ville et disparaissant presque aussitôt. Dès leur arrivée à leurs logements, ils se couchèrent sans soupçonner le moins du monde qu'une nuit d'angoisse terrible se préparait pour eux. A la légation, chacun se préparait, également à prendre un peu de repos, lorsque vers 1 heure du matin, au signal donné par un coup de canon tiré de la citadelle, les Annamites attaquèrent simultanément la concession et la légation. Des bandes de forcenés munis d'engins incendiaires et armés de coupe-coupe pénétrèrent dans les cases ouvertes de nos soldats, qu'ils frappèrent pendant leur sommeil et mirent le feu à leurs casernements avant même que l'alarme fût donnée.

La situation était d'autant plus critique que notre résident général et son état-major se trouvaient séparés des forces françaises du Mang-Ka par la citadelle dont les nombreux canons vomissaient la mitraille un peu au hasard, dans toutes les directions. Avec un sang-froid admirable, le général de Courcy organisa lui-même la défense de la légation et du télégraphe, situé à côté, en postant les 150 hommes de la compagnie de garde derrière les murs et aux fenêtres des bâtiments. La nuit était très noire et on ne distinguait les masses grouillantes des ennemis qu'à la lueur des incendies des casernements de nos soldats.

A la concession, dès la première décharge, le commandant Metzinger et ses officiers réussissent cependant à rallier les zouaves et à leur faire prendre les armes.

Mal éveillés, à demi nus, les hommes mettent baïonnette au canon et engagent une lutte sans merci contre leurs sauvages agresseurs; officiers et soldats se confondent dans une mêlée furieuse.

Le lieutenant Constant est entouré et blessé de trois coups de lance, à la tête et à l'épaule; il va sans doute succomber quand le sergent Dussarger accourt et le délivre. Un quart d'heure après, il ne restait plus un Annamite dans la concession, et on pouvait prendre les mesures nécessaires pour résister a une attaque de vive force.

Cependant, l'incendie se propage, et la moitié des maisons de la concession sont en feu. Le bombardement continue avec rage : boulets, paquets de mitraille, fusées incendiaires et balles sifflent de tous côtés. Les deux extrémités du mur d'enceinte sont enfilées, par des pièces en batterie aux miradors et derrière les barrières voisines. Le sous-lieutenant Pellicot, le capitaine Drouin, le capitaine Bruneau, de l'artillerie de marine, et une trentaine de soldats tombent mortellement frappés. La situation déjà intolérable ne serait plus tenable au jour. Une sortie devient absolument nécessaire; malheureusement, ni les zouaves, ni les chasseurs ne connaissent l'intérieur de la citadelle où il leur avait été défendu de pénétrer.

Cette ignorance des lieux et le petit nombre de soldats français ne permettent pas de risquer, dans l'obscurité de la nuit, une tentative qui pour tous est une question de vie ou de mort.

Le colonel Pernot s'entend avec le commandant Metzinger et décide que l'attaque aura lieu au petit jour.

En attendant les positions sont rectifiées : le nombre des défenseurs du mur de la concession est diminué pour ne pas exposer inutilement nos soldats et leur permettre de se reposer.

Afin de parer à toute éventualité, des travaux de défense sont improvisés et une tête de pont est construite pour protéger les communications de la concession avec le Mang-Ka, sur lequel convergent les projectiles ennemis.

Enfin, l'heure impatiemment attendue va sonner. Il est convenu qu'il sera formé deux colonnes d'attaque, que chacune d'elles suivra les remparts jusqu'au mirador le plus voisin, s'y établira solidement et gagnera ensuite du terrain, en incendiant tout sur son passage, de façon à dégager le plus possible les abords du Mang-Ka.

Bien que ne menaçant pas la retraite de l'ennemi l'attaque de gauche était la principale : elle avait moins de chemin à faire pour arriver au palais royal et pour se mettre en relation avec la légation, dont chacun était impatient d'avoir des nouvelles.

Une compagnie de zouaves, capitaine Sajot, guidée par un petit détachement d'infanterie de marine, est chargée de commencer le mouvement de cette colonne, qui devait ensuite être renforcée au fur et à mesure de ses progrès; le commandant Metzinger marchait à sa tête.

La colonne de droite était formée par la compagnie du 11e bataillon de chasseurs à pied, capitaine Borne, qui emmenait aussi quelques soldats d'infanterie de marine pour la guider.

Le jour paraît; l'instant est solennel : chacun se rend compte que la vie de tous dépend du succès de l'attaque, car il n'y a pas de retraite possible. Deux pièces de 12 du Mang-Ka, servies par l'artillerie de marine, donnent le signal en tirant sur les miradors.

Les tambours et clairons battent et sonnent la charge, les portes sont enfoncées plutôt qu'ouvertes et les deux colonnes s'élancent aussitôt.

Le mirador distant d'environ 300 mètres du mur d'enceinte de la concession est le premier objectif de la colonne de gauche; malgré les chevaux de frise, les barricades et les obstacles de toute nature qui en obstruent les approches, l'ouvrage est enlevé sans coup férir, les obus de 12 qui viennent d'y éclater en ayant délogé les défenseurs.

La colonne continue sa marche en avant avec un élan irrésistible; elle culbute les Annamites et enlève les barricades qui défendent la chaussée du rempart.

Elle est protégée à quelque distance par un détachement qui garde son flanc droit et couvre sa ligne de retraite.

Arrivé au canal, le lieutenant Boudin, qui commande la tête de colonne, dirige quelques feux sur le pont et ses abords pour en chasser l'ennemi; une section de renfort accourt et donne une nouvelle impulsion à l'attaque. Le canal est bientôt franchi; mais, avant de pousser plus loin, il est essentiel d'assurer la garde de la ligne du canal et la possession du pont, seule retraite de la compagnie engagée. Sur la droite en effet, à

3 ou 400 mètres dans un coude du canal, s'élèvent de grands bâtiments, entourés de murs, d'où partent des coups de fusil, chaque fois qu'un des nôtres franchit le pont.

On aperçoit, en outre, de nombreux Annamites se glissant le long des murs et des haies de bambous. La mousqueterie reste impuissante contre ces murs épais. Le capitaine adjudant-major Baudart va chercher deux pièces d'artillerie, les place en batterie à l'angle du pont et fait fouiller toute la zone de terrain comprise entre la poudrerie, le jardin royal et la bibliothèque.

Sous la protection de ce feu, la colonne reprend sa marche et s'empare du deuxième mirador, tandis qu'un détachement s'établit en soutien et garde le pont.

Cette course ininterrompue, ces assauts successifs épuisent nos soldats qui viennent de passer une nuit sans sommeil; mais de la vigueur de l'attaque dépend le succès, et le commandant Metzinger leur demande encore un effort, pour profiter des avantages obtenus.

Le capitaine Sajot entraîne sa compagnie jusqu'au saillant Est de la citadelle, vis-à-vis de la légation; l'arrière-garde, sous les ordres du lieutenant Fellmann, continue à couvrir le flanc de la colonne d'attaque et à s'opposer aux retours offensifs de l'ennemi. Des groupes de tireurs s'établissent sur le prolongement des rues en ligne droite, et, par des feux de salve bien dirigés, prennent les barricades à revers. Il devient alors possible de pénétrer dans l'intérieur de la citadelle et de marcher sur le palais royal.

Une deuxième compagnie se porte alors à la droite de la première colonne qui prend aussitôt comme objectif les ministères.

La résistance augmente à mesure que les colonnes s'avancent; la fusillade devient très vive aux abords du quartier des Ministères. Des coups de fusil bien ajustés enfilent les grandes avenues que suivent les Annamites. Les avenues en ligne droite sont coupées tous les 50 mètres par d'autres rues perpendiculaires; à chaque carrefour s'élève une barricade établie longtemps à l'avance et derrière laquelle les Annamites ont réuni leurs meilleurs tireurs.

Nos soldats gagnent du terrain en s'abritant le mieux possible le long des haies et en s'efforçant de déborder les retranchements ennemis. Vers 7 heures du matin, ils arrivent au milieu du quartier des Ministères. Les coups de feu deviennent de plus en plus rares et l'ennemi semble s'être retiré.

Les soldats sont à jeun et combattent depuis six heures, et les fatigues de la marche s'ajoutent aux souffrances de la chaleur : n'étant plus soutenus par l'ardeur de la lutte, ils s'arrêtent à la vue de ces maisons étranges, silencieuses, entourées de murs infranchissables.

Le commandant Metzinger profite de ce moment d'arrêt pour reconnaître le terrain et rechercher la direction du palais royal, que les toits des maisons voisines cachent à sa vue.

Tout à coup, des cris furieux éclatent sur la droite, et une bande d'Annamites armés de coupe-coupe et de longues lances se rue sur le groupe qui formait, de ce côté, l'extrémité de notre ligne. En moins d'une minute, une vingtaine d'hommes sont mis hors de combat. Les autres, surpris par la brusquerie et l'étrangeté de cette attaque, se replient sur la fraction de la compagnie qui se trouvait à leur gauche. Le nombre et l'audace des ennemis vont croissant; la situation est critique.

Le lieutenant Constant rallie ses hommes et se met à leur tête. Le premier mouvement de surprise passé, les zouaves s'élancent sur les Annamites, en criant plus fort qu'eux. Une décharge à bout portant renverse les plus audacieux et met en fuite le reste des assaillants.

Les Annamites sont poursuivis la baïonnette dans les reins et bientôt tout danger est conjuré de ce côté.

La poursuite de l'ennemi amène les zouaves sur les bords du fossé qui entoure le palais royal, mais ce dernier effort achève d'user leurs forces; le nombre des blessés est considérable et les moyens de transport font défaut. Le palais semble abandonné, mais le fossé large et boueux qui l'entoure, sa double rangée de murs, les barricades et les chevaux de frise qui encombrent ses passages en font un obstacle sérieux.

Le silence absolu, l'inconnu qui l'enveloppe le rendent encore plus menaçant. Un renfort précieux et inattendu arrive heureusement et va permettre d'affronter ces nouvelles difficultés. Une compagnie de zouaves, capitaine Chéroutre, était d'abord restée en réserve à la garde des murs de la concession; mais, jugeant des progrès de l'attaque par l'intensité de la fusillade, elle avait pénétré dans la citadelle et avait poussé droit devant elle.

Rapide d'abord, la marche de cette compagnie se trouve tout à coup arrêtée par le canal.

Le pont qu'elle a devant elle est enfilé par une batterie de 17 pièces de canon qui l'obligent à se déployer le long de la rive. Des salves, bien dirigées, éteignent le feu de l'ennemi et permettent aux zouaves du capitaine Chéroutre de franchir le pont; bientôt l'explosion d'une caisse de poudre blesse mortellement le sous-lieutenant Heitschell et plusieurs hommes.

Peu de temps après, le lieutenant Lacroix tombe mortellement frappé en enlevant un petit ouvrage dont les feux de flanc arrêtaient la marche de la compagnie.

En présence de ces pertes, devant cette résistance inattendue, le capitaine Chéroutre, qui est sans données positives sur l'attaque des ailes, craint, en trop s'avançant, de perdre la ligne du canal. Il se retire sur le pont et le met en état de défense.

La compagnie se remet en marche vers 6 h. 30; elle suit la grande avenue qui longe le jardin royal et atteint, cette fois sans obstacle, la porte du palais. L'arrivée de ce renfort, et, presque au même moment, celle du colonel Pernot, avec un détachement d'infanterie de marine, permet d'entreprendre l'attaque du palais.

Tous nos efforts viennent se briser contre la porte épaisse et massive qui en ferme l'entrée; quelques hommes tirent pardessus; d'autres escaladent un corps de garde et dirigent, du sommet des toits, dans l'intérieur du palais, des feux qui hâtent la fuite des éléphants et des derniers défenseurs.

Pendant ce temps, on découvre un second passage qui permet de déboucher sur la vaste esplanade comprise entre le palais et le cavalier de rempart de la face Sud-Est de la citadelle. Zouaves et soldats de l'infanterie de marine s'avancent au pas de course, l'ennemi fuit de toutes parts dans la direction de l'ouest.

Le pavillon annamite est amené, et le général en chef, qui suivait anxieusement, de la légation, les mouvements des troupes de la citadelle, envoie par un quartier-maître un drapeau français. Les tambours et clairons qui se trouvent là battent et sonnent « aux champs »; les zouaves, présentent les armes, pendant que les couleurs nationales vont prendre en haut du mât la place du pavillon annamite.

Pendant que ces faits se passaient à la colonne de gauche, la colonne de droite sous les ordres du capitaine Borne, du 11e bataillon de chasseurs à pied, s'emparait du mirador n° 1, puis, renforcée par un détachement de zouaves commandé par le sous-lieutenant Edme, elle pénétrait dans la citadelle au moment où toutes nos forces se trouvaient arrêtées par le canal.

La fusillade ennemie redoublait d'intensité, les pièces tiraient à toute volée. Le sous-lieutenant Edme marche sur une batterie dont le feu gênait le mouvement de l'attaque. Au premier bond, une douzaine d'hommes tombent, plus ou moins grièvement blessés; le reste hésite un instant, mais reprend bientôt sa place autour du chef, qui l'entraîne par son exemple.

Une nouvelle décharge ne touche personne. Les soldats se jettent sur les canons qu'ils renversent et tuent les Annamites sur leurs pièces.

Ces différents détachements de zouaves, d'infanterie de marine et de chasseurs produisent une heureuse diversion sur les derrières de l'ennemi. Ils s'avancent jusqu'à hauteur de la pagode de Gia-Long, où ils sont accueillis par un feu très nourri. Le sous-lieutenant Edme occupe la pagode avec les quelques hommes qui lui restent.

En pénétrant dans la citadelle, les chasseurs à pied s'étaient écartés de la direction qui leur avait été tracée. Pour remédier à cette erreur, le colonel Pernot fait entrer en ligne la dernière compagnie de zouaves, avec mission de suivre la chaussée du rempart qui domine la ville, et en assure la possession. Cette compagnie, commandée par le capitaine Badani et couverte par une avant-garde sous les ordres du lieutenant Mouteaux, pousse résolument de l'avant, sans répondre au feu de l'ennemi et sans s'inquiéter de la distance qui la sépare du Mang-Ka. Elle arrive ainsi jusqu'au pont du canal, situé sur la face Sud-Ouest de la ville, à près de trois kilomètres de son point de départ.

Si son mouvement eût commencé plus tôt, elle aurait pu couper la retraite des Annamites et arrêter la fuite des éléphants qu'on voyait, lourdement chargés, gagner la route du Tonkin. Ses feux obligèrent néanmoins l'ennemi à précipiter sa retraite, en faisant un grand détour.

Pendant que ces événements se passaient dans l'intérieur de la citadelle, une batterie annamite de fort calibre, située sur la face Sud-Est de l'enceinte, à 700 mètres de la légation, tirait à toute volée contre les bâtiments qu'elle criblait de projectiles, en même temps que 500 assaillants se ruaient à l'assaut de cette position. Mais les défenseurs, encouragés par le sang-froid imperturbable du général de Courcy, et par la marche en avant de leurs camarades de la concession, résistèrent à tous les assauts.

La canonnière *Javeline* par ses feux bien dirigés sur les miradors et sur les autres batteries annamites contribua aussi, pour une large part, à assurer la victoire de notre petite garnison luttant contre un ennemi trente fois plus nombreux qu'elle.

Après ces assauts, qui avaient duré de 5 heures à 8 heures du matin, nous étions complètement maîtres de Hué. Nos troupes furent réparties dans la citadelle, où chaque compagnie eut la surveillance d'un secteur. On ouvrit les portes des palais dont toutes les richesses étaient à peu près restées en place. Dans chaque secteur on s'occupa de brûler les cadavres que les Annamites n'avaient pas eu le temps d'enlever et que la chaleur mettait vite en état de décomposition dangereuse pour nos soldats. Cette pénible besogne dura plusieurs jours pendant lesquels on brûla ainsi mille cadavres.

On fut obligé également d'expulser tous les Annamites de la citadelle où ils commençaient à piller et à incendier les maisons.

Quelques jours plus tard le 11e bataillon de chasseurs à pied allait renforcer la garnison. Ce guet-apens qui aurait pu avoir les suites les plus désastreuses sans le sang-froid de nos officiers et le courage héroïque de cette poignée de braves soldats nous coûta quatre-vingt-douze tués ou blessés dont cinq officiers.

Le ministre de la guerre, Thuyet, qui avait dirigé ce guet-

apens, contre le gré de la cour et des autres ministres, prévoyant les suites de la non-réussite de son agression, se sauva
dans la montagne et gagna la citadelle de Cam-Lô en entraînant
dans sa fuite le jeune roi Ham-Nghi, la reine mère de Tû-Dûc,
les princes du sang et quelques hauts mandarins. Nguyen-Van-
Thuong, plus habile, resta à Hué, au ministère des finances,
puis il se constitua prisonnier. Il fut plus tard exilé à Taïti
où il mourut de fatigues et de chagrin. Au moment de sa mort
il demanda comme faveur suprême d'être enterré à Hué auprès
des siens. Le gouvernement français accéda aux désirs de ce
grand patriote, de ce loyal ennemi, dont les restes furent ramenés de Taïti à Hué où des funérailles somptueuses eurent lieu,
aux frais de l'Etat.

La nouvelle du guet-apens de Hué produisit en France un
mouvement d'admiration en faveur de nos soldats et un sentiment d'indignation contre la cour de Hué. Quelques esprits in-
quiets, aveuglés par leur esprit de parti, voulurent en rejeter
la faute sur le général de Courcy qui avait, au contraire, tout
fait pour éviter cette effusion de sang.

Il était lui-même si loin de croire à une pareille trahison de
la part des Annamites que, lorsque l'officier de garde à la légation, le lieutenant Boucher de l'infanterie de marine, alla le
prévenir de ce qui se passait, il le traita d'halluciné, et le menaça de le faire enfermer, en disant que les Annamites tiraient
le canon  en signe de réjouissance pour l'heureuse issue des
négociations avec la cour. Ce n'est qu'après avoir constaté par
lui-même quelles étaient les scènes d'horreur qui se produisaient autour de la légation, qu'il se rendit à l'évidence.

Dès le 5 juillet, il adressa à la population annamite un mani-
feste, portant sa signature et celle de Nguyen-Van-Thuong,
flétrissant la conduite de Thuyet et invitant le roi et la reine à
rentrer à Hué.

Le jeune roi, en quelque sorte prisonnier de Thuyet, ne put
rentrer, mais la reine et tous les princes du sang  se rendirent
à la légation et désignèrent comme régent le prince Thox-Xuan,
oncle de Tû-Dûc. Le comat, ou conseil des ministres, fut réor-
ganisé avec ceux des ministres qui paraissaient les moins hos-

tiles à notre cause, et notre résident, M. de Champeaux, fut nommé ministre de la guerre; quant à Nguyen-Van-Thuong, qui continuait à tremper dans toutes les intrigues dirigées contre la France, il fut écarté du pouvoir, tandis que Nguyen-Huu-Do, qui avait donné depuis longtemps des preuves de réel dévouement à notre cause, était nommé premier ministre avec le titre de King-Luoc et de vice-roi du Tonkin.

Afin d'isoler du Tonkin Thuyet et ses partisans, le général de Courcy fit occuper les places fortes échelonnées le long de la route mandarine depuis Hué jusqu'à Than-Hoa. Puis il organisa une colonne dont il confia le commandement au colonel d'infanterie Mignot, avec mission d'explorer la route, de protéger les chrétientés menacées et d'empêcher l'organisation des rebelles. Cette colonne mit quatre mois pour franchir les deux cents lieues qui séparent Hanoï de Hué où elle arriva au mois de mars 1886, après avoir livré plusieurs combats aux bandes qu'elle rencontra sur sa route.

Au mois d'août 1885, une autre colonne, sous les ordres du général Prudhomme, avait été envoyée dans le sud de l'Annam, dans la province de Binh-Dinh, pour faire cesser les menées séditieuses des mandarins et des lettrés, qui dirigeaient les massacres de missionnaires et de chrétiens. Au retour de cette expédition le général Prudhomme fut nommé commandant supérieur des troupes de l'Annam et délégué du résident général à Hué.

Cependant, le trône d'Annam restait toujours inoccupé depuis la fuite du roi Ham-Nghi. Le général de Courcy, conformément aux vœux de la famille royale et du comat, proposa au gouvernement français de le remplacer par Mé-Trieu, prince du sang, fils de l'une des femmes de Tû-Dûc.

Il fut solennellement installé à Hué le 14 septembre 1885, sous le nom de Dong-Khan (bonheur de l'alliance), et son couronnement eut lieu le 19 septembre. Ces cérémonies furent entourées de toute la pompe usitée en pareille circonstance, et le jeune roi fut agréablement surpris lorsque, en pénétrant dans son palais, il y trouva tous les objets précieux et les riches joyaux de la couronne qu'il croyait disparus dans le pillage de Hué.

Disons, à ce propos, que le pillage de Hué  n'a pas été aussi complet qu'on a pu le supposer. Certes il s'est produit des actes regrettables, toujours difficiles à empêcher en pareille circonstance, mais le pillage a eu lieu surtout à l'arsenal et aux palais d'été, et il a été commis, principalement par les Annamites, qui ont profité des événements pour s'emparer des objets les plus précieux. Le palais royal, placé sous la garde de nos troupes, a été absolument respecté, et les quinze millions, que contenait le Trésor, ont été rendus, un an plus tard, au gouvernement annamite ou employés à des paiements régulièrement effectués pour son compte (3).

---

(3) Au mois de mars 1886, nous avons été chargé personnellement de remettre au roi le palais d'Eté, que nous occupions depuis la prise de Hué, et de procéder à l'inventaire des objets qui s'y trouvaient.

Nous avons profité de cette circonstance pour tâcher de connaître l'opinion des mandarins au sujet des objets disparus. Ils parurent fort étonnés de retrouver intacts des objets auxquels ils attribuaient la plus grande valeur, notamment le trône et les tablettes des ancêtres de Thieu-Tri et de sa famille. Comme nous leur faisions observer que de semblables reliques étaient toujours respectées par les Français, ils nous répondirent d'un ton de profonde conviction qu'ils n'avaient jamais douté de l'honnêteté de nos soldats, et qu'ils savaient parfaitement que les objets les plus précieux avaient été emportés par des mandarins ou des gens du pays qui en connaissaient la valeur.

« C'est ainsi, nous dit le premier ministre, Nguyen-Huu-Dô, que plusieurs vases ou autres objets évalués de cent à cent cinquante mille francs pièce  ont été emportés et gardés par des mandarins, sous le fallacieux prétexte de les sauver du pillage des Français.

» Le roi et nous tous, ajouta-t-il, nous sommes remplis d'admiration en voyant avec quel désintéressement les Français vivent au milieu de ces richesses qu'ils protègent contre les voleurs, et qu'ils pourraient cependant parfaitement conserver, par droit de conquête. »

Au moment de notre départ du palais, les mandarins chargés d'en prendre possession ne furent pas moins surpris de voir que nous n'en emportions que quelques tables communes ou bancs nécessaires pour l'ameublement de nos bureaux.

# CHAPITRE VIII



Après la prise de Hué et l'occupation de l'Annam qui nous
permettait de surveiller de près les faits et gestes des mandarins, la grande guerre pouvait être considérée comme terminée; mais il restait à la France une grande tâche à accomplir,
c'était celle de pacifier et d'organiser le pays profondément troublé par tant d'événements.

Il fallait aussi se préparer à tenir tête à la rébellion que
n'allaient pas manquer de fomenter Thuyet et les partisans du
roi Ham-Nghi, puis il fallait également réprimer la piraterie,
chinoise ou annamite, qui allait se ruer à la curée du pays,
principalement au Tonkin où nos troupes profitèrent de la saison d'hiver pour sillonner le delta dans tous les sens. Une forte
colonne dirigée par le général Munier purgea toute la contrée
située entre le canal des Bambous et la mer, pendant que d'autres colonnes détruisaient les bandes de la région marécageuse
du Bay-Say, situé entre le canal des Bambous et Hanoï.

Mais, si nous étions à peu près maîtres du delta, il n'en était
pas de même de la région montagneuse qui constitue les cinq
sixièmes du territoire du Tonkin. En dehors du cours du fleuve
Rouge, cette immense contrée jusque-là inexplorée nous était
absolument inconnue. On savait seulement que c'était un pays
peu habité, couvert de hautes montagnes boisées servant de
refuge aux bêtes féroces et aux bandes de pavillons noirs ou
jaunes, ainsi qu'aux bandits chassés des pays limitrophes.

Cependant, par nos traités avec la Chine et l'Annam, nous nous étions imposé en quelque sorte l'obligation d'occuper tout ce pays pour en assurer la tranquillité. C'était une tâche d'autant plus difficile qu'il n'existe pas de route en dehors des rivières, et que celles-ci ne sont navigables que dans leur cours inférieur. La direction et la marche des colonnes étaient par suite fort difficiles en raison des nombreux convois qu'il aurait fallu faire suivre à dos de coolies, et sans l'appui des canonnières qui avaient, jusque-là, si admirablement secondé les opérations dans le delta. Il faut dire aussi que les coolies qui nous suivaient presque volontairement dans le delta, en pays de connaissance, étaient peu disposés à nous suivre dans des opérations en pays de montagne réputés malsains, et à des distances de plusieurs mois de marche. Ces considérations firent hésiter longtemps entre une occupation limitée au delta et une poussée de nos avant-postes sur la ligne-frontière.

Une difficulté d'un autre genre surgissait également; c'était celle de l'administration de l'Annam et du Tonkin avec des fonctionnaires que nous avions été obligés d'improviser pour remplacer les mandarins en fuite.

Ces nouveaux fonctionnaires étaient relativement dévoués à notre cause, mais ils n'avaient pas toujours les qualités nécessaires pour bien s'acquitter de fonctions pour lesquelles ils n'avaient pas été préparés. Il est vrai que leur tâche était notablement simplifiée par la merveilleuse organisation administrative du pays où les habitants ont l'habitude d'obéir à la loi, bien plus qu'à ceux qui sont chargés de l'appliquer.

D'un autre côté, le contre-coup de ces événements se faisait sentir dans notre colonie de Cochinchine où des tentatives de rébellion se manifestaient même dans les provinces voisines de Saïgon.

Le Cambodge, placé depuis plusieurs années déjà sous notre protectorat, nous menaçait de profiter de la situation pour proclamer son indépendance : ce qui nous obligeait à y envoyer une partie de nos troupes du Tonkin ou de la Cochinchine.

Pour continuer la lutte contre les bandes de l'extérieur et réprimer les tentatives de rébellion de l'intérieur, nos forces militaires étaient de trente mille combattants au Tonkin, y compris deux régiments de tirailleurs tonkinois de nouvelle formation, et de cinq mille hommes en Annam sous les ordres du général Prudhomme.

En Cochinchine et au Cambodge nous avions huit mille hommes, y compris un régiment de tirailleurs annamites dont la formation datait de quelques années déjà. Ces différentes troupes étaient appuyées par l'escadre des mers de Chine et par une flottille de rivière créée spécialement pour naviguer dans les arroyos du pays. Toutes ces troupes, étaient placées sous le commandement supérieur du général de Courcy, excepté celles de Cochinchine et du Cambodge qui relevaient du gouverneur général civil de Cochinchine.

Il était difficile de les faire concourir à une action commune, parce que, d'une part, la situation politique du pays nous obligeait à occuper fortement certaines garnisons, pour surveiller les mandarins et contrôler leur administration, et parce que, d'autre part, nous n'avions pas des voies et moyens de concentration assez rapides.

La nouvelle situation faite à l'Annam imposait également à la France de grands devoirs envers ce pays, et le plus impérieux de ces devoirs était de pourvoir à sa subsistance puisque nous lui avions pris successivement la Cochinchine et le Tonkin, c'est-à-dire les deux grandes régions productrices du riz nécessaire à la population indo-chinoise. L'Annam, pays montagneux, ne produit pas, en effet, suffisamment de riz pour la nourriture de ses habitants, accoutumés depuis longtemps à compter sur les récoltes du Tonkin et de la Cochinchine.

Dans leur langage imagé, les Annamites comparent leur pays à une énorme balance dont les plateaux, chargés de riches butins, sont le Tonkin et la Cochinchine, et dont le fléau est représenté par l'Annam appuyé sur la citadelle de Hué d'où émane le principe de force et de direction.

Puisque la France s'emparait de ces deux plateaux de la balance et de leur butin, il leur paraissait tout naturel qu'elle prît également la haute direction de l'administration. D'ailleurs, l'article 24 du traité de Hué du 25 août 1883 stipulait que la France fournirait à l'empereur d'Annam les instructeurs, ingénieurs, savants et officiers dont il aurait besoin pour réorganiser le pays (1). C'est en vertu de cet article qu'une mission militaire fut envoyée à Hué, en 1885, pour reprendre et continuer l'œuvre de la mission du colonel Ollivier.

Cette nouvelle mission, qui partit de Brest le 15 septembre 1885, était composée des éléments suivants :

M. Brissaud, colonel d'infanterie, chef de la mission;

MM. Brusley (2) et Baudouin (2), lieutenants-colonels d'infanterie;

M. Jorna de Lacale (2), lieutenant-colonel d'artillerie;

MM. Pyot (2), Bertrand (3) et Bonnal (3), chefs de bataillon d'infanterie;

MM. Coste et Billet (4), capitaines d'infanterie;

MM. Devezeau et Rancougne (5), Dor de Lastour (6), Billet (7) et Lebrun, capitaines de cavalerie;

M. Besson, capitaine du génie;

M. Brongniart, capitaine d'artillerie;

M. Masson, lieutenant d'infanterie, officier d'ordonnance du chef de la mission.

Soit un total de seize officiers, composant l'état-major de la mission et comptant comme hors cadres dans l'armée française.

Cette mission emmenait avec elle un sous-intendant militaire (8) et trente-cinq officiers démissionnaires de toutes armes comme cadre d'exécution, s'engageant à servir pendant trois années au moins, au titre annamite, et 248 sous-officiers, dont 142 d'infanterie, 51 d'artillerie, 35 de cavalerie, 16 du train des équipages militaires et 4 du génie. Ces sous-officiers, qui étaient presque tous rengagés, devaient continuer à compter dans leurs régiments respectifs en France, tout en recevant des grades dans l'armée annamite.

---

(1) Traité du 25 août 1883 :

« Art. 24. — La France s'engage également à fournir à Sa Majesté le roi d'Annam tous les instructeurs, ingénieurs, savants, officiers, etc., dont elle aura besoin. »

(2) Retraités comme colonels.

(3) Généraux de brigade en 1900.

(4) Colonel du 21e d'infanterie en 1901.

(5) Colonel du 9e hussards en 1899.

(6) Colonel du 17e chasseurs en 1900.

(7) Colonel du 2e spahis en 1900.

(8) M. Caillol, décédé quelques mois après son arrivée à Hué.

Le voyage de Brest en Annam se fit dans d'excellentes conditions, à bord du paquebot *la France* de la compagnie transatlantique, jusqu'à la baie de Tourane d'où il fallut gagner Hué à pied, par suite du changement de mousson qui venait de rendre la barre de Thuan-An infranchissable même aux canonnières d'un faible tirant d'eau.

Tout le personnel et le matériel furent, en conséquence, débarqués à Tourane, pour être dirigés sur Hué par petites colonnes.

La baie de Tourane, l'une des plus belles et des plus sûres qui existent sur les côtes que baigne la mer de Chine, est située à 110 kilomètres au sud de Hué : elle est contournée par la route mandarine de Saïgon à Pékin, par Hué, Hanoï et Lang-Son, et la ville de Tourane n'est en quelque sorte qu'un de ses relais de poste. C'est cependant un point qui peut être appelé à un très grand avenir commercial, si l'on se décide à profiter de sa situation exceptionnelle pour y construire un port accessible aux navires de fort tonnage.

La partie de la route comprise entre la baie et Hué offrait des difficultés de praticabilité excessivement grandes, surtout aux abords de la baie où il fallait franchir la montagne des Nuages par un sentier à pic envahi par la broussaille. D'un autre côté, les bruits les plus alarmants nous montraient le pays comme infesté de tigres ou de rebelles prêts à massacrer les Européens assez téméraires pour s'engager sur cette route. Ce qui donnait un certain crédit à ces bruits, c'est que, lors de notre passage à Saïgon, des dépêches exagérées nous avaient fait connaître que les choses allaient de plus en plus mal au Tonkin, et que nos garnisons étaient sérieusement menacées en Annam.

A la vérité, le jour même de notre arrivée en baie de Tourane, le commandant de la marine, M. Touchard, capitaine de frégate (9), avait dû faire débarquer une partie de ses marins pour aller protéger des chrétientés menacées dans les environs. Puis les nouvelles de Hué étaient fort rares, le télégraphe reliant Tourane à la capitale n'étant pas encore installé.

---

(9) Aujourd'hui vice-amiral.

Un des problèmes les plus difficiles à résoudre était de transporter à Hué un si nombreux personnel avec tant de matériel. En temps ordinaire, les voyageurs et leurs bagages pouvaient être transportés par la voie de mer, en jonques ou en bateaux, mais, par suite du changement de mousson, la mer était si mauvaise que les quelques hardis Chinois qui voulurent tenter l'aventure  eurent leurs jonques coulées avec les bagages qu'elles portaient.

Le mieux était donc de s'installer à Tourane et de mettre chaque jour un petit détachement en route avec les coolies que l'on pourrait trouver dans la ville. C'est le parti auquel s'arrêta le chef de la mission qui, après avoir réglé ce service, profita de l'arrivée à Tourane de M. de Champeaux pour se rendre à Hué avec son escorte composée de quelques zouaves et soldats d'infanterie de marine, d'un interprète et d'un superbe éléphant prêté par le roi.

Nous franchîmes, en quatre jours, la distance de Tourane à Hué, en ayant soin de reconnaître la route et de prévenir les villages que nous n'étions que l'avant-garde d'une nombreuse troupe pour laquelle ils auraient à assurer le logement et les vivres. Partout les populations furent pleines d'empressement à nous être utiles; il est vrai que nous payions largement leurs services, tant de nos bourses que du spectacle nouveau que leur offrait la vue de profanes Européens foulant un sol qui, jusque-là, n'avait guère été foulé que par les mandarins et leurs escortes.

Le pays entre Tourane et Hué est vraiment fort beau : ici, la route s'élève sur le flanc de la montagne laissant à découvert la baie qui prend l'aspect d'un lac suisse; là, elle s'enfonce sous bois empruntant le lit d'un ruisseau dont les eaux limpides semblent vous accompagner en roulant sur les cailloux et en murmurant discrètement sous les branches. Plus loin, elle contourne une lagune en longeant le pied de la montagne couverte de fleurs et de bois au feuillage perpétuellement vert. Ailleurs encore, elle traverse, toujours sous un berceau de verdure, des plaines cultivées et des villages à l'aspect des plus riants et des plus pittoresques.

Nous ne pensions pas à cette époque où nous faisions, pour

la première fois, le voyage de Tourane à Hué, qu'un drame des plus poignants devait se passer sur cette route quelques mois plus tard, dans un pays où tout semblait respirer le bonheur et la joie de vivre.

Le 15 novembre 1885, toute la mission était réunie à Hué prête à commencer la tâche laborieuse qui lui incombait.

Le colonel Brissaud et les officiers se mirent immédiatement à l'œuvre, en étudiant les ressources du pays, et en entrant en relation avec la cour d'Annam et les hauts fonctionnaires du royaume.

Cette étude fit bien vite ressortir l'état pitoyable dans lequel Thuyet et les mandarins en fuite avaient laissé toutes les branches de l'administration. Les finances seules étaient dans une situation relativement bonne, par suite de l'existence dans les caisses publiques des quinze millions en barres d'or ou d'argent que les rebelles n'avaient pu emporter, et qui constituaient le trésor de l'Annam. C'était un grand appoint pour les travaux à entreprendre et les troupes à organiser.

Bien qu'il y eût encore un ministre de la guerre, il ne restait de l'ancienne armée annamite que les gardes du roi et les milices des gouverneurs de provinces, sorte de gardes nationales plutôt que troupes régulières.

Cette ancienne armée avait une organisation tout autre que celle de nos armées européennes; elle était divisée en cinq grands corps répartis dans les provinces et comprennant les troupes suivantes :

Troupes du roi, à l'effectif de 7.450 hommes;

Troupes de Hué, à l'effectif de 43.200 hommes;

Troupes du Nord, à l'effectif de 54.950 hommes;

Troupes du Sud, à l'effectif de 18.650 hommes;

La marine de Hué, à l'effectif de 6.000 hommes.

Soit un effectif total de 130.250 hommes.

Le roi était chef de l'armée et il avait, pour le seconder dans le commandement, un maréchal du centre, véritable connétable du royaume, chargé de la garde de la citadelle de Hué. Le maréchal du centre était assisté d'un maréchal d'avant-garde; d'un maréchal d'arrière-garde, d'un maréchal de droite et d'un maréchal de gauche. Ces quatre maréchaux formaient les « quatre colonnes » de l'empire.

Au-dessous de ces maréchaux la hiérarchie militaire se composait de *thong-ché* ou généraux de division, de *dé-doc* ou généraux de brigade, de *quan-vé* ou colonels, de *pho-quan-vé* ou commandants, de *quan-doï* ou capitaines, de *doï* ou sous-officiers, et de *caï* ou caporaux. Le commandement militaire des provinces était exercé par un dé-doc ou par un *lanh-binh* ou *pho-lanh-binh*, suivant l'importance de la province.

Cette armée ne se composait pas seulement de combattants : elle comptait dans ses rangs les serviteurs personnels du roi ou des mandarins, tels que cuisiniers, jardiniers, artisans du roi, acteurs du palais, pêcheurs de poissons, chasseurs d'oiseaux, dénicheurs de nids d'hirondelles, nageurs royaux, porteurs de palanquins, porteurs d'éventails, porteurs de parasols, porteurs du siège royal, porteurs d'étendards, porteurs des insignes royaux, porteurs de dais, musiciens, cornacs pour les éléphants, gardiens des chasses royales, gardiens des temples et des mausolées, exécuteurs des hautes œuvres, etc.

Les régiments portaient les noms de Dragons, Tigres, Braves, Vétérans, Canonniers, Cornacs de Hué, etc.

Cette armée, si bizarre et si défectueuse qu'elle puisse paraître aux Européens, a toujours répondu à des besoins de parades et de police, bien plus qu'à la nécessité de protéger les frontières de l'empire. Les Annamites, cependant, ne manquent pas de bravoure individuelle et ils ont montré, en maintes circonstances que lorsqu'ils sont bien commandés ils savent tenir tête aux troupes européennes.

D'après les lois du pays, en dehors des expéditions de guerre, les hommes de 21 à 25 ans ne doivent le service militaire que dans leurs communes, et celles-ci sont aussi jalouses de leur autonomie et de leurs franchises que les empereurs d'Annam sont respectueux du jeu de leurs institutions.

Le rôle de la mission militaire était donc de s'appliquer à tirer le meilleur parti du caractère et des coutumes annamites, tout en cherchant à se rapprocher le plus possible d'une organisation militaire européenne. Mais alors tout était à créer, habillement, armement, vivres, munitions, etc. Il existait bien dans la citadelle de Hué des approvisionnements immenses en armes, mais ces armes étaient pour la plupart inutilisables. Il y avait près de deux mille canons de tous calibres et de tous modèles, depuis le primitif canon de bois cerclé de fer, avec son approvisionnement de boulets en pierre, jusqu'aux superbes pièces de 24 de siège, fabriquées en Europe.

Il en était de même pour les collections d'armes portatives qui comprenaient tous les modèles inventés, depuis le bâton à feu, la carabine à rouet et à mèche, jusqu'aux fusils modèles 1842 et 1866 que la France avait cédés à l'Annam au traité de 1874.

Les collections les plus sérieuses étaient celles de lances ou dards de toutes formes, qui deviennent des armes terribles entre les mains de soldats agiles et habiles comme le sont les Annamites.

Les magasins d'habillement et d'équipement étaient complètement vides. Les mêmes approvisionnements en vieux fusils et lances existaient dans les citadelles des provinces. Partout les casernements étaient largement suffisants.

D'un autre côté, les exigences de la situation politique du pays nous obligeaient à créer, pour ainsi dire de toutes pièces, une armée à même de lutter immédiatement contre la rébellion qui avait, fort heureusement, d'assez grandes difficultés à s'organiser en raison du voisinage des troupes françaises qui occupaient les points stratégiques du royaume. En pareille circonstance, il ne fallait pas songer à organiser la nouvelle armée à Hué : c'eût été se créer des difficultés de recrutement et de centralisation excessives dans un pays où les moyens de transport sont tout à fait insuffisants pour des troupes nombreuses. On ne pouvait pas davantage organiser des régiments qui auraient été immobilisés dans des garnisons centrales, sans qu'il fût possible d'en détacher la moindre fraction.

Le régiment, comme unité de commandement, présentait, il est vrai, de plus complètes garanties, mais il fallait tenir compte de la configuration, toute en longueur, du pays d'Annam, de la rareté des voies de communication et du mauvais état de celles existant. Tout cela était autant d'obstacles sérieux à l'exercice d'un commandement embrassant une grande étendue de terrain, et il en serait résulté forcément des lenteurs dans la transmission des ordres et dans la connaissance des besoins à satisfaire ; ce qui eût pu causer de perpétuels soucis au chef, et être pour les subordonnés des causes souvent justifiées de mécontentement.

Le bataillon, comme unité administrative et de commandement, n'ayant pas les mêmes inconvénients, on s'arrêta à ce système d'organisation pour l'infanterie.

Il ne fallait pas non plus songer à modifier le mode de recrutement en usage dans le pays, car, si une loi de recrutement est de son essence rarement populaire dans aucun pays, en Annam la moindre modification aurait en un caractère particulièrement vexatoire, surtout si la conscience nationale s'était sentie atteinte dans ses coutumes séculaires, chères par leur antiquité même et chères aussi parce qu'elles sont la manifestation des franchises communales. Le mieux était donc de laisser à l'autorité municipale le soin et la responsabilité de la formation des contingents annamites, en évitant toute ingérence de la mission militaire.

Toutes ces considérations bien approfondies, on décida la création immédiate de six bataillons à quatre compagnies, dont les cadres furent dirigés de Hué sur les centres de formation qui étaient les suivants, en partant du nord du royaume, c'est-à-dire de la frontière du Tonkin :

1$^{er}$ bataillon, commandant Bonnal, à Than-Hoa ;
2$^e$ bataillon, commandant Coste, à Vinh ;
3$^e$ bataillon, commandant Bertrand, à Dong-Hoï ;
4$^e$ bataillon, capitaine d'infanterie Billet, à Hué ;
5$^e$ bataillon, capitaine de cavalerie Billet, à Hué ;
6$^e$ bataillon, commandant Pyot, à Binh-Dinh.

En même temps, le comat ou conseil des ministres envoyait, par trams rapides aux gouverneurs de ces provinces, l'ordre de lever les contingents nécessaires pour porter à mille hommes l'effectif de chaque bataillon, en utilisant les ressources en casernement, habillement et armement de la province, en attendant qu'il fût possible de constituer des approvisionnements de types ou modèles nouveaux.

Les gouverneurs de provinces donnèrent des instructions à

leurs préfets, ceux-ci à leurs sous-préfets, et, quelques semaines plus tard, les maires présentaient aux chefs-lieux de
leurs provinces le nombre d'hommes fixé pour leurs communes,
nombre majoré d'une quantité suffisante pour pouvoir remplacer, séance tenante, les hommes reconnus impropres au service militaire par le conseil de revision, seul juge, comme en
France, des acceptations ou des refus.

Les maires étant de leur côté absolument responsables du
nombre de soldats à fournir par leurs communes, cette majo-
ration devait leur éviter de nouvelles démarches à l'effet de
compléter leurs contingents. La responsabilité des communes
est telle, en effet, que lorsqu'un homme quitte l'armée pour un
motif quelconque, la commune doit le faire remplacer immédiatement et, s'il s'agit d'un déserteur partant avec armes et
bagages, elle doit rembourser à l'Etat le prix de son armement
et de son équipement, à charge par elle de poursuivre ensuite le
déserteur.

On comprend combien cette façon de procéder simplifie les
choses pour l'Etat, et surtout pour l'armée qui n'est pas obligée,
comme les armées européennes, d'entretenir un corps spécial
de secrétaires pour suivre son personnel sur le papier. Ce
système a été adopté également par l'administration française,
qui en a reconnu les avantages, pour le recrutement et l'administration des régiment tonkinois.

Pendant que ces six bataillons d'infanterie s'organisaient dans
les provinces, les officiers restés à Hué préparaient, sous l'habile
impulsion du colonel Brissaud, les règlements nécessaires pour
la direction et l'administration de l'armée annamite.

On organisa ensuite, à Hué, deux escadrons de dragons de
l'Annam au moyen de chevaux tirés de l'Annam ou achetés
en Birmanie et dans les îles de la Sonde. Ces escadrons, commandés par les capitaines de Rancougne et de Lastour, étaient
moins destinés à faire un service de guerre proprement dit
qu'un service d'escortes, d'éclaireurs, de courriers rapides ou
de gendarmerie. Il eût été, d'ailleurs, fort difficile de les utiliser autrement dans un pays où hommes et bêtes ne peuvent
circuler que dans les sentiers, à la file indienne, au lieu d'évo-
luer en ligne.

Une jumenterie et un service de remonte furent également créés à Hué, sous la direction du capitaine Lebrun, pour satisfaire aux besoins à venir de la cavalerie.

Le capitaine Brongniart fut chargé d'organiser, à Hué, deux batteries d'artillerie qui devaient servir de modèles aux batteries à créer ultérieurement dans les provinces. Puis, en même temps on organisait également une flottille avec les nombreux sampans et jonques du pays. Cette flottille, placée sous la direction du lieutenant de vaisseau Babeau (10), était chargée d'effectuer les transports de personnel et de matériel, tant sur la rivière de Hué que sur ses affluents ou autres arroyos de l'Annam. Un escadron de train des équipages annamites complétait le service des convois par terre.

Le capitaine Besson fut chargé de l'organisation du service du génie et de la création d'une école militaire destinée à former des officiers indigènes. La première année cette école ne devait recevoir que des anciens officiers de l'armée annamite, dont l'instruction pouvait se compléter en une seule année d'études; la durée des cours devait être ensuite de deux années pour les aspirants officiers.

Le rôle de l'école était d'élever le niveau intellectuel et d'augmenter ainsi le prestige de l'armée annamite, car les anciens mandarins militaires, recrutés à la suite de simples examens de force musculaire et d'adresse, ne jouissaient pas d'une considération suffisante dans le pays, à cause de leur ignorance. Les mandarins civils, seuls, possédant l'instruction et détenant le pouvoir, ont toujours eu, au contraire, un très grand prestige, parce qu'ils sont recrutés dans la classe des lettrés.

Nous avons eu maintes fois occasion de rire de l'étonnement manifesté par les grands mandarins civils constatant que les officiers français étaient *presque* aussi savants qu'eux. Il faut dire aussi qu'ils abandonnèrent tous, de très bonne grâce, le préjugé qui leur laissait supposer que, dans tous les pays du monde, le mot *soldat* devait être synonyme d'ignorant et d'homme de rien. A Hué, toutefois, ils accueillirent avec une joie très

---

(10) M. Babeau, actuellement capitaine de vaisseau, commandait alors la canonnière *Rafale*, en station à Hué.

vive la nouvelle de l'envoi d'un savant, ancien ministre de l'instruction publique, comme représentant de la France en Annam. Ils considérèrent ce choix de M. Paul Bert comme le plus grand honneur que la France pût faire à leurs pays, et, plus tard, ils furent extrêmement sensibles à la création de l'institut d'Annam par notre représentant qui aimait à en présider les séances.

Comme complément de l'organisation militaire du pays, le colonel Baudouin fut nommé inspecteur de l'armée du Nord, le colonel Brusley, inspecteur de l'armée du Sud, et le colonel Jorna de Lacale, inspecteur de l'artillerie et de la cavalerie. Le sous-intendant militaire Caillol fut chargé de l'organisation et de la direction des services administratifs de l'armée.

Le colonel Brissaud, grand chef de l'armée, résidant à **Hué**, fut installé au palais d'été avec les privilèges des plus hauts mandarins. Ces privilèges lui donnaient le droit de présider le conseil des ministres, de s'adresser directement au roi dans les circonstances graves, et de circuler en toute liberté dans les palais comme dans toute l'étendue du royaume.

Il est difficile de se faire une idée de la somme de travail et d'énergie qu'il fallut déployer pour organiser une armée dans un pays aussi profondément troublé que l'était l'Annam en 1885. Il fallait, en effet, lutter tout à la fois contre la rébellion des mandarins en fuite, et contre la force d'inertie que nous opposaient les mandarins au pouvoir, plus ou moins ralliés à la cause française ou à celle de leur nouveau roi, et d'ailleurs peu au courant de fonctions pour lesquelles ils n'avaient pas été préparés.

D'autre part, tout se compliquait par notre ignorance de la langue annamite. Nous avions bien quelques bons interprètes formés par les missionnaires catholiques, mais fort peu d'entre eux connaissaient l'écriture chinoise; ce qui nous obligeait à recourir aux lettrés pour la traduction de la langue écrite, et ces lettrés, qui prévoyaient que notre ingérence dans les affaires du pays devait forcément diminuer leur autorité, nous étaient naturellement hostiles.

Les difficultés de communication ralentissaient aussi considérablement nos correspondances avec les fractions échelonnées le long de cette immense bande de territoire qui constitue l'empire d'Annam, et la moindre question nous obligeait à attendre quelquefois sa réponse pendant plus d'un mois.

Le colonel Brissaud, doué d'une facilité de travail et d'une énergie prodigieuses, pourvut à tout. Malgré les fatigues du climat, ajoutées à celles que lui causait encore un accident qui lui arriva au commencement de notre séjour à Hué, il ne se laissa jamais aller au découragement.

Une nuit, l'alarme fut donnée au palais d'été, par la présence d'un tigre, disaient nos serviteurs annamites; de voleurs ou d'assassins, prétendaient les soldats de garde. Nous nous levâmes à la hâte pour nous rendre compte de ce qui se passait : le palais n'étant pas éclairé, le colonel Brissaud fit un faux pas dans un escalier et se foula gravement le pied. Cet accident ne l'arrêta pas un seul instant : il continua à travailler d'abord sur son lit de douleur, puis à son bureau où il se faisait porter dans un fauteuil, et quelques jours plus tard, malgré la gêne que lui causait sa blessure, il se rendait à cheval ou en palanquin, partout où sa présence lui semblait être nécessaire. Quand ses travaux lui laissaient un instant de répit, il oubliait ses propres souffrances pour aller encourager, par sa présence et son caractère énergique, les malades que le choléra et d'autres maladies causées par le climat accumulaient dans les hôpitaux.

Cependant, à Hué, nous avions bien quelques compensations à nos peines et à nos travaux. Le jeune roi Dong-Khan, qui désirait rompre avec les vieilles coutumes de l'ancienne cour, et s'initier aux usages français, donnait souvent des fêtes qui ne manquaient pas d'un certain charme oriental, tout à fait imprévu pour des Occidentaux.

Nous n'oublierons jamais la première réception qui nous fut faite au palais royal, quelques jours après notre arrivée, pour présenter la mission militaire au roi. Ce jour-là, dès le matin, tous les palais furent pavoisés de drapeaux multicolores parmi lesquels dominaient les couleurs françaises et annamites. Les mandarins de toutes classes et leur personnel revêtirent leurs costumes de gala, en soie de couleurs diverses des plus éclatantes, et chaque groupe se rendit au palais pour se placer, suivant son rang, dans la salle du trône, à l'intérieur des palais ou dans les jardins environnants.

La salle du trône étant située dans la deuxième rangée de bâtiments, face aux grandes portes Sud-Est de l'enceinte fortifiée, une triple haie de gens, accoutrés de costumes les plus bizarres et les plus divers, s'étendait à travers les cours et les palais jusqu'aux portes de cette enceinte.

On y remarquait surtout les guerriers bardés et casqués de fer-blanc ou de cuivre, à la moustache en fourche, armés de dards, de formes et de dimensions fantastiques, et cherchant en vain à se donner les airs farouches des guerriers de potiches ou de paravents chinois.

Puis, les timides fantassins vêtus de robes bleues, vertes ou rouges, coiffés du casque abat-jour et armés de longues lances, qui leur donnaient un peu l'aspect de scarabées debout derrière des aiguilles à tricoter.

Autour des groupes de graves mandarins, se tenaient les porteurs d'attributs de leurs fonctions : les porteurs de cadouilles ou verges, pour les mandarins de la justice; les porteurs de sabres, tenant cette arme verticalement, dans le fourreau et par la pointe, à hauteur de la poitrine, pour les mandarins militaires; les porteurs de sceptres et de bannières pour les ministres; les porteurs de parasols, de boîtes à bétel et de pipes pour toutes les classes de mandarins. Nous pourrions ajouter les porteurs de rien du tout, venus là pour suivre leurs maîtres et rehausser leur prestige en augmentant le nombre de leurs gens.

Ce qu'il y avait de remarquable encore, c'était la présence à cette fête de vingt-quatre superbes éléphants formant la haie dans l'allée du jardin conduisant à la porte principale du palais. Ces pachydermes, de taille vraiment extraordinaire, richement caparaçonnés d'étoffes de soie et montés chacun par deux cornacs debout, l'un près de l'encolure et l'autre sur la croupe, se tenaient immobiles sur l'alignement de chimères et de griffons en bronze doré, et constituaient ainsi une avenue de jardin du plus merveilleux effet.

Tous ces costumes et ces oriflammes étincelants au soleil, projetés contre la verdure des arbres ou contre les dragons de porcelaine des toitures du palais, produisaient l'effet du plus beau décor d'opéra. A l'intérieur, les palais étaient également décorés, à profusion, de tentures, de meubles, de vases précieux et de riches brûle-parfums répandant leurs vapeurs odorantes dans l'atmosphère.

Quand tous ces préparatifs furent terminés et le cérémonial de présentation bien réglé par le ministre des rites, deux grands mandarins se rendirent au palais d'été, pour accompagner le général commandant supérieur des troupes françaises et le colonel chef de la mission qui se dirigèrent aussitôt, avec leur état-major, vers le palais royal.

Malgré l'assurance que nous avions de ne pas voir se renouveler les discussions d'étiquette occasionnées jusque-là par les cérémonies de ce genre, il fallait néanmoins se tenir sur ses gardes pour ne pas être entraîné, par surprise, à passer par les fameuses portes latérales du palais. Cette précaution n'était d'ailleurs point superflue, car, soit par habitude ou par oubli des changements survenus dans la situation de la cour envers les représentants de la France, quelques mandarins cherchèrent à nous faire entrer par une porte de côté, sous le fallacieux prétexte que l'entrée principale était trop encombrée par la foule. Mais cette ruse ne réussit pas et nous entrâmes tous par la porte impériale, au grand ébahissement des mandarins qui s'inclinèrent profondément en nous voyant franchir les gradins d'un air si résolu. Les deux mandarins qui nous accompagnaient, et qui n'étaient sans doute pas d'un degré assez élevé pour jouir de l'honneur de passer par cette fameuse porte du milieu, faillirent se rompre le cou en s'enfuyant de notre groupe pour gagner les portes voisines.

A peine étions-nous formés au pied du trône, qu'une grande clameur s'éleva dans la foule, et bientôt le cri de « Vive le roi! » poussé par des milliers de poitrines se répercuta dans les palais. Au même instant, une musique légère, semblable à un gazouillement d'oiseaux se donnant la réplique d'un coin à l'autre du palais, se fit entendre et le roi parut entouré de toute sa cour en costume de gala. C'était comme un rêve, un songe des mille et une nuits en action. Le charme fut bientôt transformé par les accents de notre hymne national joué par la fanfare du 11e bataillon de chasseurs à pied, habilement dissimulée dans les cours du palais. Il faut avoir assisté à une pareille scène pour se faire une idée de l'impression étrange qu'elle peut produire.

Le roi Dong-Khan, beau jeune homme de vingt-deux ans, du type indo-chinois le plus pur, se montra d'une courtoisie parfaite pendant toute la durée de cette cérémonie pour laquelle il avait revêtu son plus beau costume de cour. Ce costume consistait en une robe de soie jaune brochée d'une très grande richesse, à peine serrée à la taille par une large ceinture ornée de jade et de pierres précieuses. La coiffure, en forme de tiare, était également couverte de perles et de pierreries. La chaussure se composait de bottes chinoises aux tiges brodées et aux épaisses semelles molles sans talons. Son visage respirait la douceur, et ses yeux noirs et vifs exprimaient une grande intelligence. L'ensemble de sa personne avait une distinction réelle, un peu tempérée, toutefois, aux yeux des Occidentaux, par la couleur d'ébène de ses dents, et la longueur de ses ongles dorés, ressemblant un peu trop à des griffes d'or ajoutées à ses doigts longs et fins.

En réponse au discours de présentation, fait par le général Prudhomme, le roi nous dit en termes fort élevés combien il était heureux de voir quel intérêt la France portait à ses Etats puisqu'elle daignait, pour la seconde fois, envoyer en Annam des hommes capables de faire bénéficier le pays des bienfaits de la civilisation européenne.

« La mission Ollivier, nous dit-il, a jadis contribué puissamment à la gloire de mon ancêtre Gia-Long; elle a laissé en Annam des traces impérissables de son passage. Son œuvre pouvait être considérée comme parfaite à l'époque où elle a été exécutée, mais depuis, pour différentes raisons, il n'a pas été possible de la développer et de la tenir à hauteur des progrès accomplis en Europe.

» Je compte beaucoup, pour la compléter, sur le concours éclairé de la nouvelle mission française et sur la compétence de son chef, le colonel Brissaud, qui a pendant plusieurs années dirigé les études à l'Ecole supérieure de guerre en France. Je prie les génies, dit-il en terminant, de vous seconder dans vos

travaux et de veiller sur vos santés, afin que vous puissiez
retourner tous un jour dans vos familles, et rendre à votre noble
patrie les éminents services qu'elle est en droit d'attendre de
vous dans l'avenir, pour réparer les malheurs du passé. »

Après cette cérémonie, un déjeuner fut offert au général Prudhomme, au résident de Hué, M. Hector, et aux principaux membres de la mission et de la garnison. Ce déjeuner, auquel prirent part également tous les hauts mandarins, fut présidé par
le roi qui se montra amphitryon des mieux entendus. Le repas,
servi moitié à la française et moitié à la chinoise, était composé de façon à satisfaire largement les estomacs les plus
délicats : inutile de dire que le fameux potage aux nids d'hirondelles, potage royal par excellence, fut également apprécié
par les estomacs occidentaux et par les estomacs orientaux.

La fête se termina par une représentation au théâtre royal
ou plutôt par le prologue d'une pièce chinoise dont les différentes scènes ne devaient pas durer moins d'une semaine. Cette
pièce, tirée du répertoire classique chinois, date de plusieurs
siècles : elle démontre encore que, même sous le rapport des
tétralogies, l'Extrême-Orient est considérablement en avance sur
les metteurs en scène européens qui ont cru les inventer de
nos jours.

La salle de spectacle dans laquelle se donnaient ces repré-
sentations ne ressemble en rien à nos théâtres européens. C'est
tout simplement une grande salle carrée sur le pourtour de
laquelle sont placés les spectateurs : le milieu de la salle étant
réservé pour le jeu des acteurs. L'un des côtés de cette salle,
servant de coulisses ou de magasins aux accessoires, est fermé
par des tentures derrière lesquelles se tiennent les acteurs en
attendant, comme dans nos théâtres, leur tour d'entrée en scène.

Sur le côté opposé aux coulisses se trouvait un trône élevé
occupé par le roi, ainsi que des sièges réservés aux grands dignitaires français et annamites; les côtés latéraux étaient affectés aux personnages de moindre importance. Des loges mas-
quées par les stores aux peintures multicolores étaient occupées par les princesses dont on ne devinait la présence que par
leur ramage argentin. Le plafond de la salle était orné d'étoiles
peintes représentant la constellation de la zone tropicale.

Le spectacle commença par l'entrée en scène de tous les
acteurs, au nombre de cent, formés en carré sur dix rangs, et
annonçant, dans un chant monotone et rythmé seulement par
de bruyantes intonations, les principales phases de la pièce.
De temps à autre ce carré humain, qui se balançait en cadence,
s'aplatissait devant le roi et semblait le supplier, à grands cris,
de compatir aux malheurs des héros qui allaient lui raconter
leurs mésaventures.

Après cette première scène, le spectacle continua par un
mélodrame dans lequel deux grands guerriers qui, après avoir
fait assaut de générosité l'un envers l'autre et de prouesses
pour l'amour de leur patrie, devenaient ennemis mortels pour
les charmes d'une belle princesse. De là, des ruses de guerre,
des combats plus ou moins déloyaux, et des duels acharnés
entre les deux rivaux et leurs partisans; le tout entremêlé d'ap-
paritions fréquentes de bons et de mauvais génies prenant
parti pour l'un ou l'autre guerrier. Les rôles de femmes étaient,
comme dans tous les théâtres d'Extrême-Orient, tenus par des
jeunes garçons.

Il est d'usage, pour les spectateurs, d'écouter religieusement
la pièce et de ne manifester aucun signe d'approbation ou d'im-
probation; le spectateur du rang social le plus élevé ayant seul
qualité pour juger de la façon dont les acteurs s'acquittent de
leurs rôles. Dans cette représentation, le roi avait délégué l'un
des ministres pour signaler les bons passages à coups de tam-
tam. La pièce devait être supérieurement rendue, car le tam-
tam couvrait presque constamment la voix des acteurs.

Nous avons cherché à avoir la traduction de cette pièce qui
paraissait intéresser vivement le roi et les grands mandarins,
mais personne n'a pu nous en donner le texte. C'était, nous
a-t-on répondu, un chef-d'œuvre de littérature chinoise, mais
elle était si vieille que les plus lettrés eux-mêmes n'arrivaient
pas à la comprendre complètement. L'impression produite sur
les quelques Européens assistant à ce spectacle était qu'on se
serait cru mêlé à une action réelle bien plus qu'à une représentation théâtrale.

Ce qui ajoutait encore à cette illusion, c'est que de temps en
temps, à un signal donné, chaque spectateur voyait apparaître

un serviteur lui apportant du thé, des liqueurs et des gâteaux qu'il plaçait sur une petite table à sa portée.

On servit également au roi un copieux repas auquel il toucha à peine, et dont il laissa les restes aux nombreux serviteurs qui attendaient leurs parts.

Il est à remarquer, à ce propos, que les serviteurs suivent partout leurs maîtres, bien plus pour former leurs escortes et leur donner du prestige que pour les servir. En marche, ils leur emboîtent le pas et lorsqu'ils s'arrêtent ils se forment en rond derrière eux. Les porteurs de parasols les tiennent ouverts sur la tête du maître pour l'abriter contre les ardeurs du soleil ou contre la pluie; les porteurs d'éventails les agitent pour chasser les insectes et rafraîchir la brise, et, pendant que les mandarins se livrent aux graves fonctions de leur charge, les porteurs de boîte à bétel ou de tabac préparent la chique, la pipe ou les cigarettes qu'ils leur servent tout allumées,

Le parasol est, d'ailleurs, un insigne de grade, strictement réglementé; il existe des mandarins à un, deux, trois et quatre parasols de couleurs déterminées. Le roi seul a droit à six parasols jaunes, couleur royale.

Quelquefois des objets inertes ou des animaux appartenant au roi ont le titre de mandarin à parasols : c'est ainsi qu'à Hué certaines pièces de canon et des éléphants portaient un ou deux parasols, et avaient droit aux marques de respect de la foule.

Le roi Dong-Khan donnait très souvent des fêtes du genre de celle que nous venons de décrire, et chaque fois il s'appliquait à en varier le programme. Les fêtes de jour, comme celles de nuit, étaient toujours accompagnées de feux d'artifice avec traînées de pétards ou de pois fulminants semés à profusion sous les pieds de la foule. En 1886, aux fêtes du Têt ou jour de l'an annamite, le roi rompant avec les vieilles traditions qui défendaient aux profanes, sous peine de mort, de contempler la face auguste du souverain, poussa la courtoisie envers ses sujets jusqu'à faire une promenade avec tout le cortège royal dans la ville marchande. Cette procession excessivement curieuse fut considérée, à Hué, comme l'un des plus grands événements de l'époque; le peuple en fut enthousiasmé, mais les mandarins en furent sûrement scandalisés.

Les femmes sont toujours exclues de ces sortes de réunions auxquelles elles ne peuvent assister que comme spectatrices, non pas par mépris pour les personnes de leur sexe, mais simplement parce que les Annamites estiment qu'elles ont un plus beau rôle dans la maison, au milieu de la famille, que dans les fêtes ou réunions politiques.

Un jour, dans un dîner au palais, on fit remarquer au roi Dong-Khan qu'en Europe, et principalement en France, les mœurs dont il voulait s'inspirer étaient tout autres qu'en Indo-Chine, et que les dames étaient de toutes les fêtes et en constituaient le plus gracieux ornement. A la réception suivante, plusieurs vénérables douairières parurent dans la salle du festin, mais seulement pour présider aux différents détails du service.

En voyant l'étonnement que nous causait cette nouvelle manière de traiter les dames de la cour, le roi nous dit gravement qu'il ne lui était pas possible, pour le moment, d'emprunter davantage à la civilisation occidentale; que jusque-là aucune femme, pas même la reine, n'avait pénétré dans la salle du festin; que les dames qu'il avait appelées à l'honneur de servir à table étaient les vieilles princesses les plus dignes d'un tel honneur et qu'en cela il avait pensé se rapprocher des usages des cours d'Europe, où l'on invite toujours les vieux maréchaux et les généraux plutôt que les jeunes sous-lieutenants. Cet argument était sans réplique, aussi personne n'insista plus, dans la suite, pour le pousser dans la voie des révolutions en matière de mœurs et d'étiquettes.

Nous eûmes néanmoins plusieurs fois occasion de constater que les dames de la cour n'étaient pas toutes de « vieilles maréchales accablées sous le poids de leurs campagnes », et qu'il y avait également un bataillon de charmants sous-lieutenants, qui ne demandaient qu'à faire leurs preuves tout en gagnant lentement leurs chevrons d'ancienneté.


En outre de ces fêtes royales qui donnaient un peu de gaîté, la vie de garnison à Hué offrait bien d'autres distractions encore. Il y avait un cercle richement décoré au moyen de dons offerts par le roi, une bibliothèque et un théâtre français dont les artistes, recrutés parmi les zouaves et autres soldats de la garnison, faisaient passer d'agréables soirées, en trompant un peu l'ennui de l'exil sur cette terre lointaine et jusque-là si peu hospitalière. D'un autre côté, les amateurs de chasses et de promenades à cheval ou en bateau trouvaient, dans les environs de Hué, un vaste champ à leur plaisir favori. Ces quelques distractions reposaient un peu des travaux et des moments de tristesse qui nous accablaient à cette époque de troubles, et auxquels s'ajoutait souvent la perte cruelle de quelques-uns de nos camarades emportés par les maladies ou succombant sous les coups d'adversaires impitoyables. Mais rien n'ébranlait notre courage et chacun de nous s'appliquait à mener à bien la lourde tâche librement acceptée.

En même temps que s'organisait l'armée annamite, les grands travaux d'utilité publique étaient mis à l'étude et commencés au fur à mesure que les moyens d'exécution nous le permettaient.

Lors de notre voyage de Tourane à Hué, à l'époque de notre arrivée dans le pays, nous avions tous été frappés des difficultés de viabilité de la route, et des avantages que devait procurer la construction d'une route carrossable, doublée au besoin d'un chemin de fer. Aussi l'un des premiers projets de grands travaux mis à l'étude par le colonel Brissaud fut-il celui-là. Les cartes et documents divers trouvés à Hué nous permirent de constater qu'une route plus praticable et plus courte avait dû exister autrefois, mais que les mandarins l'avaient fait détruire afin de rendre impossible toute tentative d'invasion étrangère.

Cette route remontait la rivière de Hué, franchissait la montagne qui la sépare d'un affluent de la rivière de Tourane, puis suivait la vallée de cet affluent jusqu'à la baie de Tourane. Des recherches minutieuses nous permirent de retrouver en partie le tracé de cette route dans la brousse et la forêt vierge, mais elle offrait des difficultés de reconstruction telles qu'il nous parut préférable de suivre le tracé de la route nouvelle, en lui ménageant des pentes assez douces pour la rendre parfaitement carrossable.

Le capitaine Besson fut chargé de la direction de ce travail important, avec les quatre sous-officiers du génie de la mission; l'argent nécessaire fut prélevé sur le Trésor de l'Annam et les provinces fournirent les travailleurs.

Besson et ses braves collaborateurs se mirent à l'œuvre avec l'ardeur et le dévouement de gens qui sentaient la grandeur et l'utilité de la tâche qui leur incombait. Ils savaient combien devaient être grandes les difficultés matérielles à vaincre pour mener à bien une pareille entreprise dans un pays où les bras ne devaient sûrement pas manquer, mais où l'outillage mécanique faisait absolument défaut. Il fallait, cependant, construire des remblais dans les marais, creuser des tranchées dans le roc, construire des ponts sur des rivières souvent larges et profondes, abattre des arbres dix fois séculaires dans la forêt vierge.

Il fallait aussi lutter contre le climat et contre les fièvres engendrées par les défrichements et les débroussaillements. Au bout de quelques semaines, deux des sous-officiers du génie atteints de dysenterie étaient obligés d'abandonner les chantiers pour entrer à l'hôpital de Thuan-An; les maladies faisaient également de grands ravages parmi les travailleurs indigènes et les auxiliaires européens. Mais il fallait lutter, surtout, contre un ennemi aussi implacable qu'imprévu, c'est-à-dire contre toute la hiérarchie des mandarins de la région traversée par la route, depuis le garde champêtre de village jusqu'aux gouverneurs de provinces, et peut-être même contre les menées sourdes de plus hauts mandarins encore (11).

---

(11) « Mon cher ami, — nous écrivait Besson, le 2 janvier 1886, — les travaux que j'ai tracés sur le terrain, pour le passage du col des Nuages, ont déjà épouvanté le mandarin qui m'accompagne et il s'est mis à la recherche d'un passage plus facile en consultant tous les vieillards du pays. Il prétend l'avoir découvert et nous nous lançons demain à l'aventure dans la montagne. Comme j'ai peu confiance dans le résultat de cette exploration, je n'en continue pas moins mon tracé par le col de Phu-Thuong. »

Le 13 janvier, il nous écrivait ce qui suit :

« J'entreprends demain une grande exploration qui a pour but de chercher à tourner le col des Nuages, en allant directement de Lang-Keu à Namo. Cette excursion ayant lieu à la requête de mon mandarin, j'ai peu confiance dans le résultat.

» Vous savez que j'ai trouvé une route qui permet d'éviter complètement le col de Phuya ; mais, cette fois-là, ce n'était pas mon mandarin qui me conduisait.

» Ma santé ne va pas aussi bien que je le désirerais, mais je marche tou-

Au lieu de l'aide et du concours bienveillant des communes. Besson trouva partout une opposition systématique à tous ses plans, et, souvent même, le travail de la journée était détruit pendant la nuit.

jours, emporté par une vieille ardeur de géographe qui rend ce service extrêmement intéressant pour moi. »

Puis, dans différents rapports au colonel Brissaud, il donnait les renseignements suivants :

Le 18 janvier :

« L'exploration que j'ai faite dans la direction de Namo n'a abouti à aucun résultat : les renseignements fournis par les indigènes sur l'existence d'un col moins élevé que le col des Nuages étaient absolument faux (comme tous leurs renseignements, d'ailleurs), et nous sommes arrivés après des fatigues énormes à la cote 750, sans trouver le moindre passage dans la montagne.

» L'altitude du col des Nuages n'étant que de 500 mètres, j'ai jugé l'expérience suffisamment concluante et je suis revenu à mon point de départ. Les travaux présentent des difficultés très grandes, car on est obligé de cheminer au milieu d'une broussaille extrêmement élevée, et dans un sol rocheux et bouleversé. Cette expérience me montre l'extrême difficulté d'une route entièrement en corniche, qui serait d'ailleurs très longue, car il faudrait contourner une série de ravins profonds qui donneraient à la route un très grand développement linéaire. »

Le 28 janvier : '

« Les reconnaissances que j'ai faites, avec beaucoup de peine, étant donné le mauvais vouloir des indigènes en général et en particulier du mandarin qui m'est adjoint, toutes les fois qu'il s'agit d'une route nouvelle, m'ont amené à conclure que la route du col des Nuages était celle qui exigerait les moindres travaux et les moindres dépenses tout en présentant une viabilité très suffisante, puisque la pente moyenne ne dépassera pas la pente de 1/20.

» Le mandarin qui m'accompagne me dit qu'il a l'autorisation du « Conseil secret » de suspendre tous les travaux et de licencier tous les coolies, du 31 janvier au 6 février (à l'occasion des fêtes du Têt ou jour de l'an annamite). Je ne laisserai partir les coolies que lorsque j'en aurai reçu directement l'ordre. »

Le 18 février :

« Je suis arrivé à Quang-Cho (petit hameau sur le versant nord de la montagne) le 16 février; j'y ai rejoint mon détachement, mais je n'y ai pas trouvé de coolies.

» Les coolies de la province de Hué avaient déserté, sous le prétexte que Quang-Cho est sur le territoire de la province de Quang-Nam, bien que le travail ne fût pas encore terminé sur le versant nord. »

Le 22 février :

« J'ai quitté aujourd'hui Quang-Cho pour me rendre à Nam-Tung. J'ai laissé le sergent Tisserand, avec deux hommes, au col des Nuages, pour effectuer une rectification de tracé. De là, il ira à Hué chercher l'argent que vous voulez bien mettre à ma disposition.

» J'ai écrit, à plusieurs reprises, au sous-préfet de Cau-Haï, qui, soit impuissance, soit mauvaise volonté, ne m'a pas encore envoyé un seul travailleur. L'autorité annamite ne m'a pas servi davantage pour le versant

Malgré cela, en moins de deux mois, il avait tracé quatre-vingts kilomètres de route dans lesquels étaient comprise la partie la plus difficile du tracé, dans la montagne des Nuages, et, à la fin du mois de février 1886, il débouchait sur la baie de Tourane avec la joie que lui donnait le sentiment des difficultés vaincues. Il espérait, nous disait-il, graver à la fin de l'année sur le granit du col des Nuages, la date de l'inauguration de cette route qui allait permettre de ravitailler Hué en toutes saisons par la baie de Tourane, et de faire cesser ainsi le blocus forcé auquel était condamnée cette capitale pendant six mois de l'année.

Pendant son séjour dans la montagne, il avait eu souvent de noirs pressentiments : ses guides et ses agents-voyers annamites l'avaient plusieurs fois entraîné dans de fausses directions, l'obligeant ainsi à abandonner le travail pénible de plusieurs jours, pour reprendre une nouvelle direction. Son courage infatigable et sa fermeté inébranlable lui avaient permis de continuer sa tâche quand même.

Une fois arrivé sur la baie de Tourane, il s'installa à Nam-Tung, joli petit village situé au fond d'une crique abritée par deux contre-forts de la montagne des Nuages et couverts de fleurs et de feuillages perpétuels.

Il espérait, de là, communiquer facilement avec les canon-

nord, et je n'ai pu avancer mon travail qu'avec l'aide de quelques coolies réquisitionnés à Nam-Tung et dans les environs. »

Le 27 février :

« J'ai reçu aujourd'hui 200 coolies partis de Hué le 24 février et réquisitionnés par M. le Résident général.

» J'aurais préféré ne voir arriver ces coolies qu'après mon retour à Lang-Keu, car mon détachement se trouve actuellement beaucoup trop faible pour encadrer tous ces travailleurs. Je ferai néanmoins de mon mieux pour les utiliser jusqu'à la fin du tracé.

» Je serai à Lang-Keu probablement le 3 mars, et le 4 au plus tard le tracé sera terminé. »

Besson (Jean-Fernand-Gustave) est né en 1852. Après avoir suivi avec distinction les cours de l'Ecole polytechnique, il entra dans l'arme du génie. Capitaine le 24 octobre 1878, à l'âge de 26 ans, il fut attaché à divers états-majors, puis employé aux travaux de la carte de l'Algérie comme chef de brigade topographique.

Il était attaché à la direction du génie, au ministère de la guerre, lorsqu'il demanda à faire partie de la mission militaire de l'Annam.

C'était un officier d'une grande valeur, d'une intelligence vive, plein d'entrain, et cachant sous une modestie rare des talents remarquables d'ingénieur et de militaire.

nières en station et les navires de passage dans la baie; puis, il n'était qu'à une vingtaine de kilomètres de la garnison française de Tourane avec laquelle une ligne télégraphique, en construction le long de la route même, allait bientôt le tenir en communications constantes.

Il s'occupait de l'installation de vastes chantiers de chaque côté de la montagne, à Nam-Tung et à Lang-Keu, afin d'activer le plus possible les travaux.

Le 27 février, un renfort de deux cents coolies lui avait été envoyé de Hué, et le jour même, il nous envoyait à Hué l'un de ses sous-officiers, le sergent Tisserand, pour chercher une forte somme qui venait de lui être allouée pour le paiement de ses ouvriers.

Le 28 février, il avait employé sa journée à diriger les travaux et à répartir ses nouveaux tirailleurs sur les chantiers, et le soir après souper il avait, comme de coutume, mis ses plans à jour.

Il faisait une nuit superbe, tout respirait le calme dans le village et les environs, et aucun indice ne faisait prévoir le suprême danger qui le menaçait, lui et ses compagnons, lesquels, malgré les fatigues extrêmes de la journée, veillaient chaque nuit à tour de rôle sur le cantonnement.

Vers minuit, il se disposait à prendre un peu de repos lorsqu'il entendit un bruit inusité, de rameurs dans la baie, d'aboiements de chiens et de cris dans le village. Son interprète, le nommé Tran-Van-Qué, l'avertit que ce devait être une bande de pirates qui venaient piller le village. Mais, bientôt, il entendit distinctement les chefs de la bande parlementer avec les gens du village et leur dire d'emporter ce qu'ils avaient de plus précieux, puis d'abandonner bien vite leur village qui allait être brûlé avec les Français qui s'y trouvaient. Ils ajoutèrent qu'il ne serait fait aucun mal aux Annamites, à condition qu'ils ne chercheraient pas à protéger les Français.

L'interprète fut, naturellement, l'un des premiers à s'enfuir, laissant Besson avec le seul sous-officier qui lui restait ainsi que les quelques soldats de l'infanterie de marine qui composaient son escorte, c'est-à-dire sept Français en tout contre une bande de cinq cents forcenés qui cernèrent le village, mirent le feu tout autour et suivirent l'incendie jusqu'aux maisons habitées par cette poignée de braves, qui brûlèrent toutes leurs cartouches et se défendirent à outrance jusqu'au moment où ils tombèrent sous les coupe-coupe de ces brutes, ou sous les poutres enflammées des maisons qui les abritaient.

Suivant la coutume sauvage de ces êtres fourbes qui traitent les Européens de barbares de l'Occident, la tête de Besson fut coupée et portée, ainsi que les insignes de son grade, au mandarin qui avait dû ordonner le massacre, afin de bien lui montrer que cette tête intelligente, qui avait conçu le projet de doter son pays d'une œuvre réellement utile, était désormais incapable d'achever cette œuvre qui n'avait pourtant rien que d'éminemment pacifique. Besson, comme beaucoup d'autres Français, était arrivé dans ces pays avec des rêves de gloire pour la France, et le cœur enthousiasmé par le charme que produisent les beautés de l'Extrême-Orient. Comme ingénieur, il avait compris quel grand parti la France pourrait tirer un jour de la baie de Tourane, si l'on pouvait arriver à la mettre en communication avec l'intérieur du pays, au moyen de routes et de canaux. Et c'est au moment où ses projets allaient se réaliser, qu'il était enlevé, dans toute la force de la jeunesse, à l'affection de sa famille et de ses compagnons d'armes.

Les braves qui furent massacrés à Nam-Tung avec le capitaine Besson sont :

Besson, sergent au 1ᵉʳ régiment du génie (homonyme mais non parent du capitaine);

Himbert, soldat d'infanterie de marine, n° matricule 22.297;

Roccasséra, soldat d'infanterie de marine, n° 22.089;

Miquel, soldat d'infanterie de marine, n° 20.999;

Josuan, soldat d'infanterie de marine, n° 20.860;

Fermet, soldat d'infanterie de marine, n° 19.150.

L'un des quatre sous-officiers du génie avait échappé, comme par miracle, à ce massacre : c'était le sergent Tisserand, qui avait été envoyé à la mission pour chercher de l'argent, et qui arriva à Hué en même temps que la nouvelle de ce cruel événement. Les deux autres sous-officiers étaient restés en traitement à l'hôpital de Thuan-An.

Les mandarins cherchèrent, naturellement, à attribuer cet

acte de perfidie et de cruauté aux pirates, mais il ne fut pas difficile de constater qu'il devait être, au contraire, le résultat des menées sourdes de gens qui voyaient, avec regret, les Occidentaux s'implanter dans leur pays.

La preuve est qu'on ne trouva aucune des traces habituelles du pillage des pirates. On trouva même cent quarante francs, en pièces d'or, à côté du cadavre de Besson dont les vêtements avaient été brûlés, ainsi que les plans et les instruments qui avaient servi à diriger les travaux.

Quelques jours plus tard, en faisant une enquête sur cet événement, à l'effet d'en découvrir les coupables, on retrouva la tête de Besson, dans des circonstances qui montrent un côté curieux des mœurs annamites. A Namo, village voisin de Nam-Tung, une bonne vieille s'adressant à l'officier chargé de l'enquête lui dit qu'elle avait de graves révélations à faire, mais que si par malheur elle parlait elle serait sûrement massacrée par les habitants compromis. « Il y aurait cependant, dit-elle, un moyen de tout arranger; ce serait de me faire donner la bastonnade en public, et après je pourrais parler sans danger, parce que chacun croira que je n'y ai été poussée que par la douleur. »

Il fut fait selon ses désirs, mais en agissant envers elle avec une brutalité, qui n'avait, bien entendu, rien que de simulé. Elle dénonça les coupables de sa connaissance et indiqua l'endroit où avait été cachée la tête de Besson qui fut inhumée, avec les dépouilles de toutes les victimes, au cimetière de Tourane.

La route de Tourane à Hué a été terminée depuis, par les troupes françaises du corps d'occupation du Tonkin, sous la direction d'un autre capitaine du génie, M. Nicot, mort des fièvres au col des Nuages, avant d'avoir eu, à son tour, la joie de terminer cet important travail.

Pendant que ces événements se passaient dans la région sud de Hué, les provinces du nord étaient soulevées par l'influence de Thuyet et du roi en fuite. Nos têtes étaient mises à prix et nous étions obligés de nous fortifier partout : même dans l'intérieur de la citadelle de Hué qu'il ne nous était pas possible de défendre avec le peu d'hommes dévoués dont nous disposions.

Au Quang-Tri, les missions catholiques françaises étaient massacrées, et le recrutement des contingents annamites s'opérait avec les plus grandes difficultés, les rebelles ayant menacé les soldats de massacrer leurs familles s'ils continuaient à servir sous le drapeau franco-annamite.

Dans les premiers jours du mois de janvier 1886 ces menaces eurent même un commencement d'exécution, à la suite duquel tout un bataillon annamite déserta (12). Pendant un mois les communications furent coupées entre Dong-Hoï et Hué, et c'est grâce au sang-froid et à l'énergie du commandant Bertrand, chef du 3ᵉ bataillon annamite, en garnison dans la province, que les Européens et les Anamites restés fidèles à notre cause furent préservés des massacres.

Cependant, les troupes françaises d'occupation de l'Annam formèrent des colonnes auxquelles se joignirent nos troupes annamites, à peine organisées, mais déjà solides par la confiance que leur inspiraient leurs chefs français, et, au com-

---

(12) Dans la nuit du 9 au 10 janvier 1886, vers 11 heures et demie, les rebelles, au nombre de 50 environ, venant de Mi-Luoc, abordaient avec deux sampans à Dong-Hoï (province de Quang-Binh).

Il paraît certain que, depuis plusieurs jours, leurs émissaires s'étaient déjà introduits dans la ville pour s'y ménager des intelligences.

« Les rebelles s'emparaient de la porte mandarine gardée par les miliciens du quan-bo (mandarin chargé du recouvrement des impôts). Ils capturaient dans leurs logements le quan-bo, le quan-an (mandarin chargé de la justice), et un capitaine annamite. Les tirailleurs annamites étaient réveillés dans leurs casernements par les rebelles, qui leur défendaient, sous peine de mort, de communiquer avec la citadelle, où étaient logées les autorités et les troupes françaises.

» Les abords de la ville étaient du reste gardés pour empêcher toute communication. Les rebelles, après avoir pillé quelques maisons, quittaient la ville par la porte mandarine avec leurs prisonniers, qu'ils massacrèrent quelques jours plus tard.

» Les tirailleurs chrétiens, effrayés par les menaces qui leur avaient été faites, se réfugièrent soit chez le père Héry, des missions catholiques, soit à la chrétienté de Sao-Boun, pour protéger leurs familles. Un certain nombre d'autres tirailleurs se cachèrent dans la ville même de Dong-Hoï.

» L'arrivée des rebelles, la capture des mandarins et la fuite des tirailleurs annamites, tout s'était passé sans que le factionnaire du mirador, situé à 300 mètres de là, ait entendu le moindre bruit.

» D'après tous les renseignements recueillis, aucun indice n'avait pu faire soupçonner l'attaque des rebelles. » (Extrait du *Rapport du lieutenant-colonel de Lacale*, sur la désertion de 300 tirailleurs annamites du bataillon de Quang-Binh.)

mencement de l'année 1886, Thuyet et ses partisans étaient refoulés dans la montagne.

Dans une de ces expéditions, il nous arriva une ironique mésaventure qui donne une idée du caractère un peu superstitieux des Annamites :

Thuyet en s'enfuyant, après le guet-apens de Hué, avait emmené plusieurs des plus beaux éléphants royaux; la vieille reine-mère et le roi Dong-Khan pensant que ces pachydermes devaient être fort mécontents de leur exil forcé, et qu'il leur serait sûrement agréable de revenir auprès de leurs anciens compagnons, confièrent à l'une de nos colonnes, partie de Hué au mois de février 1886, trois autres de ces animaux dans l'espoir que, étant d'anciens voisins d'écurie des exilés, ils ne manqueraient pas de ramener ceux-ci lors de leur retour à Hué. Malheureusement, le sort en décida autrement; ces trois éléphants ayant refusé de traverser une rivière qui leur paraissait trop large et trop profonde, nous fûmes obligés de les laisser en route avec la pensée de les reprendre à notre retour, mais ils furent faits prisonniers avec leurs cornacs pendant notre absence. Leur perte affecta profondément la pauvre reine qui les pleura comme elle l'eût fait pour ses propres enfants.

On comprend, d'ailleurs, que l'on s'attache à ces énormes bêtes dont l'intelligence et la douceur n'ont de comparable que leur force prodigieuse. C'est plaisir de les voir chaque jour fourrager dans la citadelle de Hué ou ses environs; ils arrachent et dévorent des bananiers et des bambous, de plusieurs mètres de hauteur, aussi délicatement que le font les moutons et les chèvres pour l'herbe de nos prairies.

Ils saluaient les mandarins et les officiers français en se mettant à genoux sur leur passage, et quand, pour récompense, on leur donnait un pain ou une pièce de monnaie, ils avalaient le pain comme une fraise et tendaient, au bout de leur trompe, la pièce de monnaie à leurs cornacs.

Pendant les marches, quelques-uns d'entre eux étaient même dressés à marquer, par une sorte de grognement, le rythme des chansons de leurs cornacs. Ils étaient dressés également à se mettre à plat ventre pour se faire charger, et, même dans cette position, il fallait recourir aux échelles qu'ils portaient constamment suspendues à leurs flancs.

Les cornacs, lorsqu'ils ne peuvent pas se faire hisser sur leur dos au moyen de leurs trompes, se servent d'un large bambou armé d'une lance qu'ils emploient comme aiguillon. A cet effet, la lance est complétée par un crochet qui s'adapte à l'oreille de l'éléphant, et les cornacs grimpent après ce pendant d'oreille d'un nouveau genre pour se hisser sur l'animal.

# CHAPITRE IX



Au mois de mai 1886, le gouvernement français, considérant les opérations militaires comme terminées, ordonna le rapatriement d'une partie du corps d'occupation du Tonkin et de l'Annam et la création d'un quatrième régiment tonkinois pour remplacer les troupes françaises rapatriées. Puis, le gouvernement annamite ayant enfin ratifié le traité du 6 juin 1884, qui plaçait tout le royaume sous le protectorat de la France, la mission militaire fut considérée comme ayant terminé son rôle.

Il fut décidé que les bataillons d'infanterie annamite passeraient sous la direction de cadres français, avec le titre de « chasseurs annamites » qu'ils conservèrent jusqu'à leur suppression définitive, en 1890.

Les chevaux achetés dans les îles de la Sonde n'ayant pu s'acclimater en Annam, les escadrons de dragons de l'Annam furent supprimés et les quelques chevaux restés disponibles servirent à la remonte des officiers français.

Tous les beaux projets élaborés pour l'organisation du génie et des écoles militaires avaient été abandonnés à la suite du massacre de Nam-Tung.

Les officiers et les sous-officiers de la mission restèrent dans les bataillons annamites jusqu'à l'arrivée des nouveaux cadres envoyés de France, puis ensuite, ceux qui en firent la demande furent versés dans les troupes du Tonkin.

Pendant l'année que durèrent les rudes travaux de la mission, ses membres payèrent un large tribut aux maladies de toutes sortes qui règnent dans ce pays; le sous-intendant Caillol, le capitaine Besson, les lieutenants Sandron et Leplus, et un dixième des sous-officiers y moururent.

Le colonel Brissaud fut chargé, par le Ministre de la guerre, d'aller organiser le 4e régiment de tirailleurs tonkinois au Tonkin, où la pacification était loin d'être aussi complète qu'on se l'était tout d'abord figuré.

Les trois premiers régiments tonkinois avaient été organisés par la marine, qui avait emprunté une partie de leurs cadres au département de la guerre, mais le personnel de la marine étant insuffisant pour organiser un quatrième régiment, il fut décidé que ce régiment serait rattaché à l'administration de la guerre; ses cadres furent tirés en partie des bataillons de tirailleurs algériens rapatriés et d'officiers des divers corps rapatriables demandant à compléter leurs deux années de période coloniale.

Les trois premiers régiments avaient été formés à Hanoï, Nam-Dinh et Bac-Ninh; le 4e régiment eut pour région de recrutement la province d'Haïdzuong.

Ce régiment devait occuper tout le pays compris entre le fleuve Rouge, le golfe du Tonkin et la frontière chinoise du Quang-Si et du Quang-Tong, dès qu'il lui eût été possible de chasser les bandes qui occupaient le pays et de pousser ses postes en avant.

Ces régiments de tirailleurs tonkinois sont constitués à 4 bataillons de 4 compagnies, d'un effectif de 250 hommes dont un sergent-major, un sergent fourrier et huit sergents français; huit doïs ou sergents indigènes, seize caïs ou caporaux, deux clairons, 24 beps ou soldats de 1re classe et 190 linhs-tap (ligne-tape) ou soldats de 2e classe.

Les compagnies sont commandées par un capitaine secondé par un lieutenant, un sous-lieutenant et un officier de réserve, tous quatre Français.

Le recrutement s'opère par province, conformément à la loi annamite.

L'administration est considérablement simplifiée par ce fait que les soldats indigènes touchent une solde assez élevée pour leur permettre de s'habiller, de s'équiper et de se nourrir à leurs frais.

Le casernement est assuré au moyen d'une masse de casernement, et il est généralement construit par les soldats eux-mêmes, qui sont tous très habiles dans les travaux que nécessitent les exigences de la vie.

Les soldats vivent au restaurant, ou en popote à volonté, et ils ne sont pas tenus de coucher dans leurs casernements lorsqu'ils ne sont pas de service. Ils jouissent d'une liberté absolue sous ce rapport, à la seule condition d'être présents au lieu de rassemblement au premier signal. Il faut dire aussi qu'ils sont tous intelligents et agiles comme des singes, et que la seule crainte de manquer à un devoir leur fait accomplir des prodiges d'activité. Nous en avons vus, au temps d'inondation, faire cinq cents mètres à la nage pour ne pas manquer à un exercice !

En cas d'alarme sérieuse, ou de départ pour des opérations de guerre, il suffit de les prévenir quelques heures à l'avance, pour que tous soient prêts à partir avec armes, bagages et vivres. Afin de les rendre plus mobiles encore, il est adjoint à chaque colonne le nombre de coolies nécessaire pour porter les bagages et les vivres.

Ces coolies sont fournis par les communes qui les envoient tout organisés en sections et escouades commandées par des doïs et des caïs. Chaque coolie est porteur d'une sorte de plaque d'identité indiquant son nom et celui de son village. Par respect des mœurs indo-chinoises, les soldats sont libres de se marier et de vivre avec leurs femmes dans des bâtiments spéciaux du casernement ou en ville.

Les femmes peuvent également suivre leurs maris en colonne; elles marchent alors avec les convois, mais en aucun cas elles ne logent dans les mêmes chambrées que les soldats non mariés. En campagne, elles préparent les repas, et elles font souvent d'excellentes ambulancières.

Le 4ᵉ régiment tonkinois avait, au début de sa formation, son état-major et son premier bataillon à Haïdzuong; le 2ᵉ bataillon à Haïphong; le 3ᵉ bataillon aux Sept-Pagodes, et le 4ᵉ bataillon à Késat.

Quelques semaines plus tard, presque toutes ses compagnies étaient détachées dans des postes différents, et à la fin de l'année 1886 le régiment occupait quarante-deux postes dont la plupart avaient été conquis sur les pirates ou sur les bandes chinoises. Malgré cette grande dispersion de ses fractions, l'instruction militaire était aussi parfaite que possible, grâce au dévouement des chefs et à l'intelligence des soldats, qui ont une aptitude étonnante pour le métier militaire.

Les sergents et les caporaux indigènes apprennent en quelques semaines nos règlements de manœuvres sous la direction des gradés français, et les soldats exécutent bientôt, avec ensemble et précision, tous les mouvements prévus par ces règlements.

Leur agilité naturelle permet, d'ailleurs, de supprimer les exercices de gymnastique et de consacrer un peu plus de temps aux autres exercices.

En campagne, ils ne se laissent arrêter par aucun obstacle naturel; à défaut de sampans, ils traversent les rivières à la nage, en tendant une liane d'une rive à l'autre, ou bien au moyen de radeaux improvisés à la hâte, avec des bambous ou des fagots de broussaille. Ils se fraient des passages dans la broussaille, et au travers des haies, avec le coupe-coupe, sorte de long couperet qui fait partie de leur armement.

Au feu, ils sont d'une bravoure à toute épreuve lorsqu'ils sont commandés par des Européens; quand ils sont abandonnés à eux-mêmes, ils mettent en pratique le proverbe annamite qui dit qu'il vaut mieux servir longtemps sa patrie que de se faire tuer maladroitement et sans profit pour personne, la fuite du plus faible devant le plus fort étant considérée comme une preuve d'habileté plutôt que comme un acte de lâcheté. Mais, dans tous les cas, lorsqu'ils sont obligés de combattre sans aucune chance de retraite possible, ils font payer chèrement leur vie.

L'été et l'automne de l'année 1886 furent consacrés à l'organisation du régiment et à la constitution de ses magasins, tout en réprimant la piraterie, qui avait cru pouvoir profiter des inondations pour recommencer ses exploits.

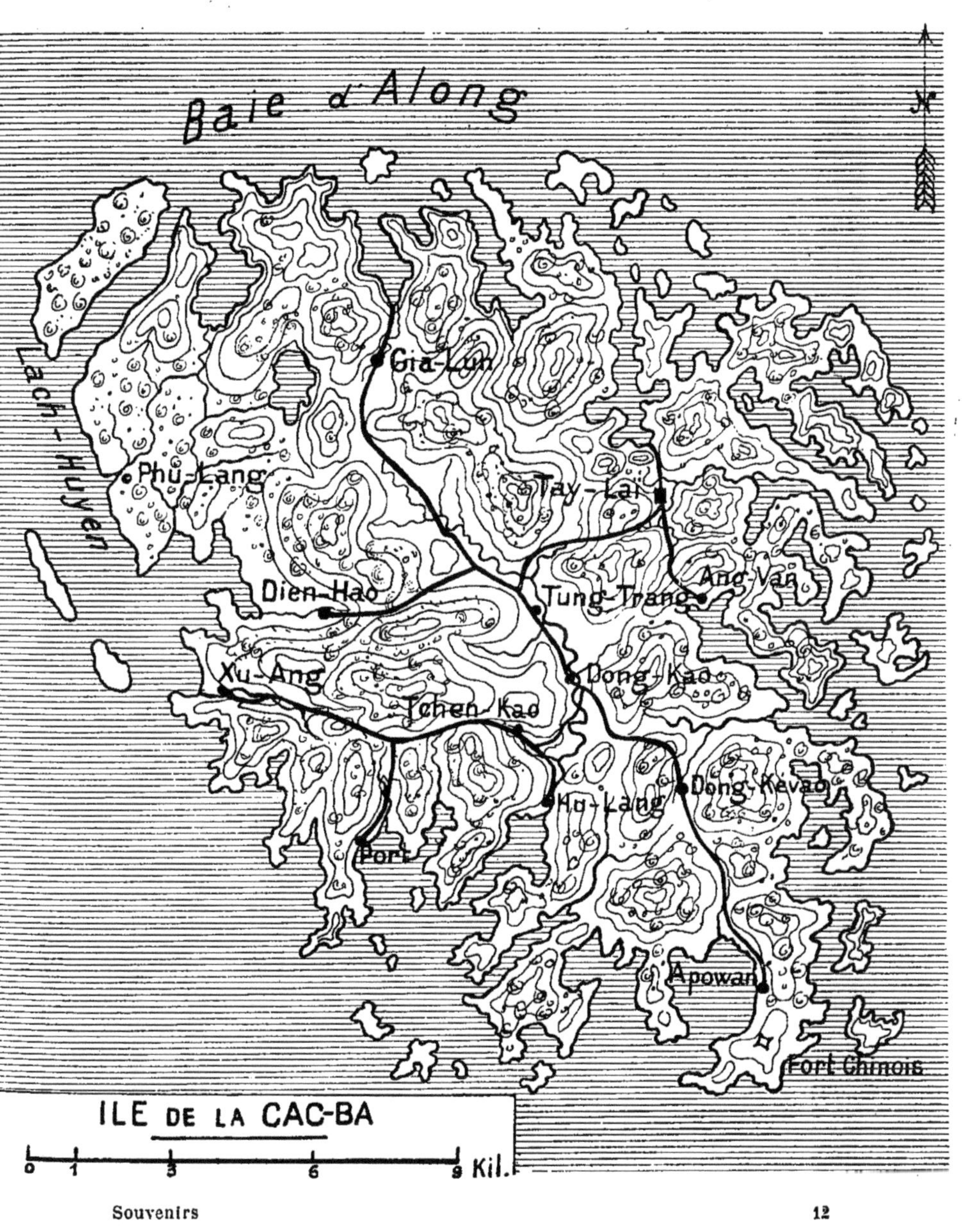
Baie d'Along
Lach-Huyen
Gia-Lun
Phu-Lang
Tay-Lai
Dien-Hao
Tung-Trang
Ang-Van
Xu-Ang
Dong-Kao
Tchen-Kao
Dong-Kevao
Ku-Kang
Port
Apowan
Fort Chinois
ILE DE LA CAC-BA
0   1   3   6   9 Kil.

Les fleuves du Tonkin, comme tous ceux de l'Extrême-Orient, sont sujets, à peu près tous les dix ans, à des inondations qui parfois causent des ravages terribles dans le delta. Les Annamites opposent à ces débordements des eaux, des digues, qui passent, à juste titre, pour des chefs-d'œuvre du genre, mais ces digues, si bien construites qu'elles soient, ne sont pas toujours suffisantes.

Les inondations de 1886 furent particulièrement alarmantes, et les eaux du fleuve Rouge rompirent leurs digues et envahirent la plus grande partie du delta, principalement la région de Bay-Say, située entre Hanoï, Hong-Yen et Haïdzuong, région qui a de tout temps servi de refuge aux pirates, à cause de la difficulté de les poursuivre au milieu de marécages et de roseaux traversés à peine par quelques sentiers praticables seulement aux indigènes. Les pirates avaient supposé que les inondations immobiliseraient complètement les troupes françaises de cette région, et qu'ils pourraient se livrer impunément à leurs actes de brigandage contre les laborieuses populations du pays. Mais ils avaient compté sans nos braves soldats tonkinois qui organisèrent de véritables flottilles de sampans, et qui allèrent les combattre dans leur propre élément.

Dans chaque régiment tonkinois, il existe d'ailleurs une jonque de guerre armée d'un canon-revolver et défendue par une garnison de trente Tonkinois commandés par un officier français. Ces jonques rendent de réels services dans les convois et les petites opérations sur les arroyos.

Les opérations de ce genre ne sont pas, comme on pourrait le supposer, d'agréables promenades en gondoles; elles sont, au contraire, fort pénibles et dangereuses. Pénibles à cause des courants à remonter, et dangereuses parce que les pirates, embusqués dans la broussaille des berges, vous canardent à découvert, ou bien, ils viennent engager la lutte sur l'eau, en employant une tactique qui leur donne à coup sûr l'avantage sur les Européens : tactique qui consiste à chavirer les embarcations et à se sauver à la nage.

C'est ainsi que, dans le courant du mois d'août 1886, pendant une opération sur le Thaï-Binh, ils ont noyé le lieutenant Marengo, du 4ᵉ tonkinois, et un marin de la canonnière *Massue*.

Le lieutenant Marengo avait débarqué avec un détachement
de sa compagnie, pour donner la chasse à une bande qui inquiétait la canonnière au mouillage. Il avait fait quelques prisonniers qu'il eut l'imprudence d'embarquer dans un panier,
ou barque en clayonnage de bambous enduits d'une sorte de
laque imperméable. Comme mesure de précaution, il avait fait
coucher ses prisonniers à fond de cale, mais en négligeant de
leur retirer leurs couteaux dont ils se servirent pour crever
et couler la barque. Les prisonniers gagnèrent le rivage et les
soldats tonkinois rejoignirent la canonnière à la nage, mais
l'officier et le marin français furent entraînés par le courant et
disparurent à jamais, malgré les efforts tentés pour les sauver
par le lieutenant de vaisseau Barnaud (1) commandant la canonnière *Massue*, et l'enseigne Blondel commandant la canonnière *Revolver*.

Dans une autre opération sur le Thaï-Binh, aux environs
d'Haïdzuong, les pirates attaquèrent un convoi de jonques commandé par le sergent Triquet, du 4° tonkinois, qui fut massacré ou noyé tandis que les bateliers et les soldats tonkinois
se sauvaient à la nage et rentraient à leur poste.

Sur le Song-Kin-Taï, près des Sept-Pagodes, ils profitèrent
un soir de ce que la canonnière *Mitrailleuse* avait son équipage
au repos pour l'attaquer, des deux rives du fleuve à la fois, et
la cribler de mitraille. Un boulet perça même sa coque à la
ligne de flottaison, et elle faillit couler.

Les bandes qui opéraient alors dans cette région des Sept-
Pagodes, et avec lesquelles nos troupes ont encore actuellement assez souvent maille à partir, étaient dirigées par Babao,
sorte de mandrin plutôt que mandarin; riche et puissant maître
imposant sa volonté par la terreur.

Pendant quatre années, c'est-à-dire, de 1883 à 1887, il har-
cela nos postes et nos colonnes et inquiéta les voyageurs sans
qu'il fût possible de s'emparer de sa personne.

Il avait installé son quartier général au village de Magdon,
sur un mamelon d'accès très difficile, situé au confluent des
arroyos Thaï-Binh, Song-Kin-Taï et Song-Kin-Moun, d'où il ob-

_______________

(1) Aujourd'hui capitaine de vaisseau.

servait la plaine du delta en même temps que les chemins de la montagne. Les gens du pays le tenaient au courant du moindre mouvement de nos troupes, et lorsque nos colonnes l'attaquaient par la plaine, il disparaissait dans la montagne. Si au contraire nos colonnes cherchaient à le cerner dans son repaire, il disparaissait au milieu de la foule des paysans, ou bien il se livrait avec eux aux paisibles travaux des champs, et les habitants évitaient, d'ailleurs, avec le plus grand soin de le trahir.

Au mois de juin 1886, nous avons eu un instant l'espoir de le prendre.

Un chef d'un canton des environs de Magdon alla nous prévenir, à Haïdzuong, que Babao était depuis deux jours chez des amis, dans un village facilement accessible, et qu'en agissant avec prudence et célérité on pouvait sûrement le surprendre.

Le colonel Brissaud organisa aussitôt une colonne de cent cinquante tirailleurs tonkinois, dont il confia la direction au commandant de la Geneste (2). Afin de ne pas donner l'éveil, cette colonne quitta Haïdzuong, à la nuit, sur six jonques, qui louvoyèrent d'abord dans différentes directions, pour dépister les rameurs et les espions. La nuit nous suffisait largement pour parcourir les trente kilomètres qui nous séparaient de Magdon où nous pensions arriver avant le jour. Mais, au fur et à mesure que nous avancions dans la région ennemie, nos bateliers ralentissaient la marche par tous les moyens possibles, disant qu'ils ne connaissaient pas le pays et nous engageant à chaque instant dans de fausses directions d'où nous avions toutes les peines du monde de les faire revenir. Cependant, au lever du soleil, nous étions en vue du village, trop en vue même, car les paysans dispersés dans la plaine ou dans la montagne signalaient notre arrivée à quinze kilomètres à la ronde.

Nous cernâmes néanmoins le village, puis le chef de canton, qui nous avait accompagnés, nous conduisit à la maison où devait loger Babao; là, nous ne trouvâmes plus que deux vieillards qui nous avouèrent qu'il couchait, en effet, chez eux depuis trois jours, mais qu'il s'était imposé à eux en les mena-

---

(2) Colonel du 89° d'infanterie depuis 1898.

çant de les faire tuer s'ils le trahissaient. Ils ajoutèrent qu'il avait été prévenu de notre expédition dès le milieu de la nuit; qu'il avait quitté la maison depuis une heure à peine et que, par conséquent, il devait être sûrement dans les champs en train de labourer tranquillement en attendant qu'il nous plaise de rentrer chez nous, à moins que, pour être certain d'en finir avec lui, nous préférions exterminer les quatre à cinq mille laboureurs que nous apercevions du village.

Cette réponse était parfaitement logique; aussi nous contentâmes-nous d'emmener les deux hôtes de Babao à Haïdzuong et de les livrer au gouverneur de la province, qui les fit mettre en jugement puis relaxer, faute de preuves suffisantes de culpabilité.

Quant au brave caïtong qui, malgré nos conseils, voulut quand même aller reprendre la direction de l'administration de son canton, nous apprîmes trois jours plus tard qu'il avait eu le cou coupé par les partisans de Babao.

Pendant une année entière des expéditions de ce genre furent dirigées contre ce chef, aussi habile que cruel, et dont les actes de cruauté finirent par lasser les paysans qui le livrèrent au lieutenant Esckenschwiller, du 4° tonkinois.

Cet officier commandait le poste de Binh-Bach, situé en plein territoire soumis à Babao qu'il traqua nuit et jour. Il remporta tout d'abord, sur ses bandes, différents petits succès qui lui conquirent la confiance des paysans, parce qu'ils pensaient, avec raison, qu'il pourrait les protéger contre les représailles habituelles de Babao. Une nuit, ils le guidèrent à la maison où logeait ce chef redoutable, comme l'avait fait pour nous le caïtong, un an auparavant. Babao qui se croyait toujours invulnérable fut pris et fusillé sur-le-champ.

Ses partisans nous firent, par la suite, payer assez cher la mort de leur chef. Ils s'acharnèrent de plus en plus contre nos postes et principalement contre celui de Binh-Bach dont ils parvinrent à capturer et à massacrer le nouveau chef, le lieutenant de Marien, qui avait succédé à Esckenschwiller rentré en France. Le brave de Marien, officier plein de santé et d'énergie, qui était au Tonkin depuis quatre années, et qui avait échappé aux balles de Sontay, fut horriblement mutilé par ces brutes.

Au mois de septembre 1886, nous fîmes, contre les pirates, une expédition qui devait avoir un grand retentissement dans toute l'Indo-Chine et la Chine méridionale; c'est l'expédition de l'île de la Cac-Ba ou île des Pirates, à laquelle prit part également une compagnie du 4° régiment tonkinois.

Cette île située dans le golfe du Tonkin, au nord-est de Quang-Yen et d'Haïphong, est la plus grande des îles de l'archipel de la baie d'Along où, de tout temps, ont mouillé les navires d'un tonnage trop fort pour aller directement au port d'Haïphong.

Elle a 25 kilomètres de longueur nord-ouest-sud-est et 12 kilomètres de largeur moyenne. Elle est couverte de broussailles et de forêts vierges impénétrables et ses contours, de rochers à pic, forment un dédale inextricable de canaux, de criques ou baies au milieu desquels la navigation est extrêmement difficile et dangereuse. Partout où on l'aborde, au fond des criques comme à la pointe des promontoirs, on se butte infailliblement contre sa muraille de rochers haute de quatre-vingts à cent mètres et couverte d'une broussaille épineuse qui en rend l'escalade très périlleuse.

Depuis que nous occupions le Tonkin, les convois de marchandises et les bateaux faisant le service de transbordement entre les navires de la baie d'Along et Haïphong avaient été souvent attaqués par des jonques pirates qui disparaissaient dans les criques, comme dans des antres, où il était impossible de les poursuivre. D'un autre côté, une légende répandue de Canton à Singapour faisait croire aux populations que la Cac-Ba était une espèce d'île enchantée occupée par le chef le plus terrible qui ait jamais existé, et ayant avec lui une armée de cinquante mille braves choisis entre tous les braves de l'Ex-trême-Orient.

Les populations du Tonkin attribuaient, en effet, au chef de la Cac-Ba tous les principaux méfaits qui se commettaient jusque dans les régions les plus reculées dans l'intérieur du pays. Les Chinois mettaient également sur son compte toutes les captures de jonques et tous les rapts de femmes et d'enfants qui se commettaient sur les côtes de Chine, et chacun ajoutait qu'il serait plus facile aux Français de conquérir toute la

Chine que de prendre le grand chef de la Cac-Ba. La légende avait du vrai, et nous avons été témoin d'un fait qui nous a beaucoup étonné, tant comme trait d'audace des pirates, que comme trait de mœurs annamites :

Un jour, à Haïdzuong, notre cuisinier annamite vint nous trouver d'un air tout déconfit, et il nous tint le langage suivant :

« Ma femme, dit-il, vient d'être enlevée par des pirates qui l'ont emmenée à la Cac-Ba et qui me réclament trente piastres (150 francs) pour sa rançon. Si vous voulez m'avancer cette somme, je m'engage à vous servir fidèlement jusqu'à ce que je me sois acquitté envers vous, et je vous en conserverai une éternelle reconnaissance. »

Comme c'était la première fois que nous entendions parler de la Cac-Ba, et que notre homme nous paraissait sujet à caution, nous lui répondîmes qu'il ne nous était pas possible, sans vérifier le fait, de prendre un semblable engagement envers lui et que, d'ailleurs, nous avions tout lieu de croire qu'il voulait se jouer de nous. Il prit à témoin de sa bonne foi tous les génies du royaume de Bouddha et nous dit qu'il n'insistait pas davantage, puisqu'il ne pouvait pas arriver à nous convaincre, mais qu'il allait essayer d'employer le moyen usité dans le pays en pareil cas, moyen qui consistait à faire appel aux sentiments d'amitié et de solidarité des compagnes de la captive.

Quelques semaines plus tard, il nous présenta en souriant une charmante jeune femme qui était, nous disait-il, celle dont il nous avait parlé et que, grâce aux largesses des jeunes femmes d'Haïdzuong, les pirates de la Cac-Ba venaient de lui renvoyer « intacte ». Nous apprîmes qu'en effet les femmes s'étaient cotisées pour payer la rançon de trente piastres exigée par les pirates de la Cac-Ba ou d'ailleurs.

Des faits de ce genre se produisaient sur tout le littoral, et les gens intéressés à la chose ne manquaient pas de les grossir, et de dire que les Français eux-mêmes étaient impuissants à les protéger et à purger le pays des bandes un peu redoutables.

C'est alors que le résident général, M. Paul Bert, résolut d'en finir avec la légende de la Cac-Ba, en dirigeant contre ce repaire toutes les forces de terre et de mer disponibles.

Le capitaine de vaisseau de la Boninière de Beaumont (3), commandant en chef de la marine au Tonkin, prit le commandement de l'expédition qui fut organisée en secret et concentrée à Haïphong d'où elle partit le 15 septembre 1886.

Cette expédition était composée des canonnières :

*Berthe de Villers*, commandant d'Hespel, lieutenant de vaisseau ;

*Moulun*, commandant de Surgy, lieutenant de vaisseau ;

*Nagotna*, commandant Kiesel, lieutenant de vaisseau ;

*Lutin*, commandant Duval, lieutenant de vaisseau ;

*Revolver*, commandant Blondel, enseigne ;

*Mitrailleuse*, commandant d'Hunolstein, enseigne,

Et du transport *Mytho*, commandant Constantin, capitaine de frégate.

Toutes ces canonnières étaient armées en guerre et approvisionnées pour huit jours. Elles emportaient, comme troupes de débarquement, outre leurs fusiliers marins, une compagnie de 250 hommes du 4ᵉ régiment tonkinois sous les ordres du commandant de la Geneste, du capitaine de Gimel et des lieutenants Bouland, Derdos et Dauriac. A ces troupes devait être adjointe la compagnie de débarquement du *Mytho*.

Le plan de l'opération était le suivant : les canonnières devaient bloquer étroitement l'île, en armant toutes leurs embarcations pour les relier entre elles, de façon qu'aucune jonque ne pût sortir de l'île sans être aperçue. Une fois ces dispositions prises, la compagnie de tonkinois devait débarquer sur deux points à reconnaître au nord et à l'ouest, pénétrer dans l'île et s'efforcer de l'explorer et d'en déloger les bandes, s'il était possible de les découvrir. La compagnie de débarquement sous les ordres de M. Rageot de Latouche, lieutenant de vaisseau, devait se tenir en réserve à bord du *Mytho* prête à débarquer pour prêter main forte aux Tonkinois.

Les garnisons d'Haïphong et des postes voisins se tenaient également prêtes à partir au premier signal.

Le chef de l'expédition avait comme adjoints son officier de choix, M. de Lacoste, aspirant de marine, et le commandant

---

(3) Vice-amiral, préfet maritime à Toulon depuis 1899.

Marsaa (4), de l'état-major du corps d'occupation du Tonkin. Toutes les canonnières, parties d'Haïphong à 5 heures du matin, étaient rendues à leurs postes autour de l'île à midi, et le blocus en commençait immédiatement.

En même temps, une section de Tonkinois, sous les ordres du lieutenant Bouland, débarquait à l'ouest sur une large grève couverte de palétuviers, et cherchait en vain à escalader les rochers pour pénétrer dans l'île. Les trois autres sections de la compagnie, embarquées sur la canonnière *Moulun*, cherchaient un point de débarquement dans la région nord où partout le rocher à pic baignait dans les criques.

La chaleur était accablante; aucun guide ou pilote ne pouvait ou n'osait nous conduire. Nous étions menacés d'être surpris au fond des baies par le reflux de la marée et par la nuit, dans une situation assez critique, entre deux murailles du haut desquelles les pirates pouvaient nous écraser en faisant simplement tomber des blocs de rochers sur nous, et sans qu'il nous fût possible de riposter ou de nous enfuir de ce coupe-gorge, avant l'arrivée de la marée qui, dans ces parages, ne se produit que toutes les vingt-quatre heures. Il fallait donc, à tout prix, prendre une résolution énergique pour sortir de cette situation d'autant plus pénible qu'elle paraissait sans issue, et qu'elle était aggravée encore par la sensation de l'inconnu qui pesait sur nous.

Le commandant de Beaumont qui était avec nous à bord de la canonnière *Moulun*, et qui avait fait quelques années auparavant une légère excursion dans l'île, pour charmer les loisirs d'un mouillage trop prolongé dans ces parages, finit par retrouver le point de la muraille de rochers par où il avait dû se hisser, et il fut décidé aussitôt que l'escalade serait tentée, à cet endroit, avec nos soldats tonkinois.

Pendant six heures toute la petite colonne défila de la canonnière dans l'île, et rien n'était plus pittoresque que cette marche ou plutôt que cette ascension de roches en roches et de branches en branches, pour atteindre le sommet de la muraille. Après des efforts inouïs, vers la tombée de la nuit, nous avions

---

(4) Général en 1897.

parcouru à peine un kilomètre à vol d'oiseau, et nous nous trouvions au fond d'un cirque aux gradins couverts de la plus luxuriante végétation, et terminé par une nappe d'eau douce. Nous fîmes grimper nos avant-postes sur les crêtes et nous installâmes notre bivouac autour et dans le fond du cirque pour y passer la nuit. Jusque-là nous n'avions pas aperçu le moindre indice qui pût nous faire supposer que l'île pouvait être habitée par des humains.

Le lendemain, dès l'aube, nous continuâmes notre exploration en nous guidant à la boussole et en suivant quelques traces de sentiers qui paraissaient plutôt tracés par les singes que nous commencions à apercevoir que par des hommes.

Bientôt nous trouvâmes une superbe source qui dégringolait en cascades sur le flanc de la montagne et qui déversait ses eaux dans une riante vallée, large de quatre à cinq cents mètres et couverte de prairies dans lesquelles paissaient des buffles, que nous prîmes tout d'abord pour des buffles sauvages, mais qui, en réalité, appartenaient aux habitants de l'île avec lesquels nous ne devions pas tarder à faire connaissance.

Nous explorâmes la vallée dans tous les sens pour en chercher les débouchés et pour nous assurer surtout qu'elle ne cachait pas quelques embuscades. Après avoir fait une courte halte afin de nous orienter et de nous concerter sur le parti à prendre pour continuer notre expédition, qui semblait vouloir se changer en une simple promenade d'agrément dans cette île enchanteresse, sinon enchantée, nous nous divisâmes en trois petites colonnes qui devaient rayonner autour de la vallée que nous supposions être le centre de l'île.

Comme officier topographe chargé de dresser la carte de l'île, sur laquelle nous n'avions absolument aucune donnée, puisque personne avant nous ne l'avait encore explorée, nous demandâmes l'autorisation de partir avec une escorte suffisante de Tonkinois et de suivre le ruisseau formé par la source qui descendait de la montagne et qui avait un certain courant dans la vallée, ce qui nous indiquait suffisamment que le ruisseau devait traverser l'île pour aller se jeter quelque part dans la mer, ou bien dans un lac intérieur communiquant avec la mer par des souterrains du genre de ceux que l'on rencontre souvent dans certaines régions de l'Indo-Chine.

Nous étions d'ailleurs convaincu que ce ruisseau devait nous indiquer le chemin le plus sûrement praticable, et nous conduire vers des lieux habités, s'il y en avait réellement dans l'île, attendu que les habitants n'auraient pas manqué de s'installer à proximité d'une source aussi pure.

Nous nous engageâmes donc résolument dans les gorges de plus en plus resserrées de la vallée, en nous faisant éclairer le mieux possible par les Tonkinois et en traçant à la boussole le cours du ruisseau, et, au bout de quelques instants, nous disparaissions complètement sous bois. Bientôt notre marche devint de plus en plus difficile, car la pente du sol étant presque insensible, le ruisseau serpentait dans tous les sens, en s'élargissant et en couvrant la gorge de ses méandres dans lesquels il nous fallait constamment patauger.

Les Tonkinois, qui commençaient à pressentir une bonne piste, bondissaient comme de véritables singes, en s'animant les uns les autres, et nous avions grand'peine à calmer leur ardeur afin de les empêcher de trahir notre présence au cas où nous aurions été réellement dans le voisinage des pirates. Au bout d'une heure de marche, nous commençâmes à rencontrer des indices certains de la présence d'êtres humains qui ne devaient sûrement pas être de paisibles bûcherons ou cultivateurs. Nous nous buttâmes d'abord contre une solide barrière faite de lianes et de poteaux fermant complètement la gorge que nous suivions, puis nous rencontrâmes un petit temple bouddhiste rempli de riches offrandes qui ne ressemblaient en rien à celles que les pauvres nha-kouès ont coutume d'abandonner ainsi.

Plusieurs larges sentiers sous bois convergeaient vers ce temple et leur bon entretien, ainsi que d'autres indices certains, indiquaient clairement qu'il devait exister dans le voisinage quelque riche tribu, ou quelque puissant chef de bande. Nos Tonkinois, eux, étaient convaincus par leur flair habituel qu'ils étaient sur les traces d'une bande sérieuse.

Dans l'incertitude où nous nous trouvions d'être bientôt en présence d'amis ou d'ennemis qui auraient pu nous cerner et nous couper la retraite sous bois, il fallait redoubler de vigilance afin d'éviter toute surprise. Nous fîmes donc reconnaître, avec soin, tous les sentiers en indiquant le petit temple comme point de ralliement en cas de retraite obligée, puis nous continuâmes notre marche en avant. Quelques centaines de mètres plus loin nous arrivions à l'entrée d'une grotte masquée par la broussaille et dans laquelle disparaissaient le ruisseau ainsi que notre sentier.

A défaut du « Sésame, ouvre-toi ! » qui nous était d'ailleurs inutile, puisque l'entrée de la grotte était largement ouverte, il nous suffisait de compter sur la bravoure de nos Tonkinois pour nous assurer si cette sombre cachette ne recélait pas de nouveaux trésors des mille et une nuits, trésors gardés peut-être par quelques-uns des farouches guerriers de la légende. Mais nos Tonkinois, depuis qu'ils sont armés de fusils à tir rapide, ne craignent pas de se mesurer contre les plus terribles guerriers armés de dards, aussi étaient-ils disposés à tout braver pour avoir le cœur net de la légende.

Nous fîmes alors prévenir le chef de l'expédition de ce qui se passait, en lui envoyant un croquis de l'itinéraire suivi depuis que nous l'avions quitté, puis nous nous engageâmes résolument dans la grotte en suivant avec précaution le lit du ruisseau qui avait un fond de gravier avec cinquante centimètres de profondeur d'eau. Le murmure du ruisseau, couvrant le bruit de notre marche, empêchait de trahir notre présence. La grotte, éclairée seulement par la réverbération de légers rayons de soleil filtrant au travers des fissures de sa voûte de rochers, était assez sombre, mais nous recommandâmes néanmoins de n'allumer aucune lumière pouvant servir de point de mire aux coups de l'ennemi. Cette grotte n'avait guère que cent cinquante à deux cents mètres de longueur et elle ne paraissait servir de refuge à aucun être humain. Après l'avoir traversée nous nous trouvâmes de nouveau sous bois, dans des sentiers de mieux en mieux entretenus et divergeant dans toutes les directions. Tout nous indiquait, dès lors, que nous étions dans le voisinage de lieux habités, et qu'il fallait redoubler de prudence, en s'efforçant d'étudier le pays sans être aperçu des habitants. Bientôt nous arrivâmes à la lisière du bois en vue d'un joli village situé dans une vallée de quinze cents mètres de longueur. C'était le plus charmant coin de pays que l'on puisse imaginer; la vallée semblait entourée de tous côtés par des montagnes couvertes de la plus belle végétation des tropiques, et elle était tapissée de cultures ou de prairies dans lesquelles paissaient des buffles et des bœufs. Le ruisseau s'élargissait et coulait lentement, en murmurant et en décrivant de nombreux lacets, comme pour prolonger son séjour dans ce beau pays.

Nous avions de la peine à nous faire à l'idée qu'un aussi joli village, où tout paraissait si calme, si paisible, pouvait être un repaire de brigands, mais nos Tonkinois, plus familiarisés avec les us et coutumes des gens du pays, nous affirmèrent que nous étions réellement en présence d'un camp de pirates des mieux organisés.

Personne au camp n'ayant l'air de soupçonner notre présence, nous ordonnâmes de continuer la marche sous bois en longeant la lisière de chaque côté de la vallée, de façon à cerner le camp et à nous en approcher le plus possible sans être aperçus. Nous arrivâmes ainsi à trois cents mètres du camp et nous pûmes constater qu'il était entouré d'une solide palissade en bois de fer toute hérissée de lances menaçantes. Dans la cour de la maison principale étaient plantés des drapeaux, des lances et tous les attributs des grands mandarins. Tout cela projeté sur la verdure et les fleurs de la montagne, et éclairé par un beau soleil, formait le plus gracieux décor d'opéra.

Nous hésitions à nous élancer contre ce camp, parce qu'il ne nous semblait pas possible que notre présence n'eût été signalée et qu'on ne nous prît pas pour des amis. Nous pensions avoir affaire à quelque riche mandarin qui avait pavoisé et orné sa demeure pour nous recevoir à la mode annamite.

Nous étions ainsi en observation depuis quelques instants, lorsque nous vîmes venir vers nous un groupe d'hommes et de femmes portant des cruches et autres vases en terre; c'était des serviteurs qui venaient chercher de l'eau au ruisseau. Dès qu'ils nous aperçurent, ils donnèrent l'alarme au camp où il se produisit aussitôt un mouvement semblable à celui d'une fourmilière inquiétée. Les pirates coururent aux armes et les chefs embouchèrent leurs porte-voix et commencèrent à corner leurs fanfares de guerre auxquelles se mêla le bruit infernal des gongs et des tams-tams.

Cette fois, il n'y avait plus pour nous d'hésitation possible; nous ouvrîmes le feu sur le camp et nous nous élançâmes à la baïonnette avant que de laisser à la bande le temps de nous compter, et peut-être de nous faire payer chèrement notre audace.

Pendant ce temps, le commandant de Beaumont arrivait avec des renforts suivis de près par les fusiliers marins du *Mytho*. Les premiers assaillants pénétrèrent dans le camp tandis que les renforts poursuivaient les fuyards et les mettait en pleine déroute.

Une fois maître de la situation, le commandant fit exécuter une reconnaissance détaillée de chaque case, puis procéder à l'inventaire du butin et à l'étude des papiers que nous trouvâmes dans la case du chef principal de la bande.

Le butin était assez considérable, et il se composait principalement d'étoffes, de meubles et d'objets précieux provenant de vols. Il y avait également une grande quantité d'armes de tous calibres et de tous modèles et même des fusils français modèle 1874. Nous y trouvâmes aussi une fabrique de cartouches et d'armes blanches, ainsi qu'un grand approvisionnement de poudre. Quant aux papiers, ils nous apprirent que le chef de la bande, un Chinois du nom de Tien-Dûc, vivait là en grand seigneur au milieu d'une véritable cour gardée par une garde d'honneur, et qu'il était en relations commerciales avec la plupart des bandes de l'Indo-Chine et même avec de notables négociants chinois ou autres industriels du pays. Nous apprîmes par les prisonniers que Tien-Dûc avait installé ce camp, qu'il appelait Tay-Lay, depuis l'année 1883 et que jamais aucun Européen n'y était venu; qu'il vivait là dans la plus parfaite quiétude, en disant que les Français n'auraient jamais l'audace de pénétrer dans l'île, et qu'au cas où ils y pénétreraient ils n'en sortiraient pas vivants.

Nous leur fîmes remarquer que si, en effet, ils s'étaient donné la peine de garder les passages par où nous étions venus, ils nous auraient sûrement arrêtés au lieu de se laisser prendre dans leur camp, comme dans une souricière. Ils nous répétèrent encore qu'ils ne nous supposaient pas tant d'audace; qu'ils étaient au courant de tous les mouvements de navires qui se produisaient autour de l'île où étaient embusqués des sentinelles; que tous les passages praticables étaient gardés, mais qu'ils ne se doutaient pas que nous pussions pénétrer dans l'île par un sentier réputé impraticable, même pour eux. Ils ajoutèrent que c'était fort heureux pour nous qu'ils se fussent si mal gardés, car ils nous auraient sûrement empêchés de venir jusqu'au camp où nous les avions surpris en train de déjeuner.

Tien-Dûc, en négociant sachant tirer parti de tout, avait aussi comme butin une trentaine de captifs, hommes, femmes ou enfants, pour lesquels il attendait de fortes rançons, et qu'il réussit à emmener de force dans la montagne au moment de l'attaque du camp. Quelques-uns seulement réussirent à s'échapper et vinrent se jeter dans nos bras, notamment trois femmes et deux enfants : une petite fille de quatre ans et un petit garçon de sept ans que le 4ᵉ régiment tonkinois adopta et qu'il conserva jusqu'à ce qu'on eût retrouvé ses parents. La pauvre petite fille mourut au bout de quelques jours, des suites des mauvais traitements qu'elle avait endurés, et de la frayeur qu'elle avait éprouvée au milieu des scènes de carnage qui se produisirent lors de la prise du camp. Le petit garçon nous suivit à Haïdzuong où ses parents vinrent nous le réclamer quelques semaines plus tard.

Le captif le plus intéressant était un jeune homme de vingt-cinq ans, nommé Van-Luong, fils d'un préfet annamite. Il nous raconta comment, en allant d'Hanoï à Haïphong, la jonque qui le portait avait été attaquée sur le fleuve Rouge et prise par des pirates qui l'avaient amené à Tay-Lay où il était prisonnier depuis trente-sept jours, sans nouvelles de sa famille et sans espoir de la revoir jamais. Il nous dit que, pour le conduire au camp, les pirates lui avaient fait suivre un chemin tout à fait opposé à celui que nous avions suivi nous-mêmes, et que la bande avait dû sûrement s'enfuir par ce chemin qu'il nous indiqua. Il ajouta qu'il n'avait pas été trop maltraité et que, dans les premiers jours de sa captivité, Tien-Dûc était au contraire plein de prévenance pour lui, parce qu'il savait qu'il était fils de grand mandarin en fonctions et qu'il espérait tirer de lui soit une forte rançon, soit les faveurs de son père. Néanmoins depuis quelques jours il s'apercevait, nous dit-il, qu'on avait de moins en moins d'égards pour lui, parce qu'on ne recevait aucune nouvelle de sa famille qui ignorait probablement quel sort allait lui être réservé si on ne payait pas sa rançon. Il commençait donc à se laisser aller au plus profond découragement, car il était loin de penser qu'il pouvait être délivré d'une façon aussi miraculeuse, nous dit-il.

Lorsque l'alarme fut donnée au camp, Tien-Dûc fit lâcher tous les prisonniers, mais en leur intimant l'ordre de suivre les pirates sous peine de mort. Plusieurs d'entre eux furent, en effet, massacrés sous nos yeux sans qu'il nous fût possible de les secourir. Le jeune Van-Luong ne dut la vie qu'à l'énergie qu'il déploya en laissant une partie de sa longue chevelure entre les mains des brutes qui allaient lui couper le cou, et c'est même miracle que dans la mêlée il ait été épargné par nos Tonkinois qui le prenaient pour un pirate de la bande. C'est, d'ailleurs, l'air de confiance avec lequel il se présenta à nous qui le sauva. Dès les premières questions que nous lui adressâmes pour constater son identité, il nous assura qu'il connaissait particulièrement le gouverneur de la province de Quang-Yen, et que si nous voulions le conduire à ce fonctionnaire, il se chargerait sûrement de le faire renvoyer à sa famille. Ce mandarin fut appelé dès le lendemain pour constater la défaite du terrible chef de la Cac-Ba et juger les prisonniers. Dès qu'il aperçut Van-Luong, il se jeta dans ses bras et lui témoigna la plus touchante affection, en disant combien sa famille désolée allait être heureuse de le retrouver. Après avoir pris les dispositions nécessaires pour prévenir un retour offensif des pirates, nous nous installâmes dans leur camp où nos soldats trouvèrent tout en abondance. Dans chaque case le déjeuner était servi prêt à se mettre à table; nos Tonkinois et nos coolies firent grand honneur à ce repas qui n'avait guère été préparé pour eux, mais qui était parfaitement à leur goût. Nous trouvâmes également, dans les magasins, des approvisionnements d'effets qui nous permirent d'habiller à neuf tout notre personnel indigène. Cela mit en joie nos coolies qui, à partir de ce moment, oublièrent complètement les fatigues de l'expédition.

Signalons, à ce sujet, un trait de bravoure et de fidélité qui démontre bien que, même dans la plus basse classe annamite, on rencontre des individus ayant à un haut degré le sentiment du devoir.

En partant d'Haïdzuong nous avions choisi, parmi les coolies affectés à l'expédition, un jeune homme frêle et à la mine intelligente pour porter nos instruments et nous accompagner dans nos opérations topographiques. Il était naturellement très fier de cette mission de confiance qui le dispensait de porter les lourds fardeaux; aussi s'acquittait-il de son service avec le plus grand empressement et nous n'avions pas craint de lui confier notre sacoche contenant une certaine somme et des objets précieux.

Au moment de l'attaque du camp, comme nous nous étions porté précipitamment en avant, il nous avait un instant perdu de vue et nous commencions à être inquiet de sa disparition. Mais bientôt il marcha à la fusillade et nous rejoignit en première ligne, armé seulement de nos bagages. Comme il persistait à rester auprès de nous, nous lui fîmes remarquer qu'il pouvait aller s'abriter dans le bois jusqu'à ce que le combat fût terminé; qu'il n'était pas soldat et qu'il n'avait pas à s'exposer inutilement sous les coups de l'ennemi. Il nous répondit simplement que la vie d'un coolie n'était pas plus précieuse que celle d'un soldat; que son devoir était de nous suivre et de nous servir, et qu'il nous suppliait de vouloir bien lui laisser jouir de la faveur de rester auprès de nous. Nous acquiesçâmes naturellement à sa demande, et à partir de ce moment il nous suivit comme notre ombre jusqu'au retour à Haïdzuong où il voulait encore rester à notre service. En récompense de sa belle conduite nous lui fîmes délivrer un superbe « complet » prélevé dans les magasins de Tien-Dûc, ainsi que quelques bibelots qui le dédommagèrent largement des fatigues et des émotions de cette expédition.

Comme l'opération avait été conduite très rapidement, nous pensions bien que la plupart des pirates du dehors viendraient infailliblement se faire prendre aux abords du camp, qu'ils devaient toujours supposer occupé par Tien-Dûc; c'est ce qui arriva, en effet, et nous fîmes un certain nombre de nouveaux prisonniers qui nous servirent de guides dans l'intérieur de l'île. Nous profitâmes aussi du calme de la nuit et de l'écho de la montagne pour prévenir, au moyen de porte-voix, les malheureux prisonniers qui auraient pu s'échapper des mains des pirates pendant leur fuite, qu'ils pouvaient revenir sans crainte auprès de nous. Plusieurs d'entre eux répondirent à notre appel.

Dès le lendemain, nous reprîmes la piste de la bande pour tâcher de lui couper la retraite, mais elle se dispersa dans les bois, au milieu de rochers inaccessibles, d'où elle put réussir à gagner la mer et à filer dans des jonques pendant la nuit.

Avec l'aide des prisonniers conservés comme guides, nous explorâmes l'île dans tous les sens, afin de nous assurer qu'il ne s'y trouvait pas d'autres repaires de pirates. Nous ne rencontrâmes que quelques villages dont les habitants, bien que d'apparence fort paisible, étaient néanmoins en relations avec Tien-Dûc qu'ils reconnaissaient comme seul chef souverain. Les maires de ces villages nous firent leur soumission en prenant Bouddha à témoin qu'ils n'avaient obéi à Tien-Dûc que malgré eux, et ils nous promirent de rester, à l'avenir, fidèles au roi d'Annam et à la cause française.

Nous visitâmes également le petit port chinois d'Appowan, situé dans la région sud de l'île, au fond d'une baie qui constitue un excellent refuge pour les navires se rendant en Chine par le détroit d'Haïnan. Les habitants nous reçurent fort bien et ils s'efforcèrent de nous persuader qu'ils n'avaient aucunes relations avec les bandes de l'intérieur de l'île.

Il ne nous a pas été possible d'explorer complètement l'île pendant les huit jours que nous y sommes restés; beaucoup de points sont, d'ailleurs, absolument inaccessibles. Mais nous avons pu constater que c'est un fort joli pays, riche en bois précieux et probablement en minerai, car dans certains endroits il nous semblait marcher sur de véritables roches de fer. La flore et la faune y sont des plus belles que l'on puisse rencontrer dans la région tropicale.

Nous y avons rencontré plusieurs espèces de serpents énormes, tout à fait inoffensifs sans doute, car les habitants paraissaient vivre en fort bonne intelligence avec eux. Une seule espèce : un énorme serpent noir, dont nous avons rencontré un échantillon dans un sentier, leur causait une grande terreur. C'est probablement le naja de l'Inde.

Nous y avons rencontré également les plus belles collections de singes, depuis le singe ma-koui, gros comme une belette, jusqu'à l'homme des bois marchant sur les pattes de derrière en s'aidant d'un bâton.

Dans plusieurs rencontres, nous avons même pris des bandes de singes pour des bandes de pirates se formant en bataille et poussant leur cri de guerre pour nous attaquer. Nos coups de fusil ne les mettaient alors en fuite que lorsque quelques-uns des leurs étaient atteints.

Cette expédition qui ne nous coûta, en somme, que des fatigues rassura le pays en détruisant la légende, et elle permit, au moyen de la carte que nous en avons dressée, de surveiller l'île et d'empêcher les bandes de s'y installer de nouveau. C'était du moins notre opinion à l'époque où nous avons fait cette pénible expédition, mais nous ne prévoyions pas alors que les pirates pourraient un jour profiter de notre faiblesse ou de notre incurie pour s'emparer de nouveau de l'île et mettre en pratique les leçons de tactique que nous leur avions données.

Au mois de juillet 1890, c'est-à-dire quatre ans après notre expédition, les troupes du Tonkin ont été obligées de recommencer une nouvelle expédition de la Cac-Ba, contre Tien-Dûc solidement retranché, cette fois, sur des rochers inaccessibles contre lesquels s'est brisée l'énergie des miliciens indigènes et de nos soldats européens.

Après un siège d'un mois, qui nous coûta cinquante morts ou blessés, il fut impossible d'enlever ces positions d'assaut, et Tien-Dûc réussit encore une fois à gagner la Chine avec sa bande. Espérons que ces leçons du passé nous seront profitables pour l'avenir.

Avant de rentrer à Haïphong, le commandant de Beaumont nous fit explorer différentes autres petites îles du golfe du Tonkin, notamment les îles Gow-Tow, afin de nous assurer qu'elles ne servaient pas de refuge aux pirates. Partout, les habitants, qui étaient déjà informés du résultat de nos opérations dans l'île de la Cac-Ba, firent leur soumission.

# CHAPITRE X



Après l'expédition de la Cac-Ba, on espérait pouvoir enfin jouir d'une paix chèrement acquise par les combats et les fatigues de toutes sortes endurées par nos soldats, depuis trois années que la France avait commencé la conquête du Tonkin. C'était au contraire le moment où nous allions être le plus sérieusement inquiétés par la rébellion alliée à la piraterie. Les rebelles de l'Annam ne tardèrent pas, en effet, à s'apercevoir que si le rapatriement à outrance avait laissé suffisamment de troupes françaises pour faire la police dans les garnisons du delta, il n'en avait assurément pas assez laissé pour organiser les colonnes nécessaires à la protection des frontières.

Dès le commencement de l'année 1886, nos postes avancés avaient été poussés assez loin sur le fleuve Rouge, la rivière Claire et la rivière Noire d'où les bandes terrifiées par les succès de nos armes s'étaient empressées de s'enfuir à notre approche.

Une colonne remontant le fleuve Rouge, sous les ordres du colonel de Maussion, de l'infanterie de marine, s'était même emparée, sans coup férir, de Laokaï, le dernier boulevard des pavillons noirs de Lun-Vinh-Phuoc.

D'un autre côté, la colonne commandée par le colonel d'infanterie Mignot avait parcouru toute la région nord de l'Annam. Elle avait mis quatre mois pour se rendre d'Hanoï à Hué, mais elle avait complètement purgé le pays des bandes de rebelles qui cherchaient à le soulever.

Le nouveau résident général, M. Paul Bert, successeur du

général de Courcy, trompé par le calme apparent dont semblait jouir le pays, crut devoir prendre une série de mesures qui, dans sa pensée devaient désarmer la rébellion et rallier à nous tous les timides, qui semblaient douter encore de notre force et de notre désir de les protéger envers et contre tous. Mais ces mesures devaient fatalement produire un effet contraire. Les indigènes les mieux intentionnés prirent eux-mêmes pour de la faiblesse la mansuétude dont on usa à l'égard des rebelles et des pirates, et ceux-ci, croyant qu'ils inspiraient une crainte sérieuse, commencèrent à relever la tète, et ils se liguèrent avec les Chinois pour nous susciter de graves embarras. M. Paul Bert crut néanmoins pouvoir réduire de plus en plus les troupes françaises du corps d'occupation du Tonkin, en leur substituant des milices indigènes qui ne tardèrent pas à faire de la piraterie pour leur propre compte, ou qui se laissèrent trop souvent désarmer par les pirates à qui elles fournirent ainsi des armes contre nous.

Aux inondations qui ravagèrent le delta, pendant l'été de 1886, vinrent s'ajouter des chaleurs extrêmes qui occasionnèrent une recrudescence du choléra parmi les populations indigènes et les troupes françaises du corps d'occupation, qu'on fut obligé de ménager en attendant la saison d'hiver, plus favorable pour les opérations militaires.

On profita de cette période de repos forcé pour organiser civilement et militairement le pays. La région du delta, considérée comme parfaitement pacifiée, devint territoire exclusivement civil, tandis que la région encore inexplorée de la montagne restait territoire militaire.

Au point de vue militaire, le territoire du Tonkin fut partagé en deux brigades : la première brigade ayant ses troupes réparties dans les garnisons de la rive droite du fleuve Rouge et son quartier général à Sontay, et la deuxième brigade occupant la rive gauche du fleuve avec son quartier général à Bac-Ninh. Les troupes de l'Annam formaient une troisième brigade ayant son quartier général à Hué. Les brigades furent divisées en régions commandées par des officiers supérieurs; les régions, en cercles commandés par des capitaines, et les cercles, en postes commandés par des officiers ou des sous-officiers. Les chefs de subdivisions étaient responsables de leur commandement envers leurs chefs hiérarchiques, et le général en chef, dont le quartier général restait à Hanoï, était responsable des opérations militaires envers le résident général. C'est sur cette organisation qu'est basé, encore aujourd'hui, tout le système administratif du Tonkin et de l'Annam.

En territoire militaire, les commandants de régions ont en même temps la direction des affaires civiles avec les attributions des résidents de provinces. Cette organisation a peut-être l'inconvénient d'apporter une certaine lenteur dans la centralisation des affaires, surtout dans un territoire aussi vaste, et où les communications sont si peu rapides, mais elle a l'avantage de laisser à chacun l'initiative nécessaire pour bien surveiller sa zone d'action.

Pendant que l'autorité militaire procédait à cette nouvelle organisation, l'autorité civile, de son côté, faisait compléter le réseau des routes, des canaux et du télégraphe qui avait été fort négligé durant ces trois années d'opérations militaires, et M. Paul Bert décrétait même l'organisation d'une exposition, à Hanoï, pour le printemps de 1887.

En un mot, chacun s'efforçait de se persuader à soi-même que la pacification du pays était des plus complètes, et qu'il ne restait plus qu'à se livrer aux arts et aux travaux de la paix. C'était là une profonde erreur dont les événements devaient bientôt nous faire revenir.

Depuis le commencement de l'année 1886, une commission composée d'officiers français et chinois, et présidée par M. Dillon, notre résident supérieur en Annam, procédait à la délimitation des frontières du Tonkin, excessivement difficiles à déterminer en raison de la topographie du pays et des exigences de la Chine qui prétendait, naturellement, s'annexer des régions très riches, que les cartes annamites indiquaient, au contraire, comme appartenant à l'empire d'Annam.

Les contestations les plus sérieuses surgirent d'abord à propos des provinces d'Hayang et de Tu-Long situées à la frontière du Yunnan et dans lesquelles des mines d'or étaient exploitées par des Chinois.

Puis, les contestations continuèrent au sujet de l'enclave de

Paclung, située à l'extrémité nord du golfe du Tonkin, et qui contourne une magnifique baie dans laquelle la France aurait trouvé, pour sa marine, un refuge aussi sûr que dans la baie de Tourane.

Nous avions déjà installé un poste au cap Paclung, et nous espérions bien que la France aurait gain de cause dans ses démêlés avec la Chine, et que nous pourrions conserver les territoires contestés, mais il en fut autrement. L'année suivante ces territoires furent abandonnés à la Chine qui signa, comme compensation, un traité de commerce réputé des plus avantageux pour la France.

Tous ces tiraillements, ainsi que les menées sourdes des rebelles, avaient mis le gouvernement du Tonkin dans une situation fort embarrassante, à laquelle le manque de troupes empêchait de faire face.

Pendant que nous faisions l'expédition de l'île de la Cac-Ba, la commission de délimitation des frontières remontait le fleuve Rouge dans la partie de son cours qui forme frontière avec la Chine, en amont de Laokaï; les membres de la commission, confiants dans la loyauté des Chinois, remplissaient leur mission de paix sans la moindre méfiance.

Le 15 septembre, ils avaient quitté leurs jonques pour marcher le long du fleuve afin de soulager les rameurs; mais ils avaient à peine fait quelques pas qu'une vive fusillade, partie de la brousse presque à bout portant, tuait deux officiers : le capitaine Geïl et le lieutenant de vaisseau Henri ainsi que plusieurs soldats de l'escorte. Ce n'est que grâce au sang-froid de l'un des membres de la commission, M. le commandant d'artillerie Daru, que le restant de la petite troupe française put échapper à ce nouveau guet-apens que les Chinois mirent sur le compte d'une bande de pirates, qui avait cru, dirent-ils, avoir affaire à un convoi de riches marchands, plutôt qu'à la commission de délimitation. Quelques semaines plus tard, cependant, les mêmes faits se reproduisaient sur un autre point de la frontière, à Paclung, où l'interprète de la commission, M. Haïtce, était massacré ainsi que plusieurs soldats français de son escorte.

Ces faits se passaient à l'ouest et au nord du Tonkin, et en

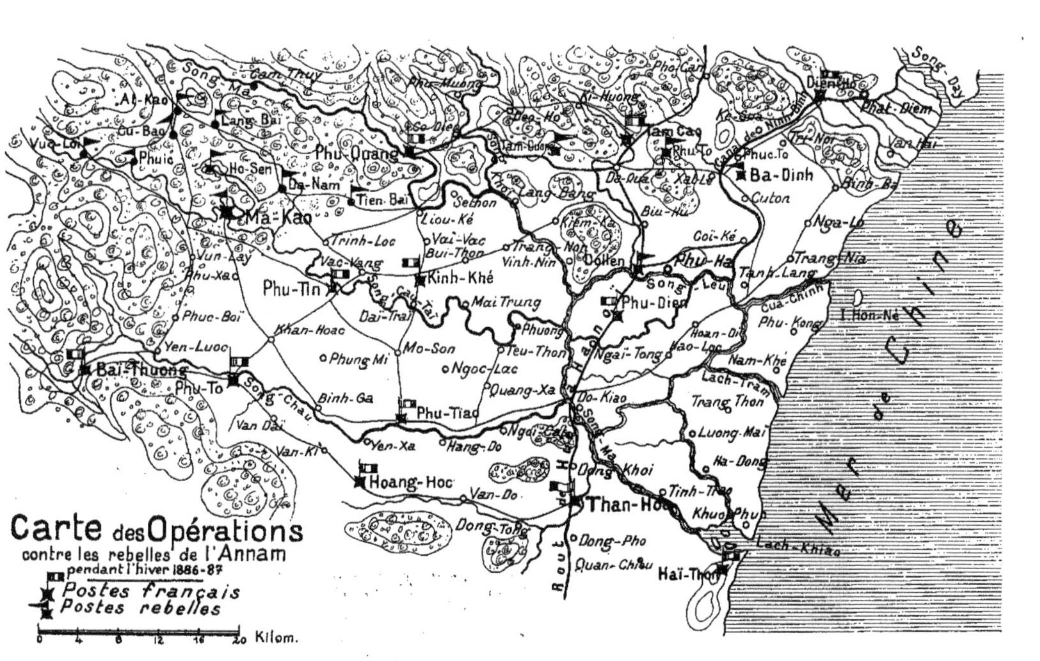

Carte des Opérations
contre les rebelles de l'Annam
pendant l'hiver 1886-87
Postes français
Postes rebelles
Kilom.
Song Ma
Cam-Thuy
Phu-Huong
Pho-Cat
Song-Day
At-Kao
Ki-Huong
Dien-Ho
Lang-Bai
So-Dien
Deo-Ho
Ke-Sia
Phat-Diem
Vuo-Loi
Cu-Bao
Tam-Dien
Nam-Cao
Phuc-To
Tri-Noi
Phuic
Nam-Dien
Phu-To
Van-Hai
Phuc
Ho-Sen
Phu-Quang
Deo-Ninh-Binh
Da-Nam
Xa-Lo
Ba-Dinh
Ma-Kao
Tien-Bai
Da-Qua
Binh-Ba
Sethon
Thoi-Lang-Bang
Cuton
Trinh-Loc
Liou-Ké
Biu-Hu
Nga-Lo
Vai-Vac
Kiem-Ka
Coi-Ké
Vun-Lay
Bui-Thon
Trang-Noi
Trang-Nia
Phu-Xao
Vac-Vang
Vinh-Nin
Dollen
Phu-Ha
Tanh-Lang
Phu-Tin
Kinh-Khé
Song-Leu
Cua-Chinh
Phuc-Boi
Dai-Trai
Cao-Tai
Mai-Trung
Phu-Dien
Phu-Kong
I.Hon-Né
Khan-Hoac
Phuong
Hoan-Di
Nam-Khé
Yen-Luoc
Mo-Son
Teu-Thon
Ngai-Tong
Kao-Loc
Bai-Thuong
Phung Mi
Ngoc-Lac
Do-Kiao
Lach-Tram
Phu-To
Song-Chau
Quang-Xa
Trang-Thon
Binh-Ga
Phu-Tiao
Luong-Mai
Ha-Dong
Van-Dai
Yen-Xa
Hang-Do
Ngoi-Cay
Ma-Khoi
Van-Ki
Dong-Khoi
Tinh-Tit
Khuo-Phu
Hoang-Hoc
Van-Do
Than-Ho
Dong-Tong
Dong-Pho
Lach-Khiao
Route
Quan-Chieu
Haï-Thor
Mer de CHINE

même temps les rebelles de l'Annam commençaient les hostilités dans le sud. Dans la province du Than-Hoa sur le haut Song-Ma, ils nous tuaient le capitaine d'Artaud, commandant du poste de Dien-Leu, le lieutenant Rabier, du 2e tonkinois, commandant du poste de Phu-To, et un certain nombre de sous-officiers et de soldats.

Dans la province de Ninh-Binh, aux environs de Phu-Nho-Quang, le lieutenant Fougères, en reconnaissance avec un sergent français et cinquante soldats du 2e régiment tonkinois, tombait dans une embuscade de Chinois et était massacré avec la plupart de ses soldats. Les quelques survivants de ce massacre furent renvoyés à leur poste avec les deux mains coupées, afin de montrer aux Français quel sort leur serait réservé s'ils n'abandonnaient pas au plus vite le pays.

Entre le fleuve Rouge et la rivière Noire, c'est-à-dire dans le secteur compris entre Sontay, Hong-Hoa et Laokaï, tout le pays était en insurrection et obéissait au Bo-Giap, l'un des anciens lieutenants de Lun-Vinh-Phuoc à Sontay.

Dans la région nord du delta, les Chinois venaient attaquer nos postes jusque sous les murs d'Haïdzuong, et pendant ce temps Thuyet et les chefs rebelles prêchaient partout la guerre sainte et faisaient mettre à prix les têtes des Français.

Dans leurs proclamations, ils invitaient surtout les soldats tonkinois à massacrer leurs chefs français et à livrer aux rebelles les armes, les postes et les places fortes contre récompenses en honneurs et en argent. Les Tonkinois, heureusement, étaient les premiers à déchirer ces libelles et à répondre qu'ils commenceraient d'abord par envoyer leurs munitions aux rebelles à coups de fusil.

A la fin de l'année 1886, il fallait donc redoubler de surveillance à l'intérieur où nos postes étaient attaqués toutes les nuits, et se préparer à repousser vigoureusement les attaques de l'extérieur dont nous étions menacés de tous les côtés à la fois.

Au commencement du mois d'octobre, les colonnes se mirent en marche pour entreprendre les opérations suivantes : au nord, les troupes des provinces de Bac-Ninh, Haïdzuong, Quang-Yen et Thaï-Nguyen, appuyées et ravitaillées par les canonnières d'arroyos, devaient battre toute la zone de terrain comprise entre le golfe du Tonkin, le cours du Thaï-Binh et du Loch-Nam et la frontière chinoise du Quang-Tong et du Quang-Si. Cette région couverte de montagnes et de forêts vierges était à peu près inconnue, ou du moins les quelques renseignements qu'on en avait montraient le pays comme infesté de pirates, et d'accès des plus difficiles aux troupes européennes. Les seuls sentiers à peu près praticables étaient, disait-on, gardés par des camps fortifiés tels que Viloaï, Yen-Chau, Caobang, où les bandes s'apprêtaient à nous disputer vigoureusement les passages.

Le général Mensier, commandant la 2ᵉ brigade à Bac-Ninh, prit la direction des opérations et marcha, par la vallée du Loch-Nam et du Song-Thuong, sur Caobang dont il s'empara presque sans coup férir. Pendant ce temps, une deuxième colonne, commandée par le colonel Dugenne, délogeait les Chinois de Yen-Chau, tandis qu'une troisième colonne, sous les ordres du commandant Poncet, marchait d'Haïphong et Quang-Yen sur Viloaï dont elle s'emparait après un combat assez meurtrier, puis elle opérait sa jonction avec la colonne Dugenne, à Yen-Chau.

Les bandes chinoises en se voyant ainsi traquées de tous côtés et menacées d'avoir leurs lignes de retraite coupées firent leur soumission ou s'enfuirent à la frontière de Chine.

Sur le fleuve Rouge, le colonel Brissaud, nommé au commandement de la première brigade, prit la direction des opérations et il défit les bandes du Bo-Giap à Daï-Lich et à Déogo, où elles s'étaient retranchées dans des positions formidables qu'il fallut enlever d'assaut, et qui nous coûtèrent d'assez grandes pertes.

Mais au Than-Hoa, les opérations furent autrement sérieuses : les rebelles de l'Annam s'étaient emparés d'une grande zone de terrain dans laquelle ils agissaient absolument en conquérants, et dans leurs proclamations aux populations ils disaient que le moment était enfin arrivé où les barbares d'Occident, qui avaient envahi leur patrie, allaient être punis de leurs méfaits.

« Les génies des eaux et des forêts sont avec nous, disaient ils, et nos guerriers sont si nombreux que leurs armes obscurcissent le soleil. » Ils promettaient monts et merveilles à qui se rallierait à eux, et ils menaçaient, au contraire, des châtiments les plus terribles tous ceux qui ne répondraient pas à leur appel. Ils mettaient leurs menaces à exécution d'une façon atroce, et les populations affolées s'enfuyaient partout à leur approche.

Ils avaient, d'ailleurs, admirablement su tirer parti de la configuration du terrain entre l'Annam et le Tonkin, ainsi que de la situation troublée du pays.

La frontière, entre l'Annam et le Tonkin, est, comme nous l'avons vu, formée par une grande chaîne de montagnes qui s'étend de la rivière Noire à la mer de Chine. Cette chaîne, comme toutes celles de l'Indo-Chine, est couverte de forêts vierges et de broussailles impénétrables, et partout les rochers y sont à pic, de sorte que sur une longueur de cent lieues elle est à peine traversée par quelques sentiers. Ce n'est qu'à proximité de la mer, entre Ninh-Binh et Than-Hoa, dans une faille appelée « porte de Than-Hoa », que la grande route mandarine de Saïgon à Pékin traverse cette chaîne. Le canal de Ninh-Binh reliant les arroyos du Tonkin à ceux de l'Annam traverse également cette chaîne à la « porte du Than-Hoa ».

Il suffit donc d'occuper ces passages pour isoler complètement le Tonkin de l'Annam. C'est ce qu'avaient bien compris Thuyet et ses partisans qui s'en emparèrent d'autant plus facilement qu'ils étaient plus mal gardés par nos troupes devenues insuffisantes depuis le rapatriement d'une partie du corps expéditionnaire.

Les rebelles profitèrent de la saison d'été pendant laquelle nos troupes étaient immobilisées dans leurs postes, et ils fortifièrent cette région, d'une façon formidable, suivant un plan qui dénotait chez eux des talents réels en stratégie.

Leur système de fortification consistait en deux grands camps retranchés situés l'un dans le delta du Song-Leu, à proximité de la mer, d'où ils pouvaient être facilement ravitaillés par les jonques chinoises; l'autre, dans le voisinage des montagnes par où débouchaient les bandes chinoises venant du Yunnan et du Laos.

Ces deux camps formaient les ailes d'une ligne de défense constituée par des obstacles naturels ou artificiels tels que forêts, arroyos, digues et villages fortifiés gardant tous les points importants. Tous ces travaux avaient été exécutés à l'insu des troupes françaises, et ce n'est qu'après s'en être emparé qu'on en reconnut l'importance. A partir du mois d'octobre 1886, on constata que les communications n'étaient pas sûres du tout dans cette région, et que les convois y étaient souvent attaqués, mais il était alors impossible de sonder le terrain avec le peu de monde dont on disposait. On dut donc attendre le moment où l'on pourrait y diriger des colonnes assez fortes pour briser tous les obstacles.

Cependant, les postes voisins faisaient tout leur possible pour tâcher de se rendre compte de la situation, mais leurs reconnaissances étaient toujours reçues par de vives fusillades partant de bois ou de rochers inabordables. On croyait tout d'abord n'avoir affaire qu'à des bandes peu dangereuses, dont on espérait avoir raison facilement quand le moment serait venu d'agir un peu vigoureusement.

D'un autre côté, on se méfiait d'autant moins de ce qui se préparait que la plus grande partie de cette région était habitée par des catholiques réputés comme entièrement dévoués à la cause française.

Les chrétientés les plus importantes étaient celles de Phat-Diem, Chin-Day, Dien-Ho, Bo-Xuyem, Hao-Nho et Késua. Elles étaient toutes placées sous la haute direction du Père Sixt, missionnaire annamite élevé aux missions françaises de Késo et d'Hanoï, et doué d'une intelligence et d'une énergie remarquables. Il avait déjà rendu de très grands services à la cause française au temps de Francis Garnier, et son dévouement désintéressé ne s'est jamais ralenti un seul instant; le gouvernement français l'en a récompensé par la croix de chevalier de la Légion d'honneur, et l'on doit reconnaître que rarement cette haute distinction n'a été mieux méritée par un étranger.

Toutes ces chrétientés groupées dans le voisinage des portes du Than-Hoa en constituaient en quelque sorte la garde d'honneur. Les rebelles étaient parfaitement au courant de cette situation, et dans leurs proclamations ils affichaient hautement leur intention de les détruire, puis de massacrer ensuite les Français qui échapperaient aux coups des Chinois marchant contre eux au Tonkin.

Ce n'était là que des fanfaronnades auxquelles nous avaient habitués, depuis longtemps, les Annamites et les Chinois, mais néanmoins les incidents qui se produisaient un peu partout rendaient la situation assez inquiétante et chacun commençait à se demander comment tout cela finirait.

Pour comble d'infortune, pendant que nos troupes étaient disséminées aux frontières, la nouvelle de la mort du résident général, M. Paul Bert, se répandit subitement au Tonkin. Le 9 novembre 1886, il succombait à son tour à la rude tâche qu'il avait entreprise. Ses labeurs incessants sous ce climat meurtrier avaient épuisé sa robuste santé.

D'autre part, les bruits d'évacuation du Tonkin, arrrivant de France, causaient une douloureuse impression parmi les populations indigènes qui craignaient de voir se renouveler les massacres qui suivirent les précédentes évacuations. Tous ces faits faisaient naître les plus noirs pressentiments.

Heureusement, le petit corps d'occupation, quoique réduit de plus en plus par les rapatriements et les maladies, ne désespéra pas un seul instant du succès, et le courage de nos soldats resta toujours à la hauteur des dangers dont nous étions menacés.

Dès que les opérations militaires furent terminées, dans le nord du Tonkin, contre les bandes chinoises, tous les efforts se portèrent contre les rebelles de l'Annam. Le colonel Metzinger, commandant la région du Than-Hoa, et le colonel Dodds, de l'infanterie de marine, commandant la région de Nam-Dinh, reçurent l'ordre d'organiser des colonnes avec toutes leurs troupes disponibles, et de tâcher de rétablir les communications entre leurs régions. Ces colonnes se heurtèrent bientôt contre les positions des rebelles qu'elles furent impuissantes à enlever de vive force.

Elles arrivèrent cependant en vue du premier camp retranché dont elles commencèrent l'investissement en attendant les renforts qui devaient leur être envoyés du Tonkin.

Ce camp était constitué par un groupe de trois villages (Ba-

Dinh, en annamite) très rapprochés les uns des autres, et séparés par des dépressions de terrain remplies d'eau ou de vase qui les rendaient indépendants l'un de l'autre, tout en constituant un groupe dont chaque élément était parfaitement disposé pour flanquer les ouvrages voisins. Les abords de ces villages étaient couverts d'une nappe d'eau de plusieurs kilomètres, franchissable seulement sur quelques digues qui ne pouvaient être suivies que par deux hommes de front. A distance, cette forteresse avait l'aspect extérieur de tous les grands villages du pays, ce qui faisait espérer que, en l'attaquant résolument par les digues, on devait pouvoir s'en emparer assez facilement. Mais il n'en fut pas ainsi, et tous les assauts de vive force échouèrent, sans qu'il fût même possible de se rendre compte de la façon dont étaient construites les fortifications. On dut donc se contenter de resserrer de plus en plus les lignes d'investissement en attendant les renforts nécessaires pour en faire le siège régulier.

L'investissement commença dans le courant du mois de décembre, avec les troupes d'infanterie et l'artillerie dont disposaient les deux colonels qui s'appliquèrent surtout à empêcher le ravitaillement de la place, et à repousser les sorties de sa garnison.

Pendant ce temps, toutes les troupes du Tonkin et de l'Annam devenues disponibles, par suite de leurs succès aux frontières, étaient dirigées sur ce point, puis, la situation devenant de plus en plus critique, le gouvernement français, sur la demande du général commandant en chef, prescrivait par télégramme de réarmer les zouaves et autres troupes rapatriables, qui attendaient dans les ports les navires devant les ramener en France.

Le 18 décembre, après quelques travaux sommaires d'approche, une nouvelle attaque protégée par quelques pièces de 80 de montagne permit de s'emparer de petits villages fortifiés formant postes avancés autour de la place; mais ce fut au prix de pertes cruelles qui rendirent les rebelles plus audacieux encore.

Au nord de la place, les troupes du colonel Dodds eurent d'abord quelques succès : le capitaine de Nugent avec sa compagnie du 2ᵉ tonkinois enleva bravement le poste avancé de

Thuong-To, et marcha contre les ouvrages situés à quelques centaines de mètres en arrière, mais il fut arrêté par les défenses formidables de cette deuxième ligne et dut rétrograder sur sa réserve, en laissant plusieurs morts sur le terrain et en emportant ses blessés parmi lesquels son sous-lieutenant, M. Audibert.

L'attaque que fit faire par le sud le colonel Metzinger échoua également. La petite colonne d'assaut dirigée, de ce côté, par les lieutenants Zahner et Tuffier du 2ᵉ tonkinois avança au prix des plus grands efforts jusqu'aux fortifications; les soldats ayant de l'eau jusqu'aux épaules.

Mais tout à coup l'ennemi ouvre le feu; le lieutenant Zahner est mortellement atteint d'une balle à la tête et plusieurs de ses soldats tombent à ses côtés dans le fossé même du retranchement.

Les assaillants, le lieutenant Tuffier en tête, n'en continuent pas moins leur marche en avant; le coupe-coupe d'une main et le fusil de l'autre.

Ils se frayent un passage à travers les abatis et les palissades, pendant que quelques zouaves tirent dans l'intérieur de l'ouvrage pour en déloger l'ennemi : mais l'obstacle est trop solide pour céder à ce petit nombre d'hommes que décime le feu des défenseurs.

Le lieutenant Tuffier est blessé à son tour, et tous les soldats européens qui l'accompagnent sont hors de combat. Le capitaine Blaise, qui cherche à se porter en avant avec la réserve, pour protéger la retraite, est blessé également. La retraite put s'opérer sans trop de pertes sous la protection d'une pièce de 80 qui empêcha l'ennemi de sortir de la place, pour poursuivre nos soldats sur la digue.

On reconnut alors qu'il était indispensable d'entreprendre un siège régulier et de bombarder la place aussitôt que les moyens d'action le permettraient.

Certes, ces moyens étaient relativement puissants, mais le plus difficile était de les concentrer assez promptement sur un point aussi excentrique que l'était Ba-Dinh. Comme il n'existait plus de troupes de réserve nulle part, il fallut en quelque sorte dédoubler les postes du Tonkin pour en tirer les éléments nécessaires à ces opérations imprévues. On fit également appel aux ressources de l'escadre des mers de Chine qui put fournir une compagnie de débarquement et du matériel de siège.

Au commencement du mois de janvier 1887, les forces suivantes étaient concentrées autour de la place et commençaient les travaux de siège :

*Infanterie.*

2 compagnies de zouaves (260 hommes), capitaine Rambaud et lieutenants Deixonne et Cortès ;

1 compagnie d'infanterie de marine (180 hommes), capitaine Valance ;

1 compagnie du 2ᵉ régiment étranger (200 hommes), capitaine Prêtet ;

1 compagnie du 3ᵉ bataillon d'infanterie légère d'Afrique (180 hommes), capitaine Bernard ;

1 compagnie de débarquement du vaisseau *le Turenne* (150 hommes), sous les ordres d'un lieutenant de vaisseau.

*Artillerie.*

10 pièces de 80 (120 hommes), 4 pièces de 95 (60 hommes), capitaines Girard et Gérard ;

4 pièces de 65 de marine (30 hommes), sous les ordres d'un lieutenant de vaisseau ;

2 canons-revolvers Hotchkiss (15 hommes);

4 pièces d'artillerie annamite fournies par le gouverneur de la province de Than-Hoa (80 hommes) (1).

*Génie.*

3 sous-officiers et 46 sapeurs, sous les ordres du capitaine Joffre (2) et du lieutenant Netter.

---

(1) Le tong-doc ou gouverneur de la province de Than-Hoa était un ancien ministre de Tû-Dùc, allié à Thuyet et à plusieurs chefs de la rébellion. Dans un but politique, qui s'explique par cette situation, on avait cru devoir l'inviter à prendre une part active aux opérations militaires dans sa province.

(2) Le capitaine Joffre partit au Soudan après cette campagne. Il y gagna rapidement les galons de lieutenant-colonel et il prit le commandement de la place de Tombouctou en 1894, après le massacre de la colonne Bonnier. Promu général en 1901, à Madagascar.

*Troupes indigènes.*

2° régiment tonkinois :

1 peloton de la 2° compagnie (80 hommes), lieutenant Lambelin ; puis toute la compagnie, sous les ordres du capitaine Monniot ;

1 peloton de la 4° compagnie (80 hommes), lieutenant Drujon ;

5° compagnie, en entier (200 hommes), capitaine de Nugent ;

3° régiment tonkinois : 1 peloton (80 hommes), sous les ordres du lieutenant Chartier ;

4° régiment tonkinois : 4° compagnie en entier (200 hommes), capitaine Bouchage ;

1er bataillon de chasseurs annamites : 2 compagnies (300 hommes), capitaines Audry (3) et Blaise.

Soit un effectif de 2.250 combattants environ, dont 1.050 indigènes, et de 25 pièces de canon.

Il y a lieu d'ajouter à ces troupes les canonnières suivantes, qui surveillaient les arroyos et protégeaient les lignes de ravitaillement :

*Estoc*, commandant Thoumine, lieutenant de vaisseau;

*Moulun*, commandant Surcouf, lieutenant de vaisseau;

*Bossant*, commandant Le Prieur, lieutenant de vaisseau;

*Avalanche*, commandant Dantin, lieutenant de vaisseau.

Les chrétientés de Phat-Diem et des environs fournirent cinq mille coolies pour les travaux de siège et le ravitaillement des troupes.

Toutes ces forces furent placées sous le commandement du colonel Brissaud, qui quitta les colonnes du haut fleuve Rouge pour aller prendre la direction des opérations. Dès son arrivée devant Ba-Dinh, il fit une reconnaissance détaillée de la position et combina un plan d'attaque qui devait fatalement en amener la chute.

Il organisa de la façon suivante le service autour de la position :

Commandant en chef : colonel Brissaud, avec son quartier général à la pagode de Thuan-Dao, au nord (4).

---

(3) Général en 1902.

(4) Le colonel Brissaud fit connaître aux troupes sa prise de commandement par l'ordre du jour suivant :

« Le colonel commandant la 1re brigade, en prenant la direction des opérations contre la position Mi-Khë-Maoutinh, a un premier devoir à remplir : c'est de rendre un hommage sans réserve, d'abord au lieutenant-

Major de brigade : capitaine d'Amade.

Officier d'ordonnance : lieutenant Masson.

Major du camp : commandant Diguet, de la légion étrangère.

Commandant de l'artillerie : colonel Stiltz, ayant pour adjoint le capitaine d'artillerie Putz.

Commandant du secteur nord : colonel Dodds (5).

Commandant du secteur sud : colonel Metzinger (6).

Chef du service du génie : capitaine Joffre.

Chef des services administratifs : sous-intendant Chaumont.

Chef du service de santé : médecins-majors Villedary au secteur nord et Perrin au secteur sud.

Le génie commença aussitôt les travaux de sape rendus fort difficiles à cause de l'inondation. Les premières tranchées de cheminement furent d'abord construites le long des digues, mais elles devenaient de plus en plus dangereuses, au fur à mesure qu'on approchait du corps de place qui les enfilait de ses feux.

On réussit cependant à diminuer considérablement l'étendue et la profondeur de l'eau qui entourait la place en pratiquant dans les digues des saignées qu'on laissait ouvertes à marée basse et qu'on bouchait à marée haute pour empêcher de nouvelles inondations, car on avait bien vite reconnu que le système inverse avait dû être employé par les assiégés pour inon-

---

colonel Dodds et au lieutenant-colonel Metzinger, pour l'énergie et l'habileté qu'ils ont déployées en présence de l'obstacle imprévu qui s'est dressé devant eux, et ensuite aux braves troupes dont des barrières matérielles seules ont pu arrêter l'élan et maîtriser le courage.

» Les moyens qui ont manqué tout d'abord, pour avoir raison du repaire où s'est terrée la horde des bandits qui désolent le pays, sont maintenant à notre disposition ; ils seront complétés, s'il le faut, de la manière la plus large. Il faut qu'aucun de ceux qui s'y trouvent ne puisse échapper au juste châtiment de sa criminelle existence.

» Que tous, officiers et soldats, se multiplient en vue d'une solution aussi prochaine que possible ; que, même après le dur et périlleux service de première ligne, les moments passés en arrière soient profitables au but que nous poursuivons, en préparant les moyens d'action.

» En un mot, que tout le monde n'ait qu'un but, qu'une pensée, qu'une passion : en finir promptement avec ces bandes et venger nos compagnons d'armes tombés sous leurs coups indignes. »

(5) Le colonel Dodds s'est couvert de gloire au Dahomey, dans deux campagnes heureuses (1892-1893), pendant lesquelles il fit la conquête du pays et s'empara de la personne du roi Behanzin. Il a été fait général et grand-officier de la Légion d'honneur à la suite de ces campagnes.

Général de division en 1898 et commandant des troupes du Tonkin.

(6) Le colonel Metzinger est général de division commandant le 15e corps depuis 1897. Inspecteur de l'armée des Alpes et membre du Conseil supérieur de la guerre en 1902.

der la plaine. Dans certains endroits le génie était obligé de construire ses couverts sur pilotis et d'aller chercher la terre nécessaire à plusieurs centaines de mètres; cela rendait les travaux excessivement difficiles et dangereux.

Le 6 janvier, après une vive canonnade, une nouvelle attaque composée de trois colonnes d'assaut, cheminant sur des digues différentes, fut décidée, et vers 2 heures du soir ces trois colonnes s'élançaient des tranchées sur les digues.

La première colonne, commandée par les lieutenants Drujon et Fauré, de l'infanterie de marine, n'avait qu'une centaine de mètres à faire pour atteindre les retranchements ennemis, mais elle rencontra, à 150 mètres de son point de départ, une ligne de bambous et d'abatis qu'elle essaya de détruire avec la hache et la dynamite. Pendant ce temps, un feu violent partait des créneaux et de la crête du mur d'enceinte et une explosion se produisait sous les pas des assaillants. Le lieutenant Drujon voulut avancer quand même vers la porte, avec un sapeur, pour la faire sauter, mais ils furent blessés tous deux et la colonne dut rétrograder sur son soutien.

La deuxième colonne, ou colonne du centre, placée sous les ordres du capitaine Bouchage, était formée de la section du lieutenant Lambelin (7) du 2ᵉ tonkinois et d'un peloton du 4ᵉ tonkinois commandé par le sous-lieutenant Gœrhing.

Elle s'élança en pleine rizière à la gauche de la première colonne, mais, arrivée à vingt mètres des palissades, elle fut accueillie par un feu des plus meurtriers qui ralentit sa marche et qui mit hors de combat la plupart des Européens marchant en tête. Le lieutenant Lambelin fut blessé ainsi que ses deux sergents français; le sapeur du génie et de nombreux soldats tonkinois furent tués.

La troisième colonne, ou colonne de gauche, sous les ordres du lieutenant Collot, était formée d'un peloton du 2ᵉ tonkinois. En tête, marchaient, comme dans chaque colonne, un sapeur du génie muni de pétards de dynamite, et un certain nombre de coolies portant des fascines, des gabions et des outils. •

---

(7) M. Roger Lambelin, démissionnaire comme capitaine, est conseiller municipal de Paris, chevalier de la Légion d'honneur pour sa belle conduite dans ses opérations.

Elle put, en s'abritant derrière la digue, s'avancer aisément jusqu'aux palissades; mais, arrivée là, le coolie porteur des cartouches de dynamite fut tué par une balle, pendant que des feux croisés balayaient l'extrémité de la digue et en interdisaient absolument l'approche.

Cependant, le colonel Dodds, en présence de l'insuccès de ces colonnes, avait fait sonner la retraite. Mais, à ce moment, la colonne du centre se trouvait trop engagée pour reculer, il fallait la soutenir, et le capitaine Bouchage lança, à cet effet, ses zouaves et sa section de réserve à la gauche de la ligne sous les ordres du sous-lieutenant Gœrhing.

Tout l'effort de la défense se concentra alors sur cette colonne dont la situation devint des plus critiques. Le sous-lieutenant Gœrhing tomba l'épaule fracassée par une balle, et, pour comble de malchance, la rizière se trouvait trop profonde pour que l'on pût avancer. Le capitaine Bouchage se décida alors à faire rétrograder ses sections et à emporter ses nombreux blessés, mais il fut à son tour atteint par une balle qui lui fracassa la cuisse.

Aussitôt que le mouvement en arrière eut démasqué le secteur attaqué, l'artillerie tira à mitraille pour protéger la retraite et empêcher les rebelles de sortir de leurs retranchements.

Le capitaine Amar (8), du 2ᵉ tonkinois, qui s'était porté avec la réserve de zouaves à la tranchée pour protéger également la retraite, à l'aide de feux de salve, tomba blessé à son tour.

En somme, l'échec était des plus sérieux : nous avions quatre officiers et 47 hommes hors de combat. Les troupes avaient déployé la plus grande bravoure et de nombreux traits de courage furent signalés à l'ordre du jour (9).

Dès ce jour, on reconnut qu'il fallait absolument renoncer à pénétrer de vive force dans la place sans avoir, tout au moins, détruit les défenses accessoires contre lesquelles se brisaient invinciblement les efforts de nos soldats.

---

(8) Colonel d'infanterie de marine en 1900.

(9) Furent signalés parmi les militaires qui s'étaient le plus distingués : Chabredier, sergent du génie, et le zouave Vézien, qui s'étaient élancés hors des tranchées pour aller ramasser les blessés jusqu'au pied des remparts, et qui n'avaient cessé leur périlleuse besogne que lorsque le dernier blessé avait été recueilli. (Extrait du Journal du siège.)

Ces différents insuccès donnèrent aux assiégés une audace inouïe et ils commencèrent à proclamer bien haut que si nous ne nous décidions pas à abandonner volontairement le pays, ils sauraient bien nous y contraindre. Chaque soir, ils nous criaient dans des porte-voix, de derrière leurs remparts, que si nous étions plus courageux nous ne craindrions pas de les combattre à découvert, au lieu de nous terrer comme des taupes. De nos tranchées, nous les entendions se livrer à toutes sortes de fanfaronnades et faire ostensiblement l'appel de leurs soldats, afin de nous faire comprendre combien ils étaient nombreux et décidés à nous exterminer. Ils désignaient, à haute voix, les braves d'entre eux qui étaient chargés d'aller couper les têtes des principaux chefs français et de les apporter dans leur forteresse, contre équitable récompense.

Les quelques femmes, de bas étage, qui étaient avec eux paraissaient encore plus exaltées que leurs guerriers, et elles renchérissaient sur les menaces de torture qui nous étaient réservées si nous tombions entre leurs mains. Ils affectaient tous une grande joie et une quiétude parfaite, parce qu'ils prévoyaient, disaient-ils, qu'avant peu nous devions tous périr dans les marais ou sous leurs coups impitoyables.

En même temps, des bandes venues de l'extérieur commençaient à nous inquiéter sérieusement dans nos lignes, et menaçaient nos communications avec les postes du Tonkin et de l'Annam.

Fort heureusement, le courage de nos soldats ne faiblit pas un seul instant, malgré les fatigues, les privations et les difficultés de toutes sortes auxquelles ils étaient en butte nuit et jour, par suite des rigueurs de la saison et de notre mauvaise installation au milieu d'un véritable bourbier.

En réalité, les assiégés n'étaient si arrogants que parce qu'ils espéraient que nous n'arriverions jamais à les bloquer complètement, et que, suivant leur tactique habituelle, ils pourraient toujours battre en retraite au moment opportun.

Mais le colonel Brissaud, qui avait pris part au siège de Puebla, au Mexique, et qui savait par expérience combien était grand l'effet moral produit par un blocus étroit, résolut d'entourer la place d'une double ligne de contrevallation et de circonvallation pour empêcher les assiégés de s'échapper et protéger les assiégeants contre les attaques des bandes de l'extérieur.

A cet effet, il fit réunir au camp tout ce que l'on put trouver de fil de fer au Tonkin et de bambous ou autres arbustes sur le théâtre des opérations, puis il ordonna la construction de haies continues appuyées de distance en distance par des redoutes ou postes fortifiés dans lesquels nos troupes se tenaient à l'abri pendant le jour.

Pendant la nuit, les sentinelles nécessaires étaient échelonnées derrière les haies pour en empêcher le franchissement. Dans certains endroits, où l'eau était trop profonde pour permettre d'organiser ce système de défense, des postes étaient installés sur des barques ou sur des radeaux blindés qui leur permettaient de garder les passages par où les assiégés auraient pu franchir nos lignes.

Puis, une fois tout le matériel d'artillerie arrivé et mis en batterie, le colonel prescrivit un bombardement général, pendant que le génie poursuivait ses travaux de sape, de façon à permettre de pénétrer dans la place en évitant toute pertes inutiles.

Trois sapes principales furent dirigées vers le corps de place, dont deux au sud, dans le secteur Metzinger, et une au nord dans le secteur Dodds.

Le 15 janvier, les têtes de sapes n'étaient plus qu'à quelques centaines de mètres des bastions attaqués, et, malgré cela, il était toujours impossible de se rendre un compte exact du système de fortification auquel on avait affaire, car, de quelque côté qu'on abordât la place, on ne voyait qu'un fouillis d'abatis, de haies de bambous ou de piquets qui lui donnaient l'aspect extérieur d'un énorme hérisson flottant à fleur d'eau.

Jusque-là, nous avions pu seulement déterminer la longueur et la largeur de cette forteresse, qui étaient de 1.200 mètres sur 400 mètres environ.

Cependant, le siège semblait vouloir s'éterniser : les difficultés augmentaient au fur et à mesure que l'on approchait des fortifications et nous ne pouvions pas même ramasser et enterrer nos morts qui gisaient depuis plusieurs semaines à quelques pas en avant de nos tranchées, et dont la décomposition commençait à nous incommoder sérieusement, car tout homme qui s'aventurait en dehors des tranchées était immédiatement pris pour cible par les assiégés. Chaque nuit on faisait des prisonniers qui cherchaient à s'échapper, soit pour aller demander du secours au dehors soit simplement pour fuir cet enfer dans lequel nos canons vomissaient la mitraille jour et nuit.

Ces prisonniers, habilement interrogés, nous donnaient des renseignements précieux sur la situation physique et morale des assiégés; sur la façon dont était organisée la défense et sur les points forts ou faibles de la place. La plupart des prisonniers, même les simples soldats, nous traçaient des croquis des secteurs auxquels ils étaient affectés, et au bout de quelques jours ces croquis nous permettaient de dresser, par renseignements, un plan suffisamment exact de la place.

Il est à remarquer, à ce sujet, que la science de la topographie est en quelque sorte innée chez les Annamites : les enfants comme les adultes lisent et tracent d'instinct une carte sur le sol ou sur le papier, aussi bien que les Européens exercés à ce genre de travail. Cette faculté des Annamites nous a rendu, en maintes circonstances, des services réels, tels que, par exemple, pour avoir des renseignements sur une région inconnue ou bien pour faire porter des dépêches par des gens ne connaissant pas un mot de français. Dans ce cas, le plus sûr moyen était de leur tracer un croquis et de leur montrer le point de départ et le point d'arrivée; souvent même, au retour, ils nous rapportaient le croquis complété par eux chemin faisant.

C'est par les prisonniers que nous avons appris également que l'emplacement de la forteresse avait été choisi par Thuyet lui-même, et qu'elle avait été construite par l'un des plus habiles généraux de l'armée annamite, le Dédoc-Khé.

Les trois villages qui constituaient la position centrale portaient les noms de : Mikhé, Maouthing et Thuong-To, mais les rebelles en désignaient simplement l'ensemble sous le nom de Ba-Dinh.

Ils s'étaient emparés de ces trois villages depuis le mois de

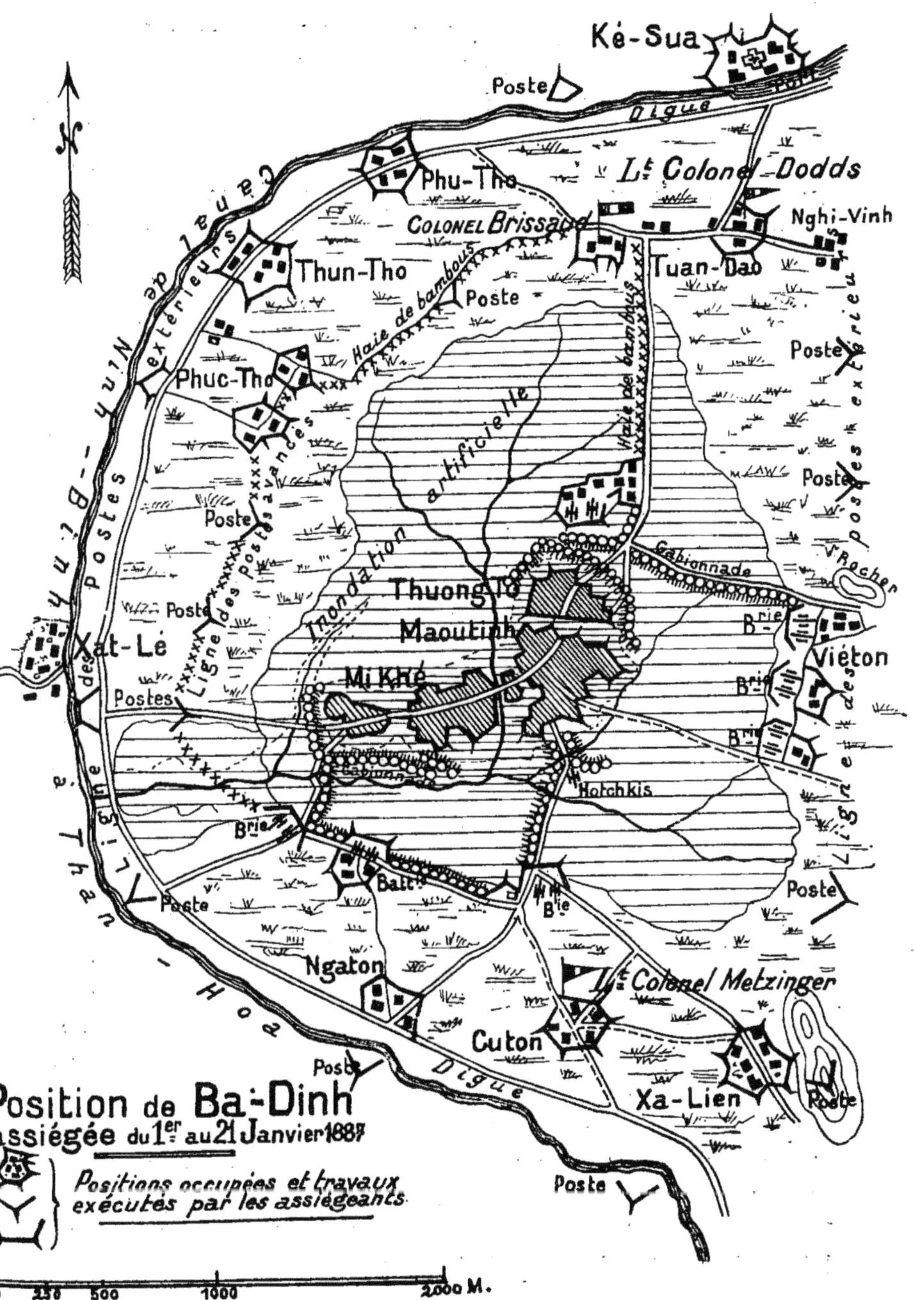
Ké-Sua
Poste
Digue
Phu-Tho
Lt Colonel Dodds
Colonel Brissaud
Nghi-Vinh
Thun-Tho
Tuan-Dao
Haie de bambous
Poste
Poste extérieurs
Phuc-Tho
Haie de bambous
Inondation artificielle
Poste
Postes extérieurs
Ligne des postes extérieurs
Gabionnade
Rocher
Poste
Thuong-To
Brie
Maoutinh
Vieton
Brie
Xat-Lé
Mi-Khé
Brie
Postes
Ligne des
Hotchkis
Laguna
Brie
Poste
Ligne de Than-Hoa
Bali
Bie
Poste
Ngaton
Lt Colonel Metzinger
Cuton
Digue
Xa-Lien
Poste
Poste
Position de Ba-Dinh
assiégée du 1er au 21 Janvier 1887
Positions occupées et travaux
exécutés par les assiégeants
0  250  500  1000  2000 M.

septembre 1886, et ils en avaient chassé les femmes, les vieillards et les enfants comme bouches inutiles, mais ils avaient obligé les hommes valides à les aider dans l'exécution des travaux de défense.

Ils nous apprirent aussi que Thuyet était dans la place au début des opérations, mais qu'il avait pris la clé des champs au moment de l'investissement afin de ne pas exposer inutilement sa précieuse personne.

La garnison était, disaient-ils, de trois mille hommes et elle avait des vivres et des munitions pour soutenir un siège de plusieurs mois, temps plus que suffisant, prétendaient les chefs, pour lasser le courage et la patience des Français.

Puis, une armée de dix à douze mille hommes tenait la campagne, prête à se ruer sur les Français et à les massacrer au moment de leur inévitable déroute.

La plupart des prisonniers de marque que nous faisions, et dont la physionomie, la blancheur des mains et la longueur des ongles trahissaient la qualité, cherchaient à nous faire accroire qu'ils n'étaient que de malheureux étudiants embauchés de force par les rebelles pour tenir les écritures de leur armée ou diriger les travaux.

C'était, à la vérité, des mandarins civils qui fuyaient les rigueurs du siège et la tyrannie des grands chefs bloqués dans la place.

Les mandarins civils avaient, comme partout ailleurs, la haute direction des opérations, et celui qui commandait en chef et qui était l'âme de cette défense énergique était un nommé Dinh-Cong-Trang, ancien chef de canton dans la province de Ninh-Binh. Il avait pris part au siège de Sontay, puis fait la guerre contre nous avec les pavillons noirs sous les ordres de Lun-Vinh-Phuoc, et c'est à cette école qu'il avait appris à faire la guerre de partisan et à se fortifier en utilisant, très habilement, les ressources du terrain.

Il avait été blessé et fait deux fois prisonnier, mais il avait chaque fois réussi à s'échapper. En 1886, voyant qu'il n'avait plus rien à faire au Tonkin, il avait passé dans la province de Than-Hoa afin d'y rallumer l'insurrection, de concert avec le Dédoc-Soan, aide de camp de Thuyet.

C'est ce Dédoc-Soan qui tenait la campagne et qui inquiétait nos postes et nos lignes pendant les opérations du siège.

Dinh-Cong-Trang avait avec lui deux grands mandarins militaires, en outre du Dédoc-Khé, et à partir du moment où il se vit bloqué dans Ba-Dinh, il chercha par tous les moyens à rompre le cercle qui l'étreignait.

Dans sa rage impuissante, il attribuait à l'incurie des mandarins militaires la situation désespérée dans laquelle il se trouvait, et il s'en vengeait cruellement en laissant en permanence un échafaud dressé à son quartier général, pour réprimer les défaillances ou les trahisons. Quand nous pénétrâmes dans la place, nous trouvâmes, en effet, des monceaux de cadavres décapités dans la cour de la pagode habitée par ce chef cruel.

Cependant, malgré l'ardeur de nos soldats et de nos coolies, les travaux du siège marchaient avec une lenteur désespérante, et chacun commençait à se demander quand et comment tout cela finirait.

Sur ces entrefaites, une dépêche venue de France prescrivit d'en finir coûte que coûte, et surtout de ne pas envoyer de nouvelles autres que celles annonçant une victoire et la défaite complète des rebelles, afin de ne pas alarmer le pays, pour qui le Tonkin devait être considéré comme absolument pacifié.

Le colonel Brissaud, déjà fatigué par un séjour prolongé sous le climat de l'Indo-Chine et par les rudes travaux auxquels l'entraînait son activité prodigieuse, ressentit pendant les nuits humides passées devant Ba-Dinh les premières atteintes de la maladie qui devait l'emporter plus tard. Mais il s'efforça de cacher à tous sa situation, afin de ne pas jeter le découragement parmi nos soldats.

Nuit et jour il était sur la brèche, veillant à tout : à l'installation et au bien-être du soldat comme à la direction des opérations. Malgré les ravages de la maladie et la lourde responsabilité qui pesait sur lui, son caractère énergique ne faiblit pas un seul instant. Sa seule crainte, nous disait-il, souvent, était d'être emporté par la maladie avant d'avoir terminé la tâche qu'il avait acceptée en partant volontairement en Annam d'abord, puis au Tonkin ensuite.

Notre situation devant Ba-Dinh était telle que nous ne pouvions pas plus compter sur une capitulation de la place que sur la générosité de nos ennemis, au cas où nous aurions été vaincus, car, malgré leur civilisation relativement avancée, les Extrême-Orientaux ne reconnaissent, en fait de guerre, aucune des lois européennes protectrices des faibles et des vaincus. La guerre, dans ces conditions, devient une véritable chasse à l'homme, et malheur à qui tombe entre les mains du chasseur impitoyable !

Le colonel Brissaud, pénétré de cette cruelle situation, réunit en conseil tous les chefs de services afin d'aviser aux mesures à prendre pour abréger le plus possible les lenteurs du siège et diminuer les pertes causées par les fatigues et les maladies, autant que par le feu des assiégés. Il fut décidé qu'on changerait la direction des sapes : que trois sapes doubles enserreraient le bastion nord de Thuong-To et qu'on activerait les travaux de façon à pénétrer dans la place le plus tôt possible.

Pendant ce temps-là, l'artillerie devait diriger ses coups de façon à faire brèche au rempart et à détruire les maisons ou abris de l'intérieur de la place.

Ces énergiques mesures calmèrent complètement l'arrogance des assiégés qui, au lieu de nous menacer comme précédemment, cherchèrent à parlementer avec nos soldats indigènes en les invitant, naturellement, à nous massacrer, puis à se rallier à eux.

Rien n'était plus étrange que d'entendre les assiégés et les assiégeants indigènes s'invectiver au moyen de porte-voix, à la façon des héros d'Homère, puis terminer leurs bruyantes conversations par des volées de coups de canon et par des feux de mousqueterie tirés de part et d'autre. « Enfants du nord, criaient les rebelles aux soldats tonkinois, nous avons quitté nos foyers et nous nous sommes armés pour venir vous délivrer des barbares envahisseurs de l'Occident, qui sèment la ruine et la désolation dans vos belles contrées. Nous comptions sur vous pour nous aider à détruire ces hordes maudites, et, au lieu de cela, vous avez obéi aux mauvais génies qui vous ont poussés à combattre dans les rangs de nos ennemis communs, pour le malheur de notre patrie. Tournez vos armes contre ces barbares que l'enfer a vomis et venez recevoir près de nous la juste récompense d'une aussi noble action ».

« Les Français, répondaient les soldats tonkinois, sont de chevaleresques guerriers qui n'ont pas craint de quitter leur belle patrie pour venir, jusque sous notre ciel inclément, délivrer les peuples de votre cruelle oppression, car c'est vous qui êtes cause de tous les malheurs qui accablent depuis trop longtemps notre pays. Non seulement nous ne vous servirons plus, mais nous vous ferons, au contraire, expier chèrement votre tyrannie. Ne comptez donc que sur les balles que nous vous enverrons à coups de fusil. »

A partir de ce moment, le calme le plus complet semblait régner dans la place : les assiégés ripostaient à peine à nos coups, et si la place n'avait pas été bloquée si étroitement nous aurions pu supposer qu'elle était évacuée. Presque chaque nuit, cependant, nos avant-postes étaient attaqués par les assiégés qui essayaient leurs forces pour tâcher de percer nos lignes à la faveur de l'obscurité. Chaque nuit, également, nos obus allumaient des incendies à la clarté desquels nous pouvions constater que les défenseurs étaient encore nombreux et peu disposés à se rendre. Le 20 janvier, nos têtes de sapes atteignaient la première ligne des défenses accessoires accumulées en avant du rempart. Encore quelques jours de patience et nous allions pouvoir miner le rempart et pénétrer dans la place. Chacun aspirait à ce moment suprême où l'on allait enfin voir en face ces guerriers si arrogants derrière leurs remparts, et se rendre compte de ce que pouvait être cette forteresse improvisée qui nous avait obligés à faire un aussi long siège, alors que les citadelles du Tonkin avaient à peine arrêté nos troupes pendant quelques heures. Mais les difficultés étaient grandes encore; les fossés étaient pleins d'eau et hérissés de bambous aigus constituant une véritable forêt de lances menaçantes qu'il fallait détruire avant tout. Les remparts étaient également couverts de ces bambous entrecroisés et solidement fixés au sol. Il était impossible d'y faire brèche avec nos obus qui passaient au travers, et l'on ne pouvait pas songer à les arracher puisque l'eau empêchait de les aborder à couvert.

Le commandant du génie eut alors recours au seul moyen

efficace : il fit arroser les bambous de pétrole, avec des pompes à incendie, et y mit le feu. Ce moyen ne réussit qu'imparfaitement : les parties les moins humides flembèrent seules en produisant un crépitement et des détonations semblables aux feux de mousqueterie ponctués par le canon.

Ces détonations sont causées par l'air surchauffé à l'intérieur des bambous, qui finissent par éclater violemment sous la forte pression d'air chaud qu'ils ont ainsi à supporter.

Cette nouvelle tactique dérouta complètement les assiégés qui essayèrent à peine de lutter contre l'incendie, et qui commencèrent à abandonner les secteurs attaqués pour se réfugier sur les points mieux défilés de nos coups, et aussi pour se préparer à la lutte suprême. Vers la fin du jour, un mouvement inusité se produisit tant dans la place que sur les hauteurs et dans les villages environnants. Puis, la nuit venue, de grands feux s'allumèrent dans toutes les directions, et bientôt nos lignes furent attaquées vivement, par les assiégés sortis de la place, et par les bandes du dehors. Chacun courut aux armes et se porta à son poste de combat. Un brouillard intense augmentait encore l'épaisseur des ténèbres de la nuit et rendait toute direction du combat absolument impossible. On ne distinguait les amis des ennemis qu'à la lueur des incendies ou des feux de la mousqueterie et du canon; les balles et les obus s'entrecroisaient dans tous les sens et, dans le lointain, on entendait également le canon et la fusillade des postes français aux prises avec les bandes du dehors.

La fusillade ne cessa qu'avec la nuit, et le lendemain le soleil, en se levant, vint éclairer la plus horrible scène de carnage qu'il soit possible de concevoir.

Les assiégés avaient eu à traverser la zone de 800 mètres de marécages qui les séparait de nos lignes, et partout leurs cadavres gisaient dans la vase ou flottaient sur l'eau boueuse rougie par le sang.

Le 21 janvier, à 8 heures du matin, nous pénétrâmes dans la place où un spectacle plus horrible encore s'offrit à nos yeux. On ne voyait partout que monceaux de cadavres en putréfaction, que les assiégés n'avaient pu enterrer pendant ce long siège, faute de place pour les sépultures, et surtout faute de bras disponibles pour ce genre de travail.

La plupart des morts étaient simplement recouverts avec les toitures enlevées des maisons. Une atmosphère lourde, chaude et humide planait sur ce charnier infect littéralement couvert de mouches grasses, luisantes et abruties par la ripaille.

Des trois mille hommes qui s'étaient enfermés dans cette forteresse, avec l'espoir qu'elle devait leur servir de base pour se ruer sur les chrétientés voisines, et de là sur les Français, environ cent cinquante échappèrent à l'expiation suprême. C'était, naturellement, les mandarins civils et leur suite, qui n'avaient pas craint de sacrifier, dans la sortie désespérée du 21 janvier, ce qui restait de braves soldats, pour sauver leurs précieuses personnes (10).

Le Dédoc-Khé fut trouvé, parmi les morts, sur l'un des points où le combat avait été le plus acharné.

Quant à Dinh-Cong-Trang, il avait pu franchir nos lignes à la faveur de l'obscurité, et gagner le deuxième camp retranché, construit sur le haut Song-Ma, près de la montagne. La reconnaissance intérieure de Ba-Dinh nous causa une véritable surprise, en nous montrant avec quel art les fortifications avaient été construites. La place, avons-nous dit, se composait d'un ensemble de trois villages : Mikhé, Maouting et Thuong-To, situés sur trois îlots émergeant de deux mètres au-dessus de l'eau des rizières, dont la profondeur, par suite de l'inondation artificielle, était de plusieurs mètres.

Sur le pourtour de chacun de ces îlots était creusée une tranchée de trois mètres de profondeur sur quatre de largeur, dont les terres rejetées du côté de l'extérieur, renforçaient un parapet, en sol naturel, de huit à dix mètres d'épaisseur. Dans ce parapet étaient placés de gros bambous, en guise de meurtrières, par lesquelles les défenseurs ne tiraient qu'à coup sûr, lorsqu'ils apercevaient quelqu'un dans le champ de cette sorte de longue-vue.

----

(10) Un télégramme du gouvernement, en date du 23 janvier, félicita le colonel Brissaud et les troupes sous ses ordres de l'heureuse issue des opérations devant Ba-Dinh.
Le colonel fut nommé général.

La ligne des fortifications était brisée, de façon à produire partout des flanquements certains, et chacun des trois villages avait ses fortifications disposées de façon à pouvoir servir de réduit au cas où les deux autres auraient été pris.

Sur la crête et sur les talus extérieurs du parapet, étaient plantés des bambous appointés et disposés en fraises, afin d'en empêcher l'escalade. Au pied du rempart, et sur une largeur de cinquante mètres, étaient noyés à fleur d'eau une véritable forêt de piquets de bambous rendant le franchissement du fossé impossible. Puis, en avant de ces piquets, se trouvait une haie de bambous entrecroisés et solidement construite. Enfin, à cinquante mètres plus en avant encore, étaient disposés des abatis et des petits piquets de bambous épineux, piquant comme des flèches.

Tout cela formait un fouillis de bambous masquant absolument le rempart, et c'est pourquoi au début des opérations, alors que les bambous étaient encore verts, nous avions cru avoir affaire simplement à un village fortifié à la mode annamite.

Nous avons été fort étonnés, également, de voir que nos canons n'avaient produit qu'un effet matériel à peu près nul, grâce aux précautions, qu'avaient prises les assiégés, de défiler de leurs coups tous les matériaux inflammables, et de se défiler eux-mêmes, au moyen de chemins couverts dans lesquels ils avaient creusé leurs magasins et leurs gîtes.

La plupart des obus s'enfonçaient dans la terre glaise sans éclater, ou bien ils produisaient, en éclatant, un simple entonnoir presque aussitôt comblé par la chute des terres. Il est certain qu'avec des vivres et des munitions en quantité suffisante, les rebelles auraient pu résister pendant de longues semaines encore, et, les chaleurs arrivant, créer de sérieux embarras à notre colonie naissante.

Leur forteresse de Ba-Dinh n'était que l'un des boulevards de la longue zone de terrain dont ils s'étaient emparés, et par laquelle ils étaient en communication avec les bandes du Laos et du Yunnan. Ils pouvaient donc se ravitailler facilement par cette voie. D'un autre côté, ils ne manquaient pas de rançonner la contrée, l'une des plus riches du pays. Pour cela, ils donnaient un semblant de régularité à leurs réquisitions en les faisant au nom du roi Ham-Nghi, et en délivrant des bons payables soit par le Trésor de l'Annam, soit sur l'indemnité de guerre à imposer aux Français après les avoir vaincus.

Les nombreux documents trouvés à Ba-Dinh nous permirent de constater que cette insurrection était réellement organisée d'une façon formidable, et que rien n'était laissé au hasard. Des fonctionnaires étaient même désignés pour occuper les emplois à retirer aux mandarins ralliés à la cause française.

C'est en dépouillant la correspondance de Dinh-Cong-Trang que nous apprîmes également que les rebelles avaient construit une seconde forteresse dans la montagne, près du village de Makao, situé entre les postes français de Phu-Quang et Phu-Tho, et que ceux des rebelles échappés de la forteresse de Ba-Dinh avaient dû se retirer dans cette seconde forteresse.

Dans une lettre au chef de Makao, Dinh-Cong-Trang disait, en effet, qu'il allait être obligé d'abandonner Ba-Dinh, parce que ses troupes y étaient trop incommodées par les milliers de cadavres français gisant autour de la place, et qu'il se proposait d'aller prendre la direction des opérations à Makao.

Dans un rapport qu'il adressait au roi Ham-Nghi il disait ceci :

Depuis 3 ou 4 heures du matin, déguisé dans le fort, j'ai tiré sur les pirates français. Dans les fossés, les cadavres étaient entassés les uns sur les autres, Français et tirailleurs tonkinois, impossible d'en savoir le nombre. Au milieu de la nuit, j'envoyai les explorateurs qui trouvèrent des clairons et des fusils abandonnés au nombre de plus de trente.

Cependant, à cause du feu continu des pirates français, nous dûmes nous retirer dans l'intérieur du fort. Depuis lors, les pirates français tirèrent jour et nuit, sans cesser un instant. Je continuais de me cacher pour tirer sur eux, et ils perdaient tellement de monde qu'ils n'osaient pas entrer dans le fort.

Ils superposèrent alors quatre ou cinq treillis de bambous derrière lesquels ils se tenaient cachés (11), pour s'approcher du fort à trente ou quarante mètres.

De là, ils lançaient du feu pour incendier, des grenades et des obus, plus de 10.000 projectiles.

------

(11) Dinh-Cong-Trang faisait allusion à nos gabions et fascines.

Cependant, j'employai une foule de moyens, conjurations et prières aux esprits et à Bouddha, demandant leur protection, aussi nous eûmes peu de blessés et de tués. Alors le Dédoc-Soan, avec trois cents hommes, alla camper à Tach-Bang, territoire du Phu-Quang-Hoa, dans l'intention de nous secourir.

De ce poste à Ba-Dinh, il y a plus d'une demi-journée de marche; chaque nuit, il envoyait des soldats qui, de loin, tiraient des coups de fusil. L'endroit d'où ils tiraient est séparé du fort où j'étais par un ou deux cantons, aussi les pirates français ne répondaient nullement à une pareille attaque, au contraire, ils s'acharnaient davantage à tirer sur Ba-Dinh. Avec un pareil secours, comment unir nos forces de l'intérieur à celles de l'extérieur pour repousser l'ennemi qui nous bloquait ?

Le général Soan m'écrivait, disant : « Environné de mille et dix mille calamités comme vous l'êtes, cherchez le moyen d'en sortir ! »

Je compris de suite que nous n'avions rien à attendre de lui, c'est pourquoi, dans la nuit du 20 janvier 1887, vers 10 heures du soir, le mandarin Pham-Banh et moi fîmes une trouée dans les rangs des Français et pûmes ainsi sortir. Au milieu des ténèbres, on frappait à tort et à travers ; un grand nombre de Français furent tués et j'eus cent cinquante tués ou blessés.

Au moment où je soutenais ces combats, les pirates français voulaient abandonner le Tonkin pour retourner dans leur pays. L'armée annamite fidèle était très forte. Si le général Soan avait su profiter de cette occasion, s'il avait eu l'habileté de tout ordonner de façon que chacun unît ses forces et son cœur pour agir avec unanimité, nous aurions pu alors sauver le royaume et le gouvernement.

Certes, c'était aussi facile que de rouler un arbre bien rond. Hélas ! Soan n'a rien étudié : il ne connaît aucune tactique. Il passait son temps à écouter des lettrés et d'anciens mandarins ; au lieu d'amener ses soldats pour battre les Français, il envoyait des écrits et des papiers remplis de sottises, disant qu'il fallait détruire tous les postes occupés par les Français, jeter le trouble parmi eux et leur faire perdre toute autorité. Avec de semblables sornettes, il est impossible de faire quelque chose de sérieux. Après avoir échappé au siège de Ba-Dinh, tous les officiers de l'armée fidèle se dispersèrent. Le général Soan, avec les Chinois qu'il avait loués et toutes les autres troupes, au nombre de plus de deux mille hommes, campait au fort de Lac-Ngoc, dans le phu de Thien-Hoa (12).

Ce rapport de Dinh-Cong-Trang montre bien quelle piètre opinion les mandarins civils avaient des mandarins militaires, qu'ils s'étaient efforcés jusque-là de tenir en tutelle, en les habituant à une obéissance passive qui leur avait enlevé toute apti-

---

(12) Fort de Makao et Ho-Sen dans le Phu-Quang.

tude aux choses de la guerre. Confiants dans leurs énormes canons et l'épaisseur des murailles de leurs forteresses, les lettrés
s'étaient attachés à détruire l'esprit et les vertus militaires de
la nation, dont ils redoutaient l'humeur belliqueuse. L'armée
était peu considérée, et les soldats plus souvent occupés comme
coolies qu'à s'instruire.

Les mandarins civils qui voulurent prendre la direction des
opérations militaires n'y étaient nullement préparés : ils usèrent
sans profit les bonnes volontés et les efforts de leurs partisans
et dépensèrent leur activité et leur énergie en bavardages et
en entreprises chimériques qui, comme le constate Dinh-Cong-
Trang, n'avançaient point les affaires du royaume.

Eclairé par cette correspondance, le colonel Brissaud se mit
en mesure de poursuivre, le plus rapidement possible, les
rebelles dans la direction de Makao.

En conséquence, après avoir dressé un plan de Ba-Dinh, on
fit enterrer les morts dans les tranchées que l'on combla, puis
on réduisit en cendre tout ce qui pouvait être brûlé, afin de faire
disparaître, le plus possible, la trace matérielle de cette résistance et donner un exemple aux populations, qui auraient pu
être tentées de se laisser envahir sans prévenir l'autorité pro-
vinciale.

Le colonel Brissaud fit demander au roi d'Annam la radiation
de la carte de ces trois villages, et, en attendant la décision
royale, il fit planter l'écriteau suivant sur leur emplacement :

Ici étaient les trois villages de Thuong-To, Maouthing et Mikhé. Ils
ont été détruits parce que les rebelles et les pirates ont pu s'y installer
et y construire des citadelles, sans que les habitants en prévinssent les
autorités légitimes. Ils ont mérité de disparaître de la terre. Ainsi
seront punis ceux qui commettront la même faute.

Ces derniers travaux nous obligèrent à rester encore dans nos
cantonnements pendant six jours après lesquels nous commençâmes l'exploration du secteur occupé par les rebelles. Partout
nous constatâmes la ruine et l'abandon du pays.

Afin de donner le change aux rebelles, le colonel Brissaud fit
courir le bruit de la dislocation de nos colonnes et de leur rentrée dans leurs garnisons respectives de l'Annam et du Tonkin.

Cette fausse nouvelle était d'autant plus facile à propager que nous avions avec nous un certain nombre de prisonniers, femmes et enfants, sauvés des massacres de Ba-Dinh. Il suffisait de les initier le mieux possible à nos prétendus projets de dislocation, puis de les renvoyer au moment opportun dans leurs villages, où ils ne devaient pas manquer de dire que la guerre était finie, et que nous avions évacué le pays.

Ces malheureux, abrutis par les privations et les scènes d'horreur auxquelles ils venaient d'assister, nous suivirent librement pendant quelques jours, en nous considérant sans doute comme de nouveaux maîtres moins inhumains que les précédents, bien que les rebelles se fussent efforcés de leur faire accroire que nous étions des barbares massacrant, sans pitié, les femmes, les enfants et les vieillards.

Ces pauvres gens furent fort surpris, lorsque nous leur rendîmes la liberté; ils ne pouvaient pas comprendre tant de générosité de notre part, et les femmes surtout ne s'expliquaient pas un si grand désintéressement qui nous faisait négliger ce que les rebelles ou les pirates avaient l'habitude de toujours considérer comme le plus précieux butin.

Leur étonnement fut à son comble lorsque nous allâmes, personnellement, les accompagner jusqu'aux avant-postes, et que nous leur donnâmes un laisser-passer ainsi que de l'argent et des vivres pour faire leur voyage. Ils se jetèrent à nos pieds en faisant des salamalecs, à la mode annamite, et nous eûmes toutes les peines du monde de les empêcher de nous adorer comme un bon génie, ou peut-être même comme l'une des incarnations de Bouddha!

# CHAPITRE XI



Après avoir rétabli les communications entre les villes de
Than-Hoa et de Ninh-Binh et reconstruit la ligne télégraphique,
dont les poteaux et les fils avaient été enlevés sur une longueur de dix kilomètres, les mesures suivantes furent prises
par le colonel Brissaud, pour garder le terrain conquis et profiter du désarroi dans lequel la prise de Ba-Dinh avait plongé
la rébellion.

Un poste de vingt-cinq Européens fut laissé sur la route
mandarine, au passage du Song-Leu, avec mission de construire
un blockhaus pour garder ce passage et assurer la sécurité
de la route.

Les troupes qui venaient de prendre part au siège de Ba-
Dinh furent organisées en deux colonnes ayant pour chefs les
colonels Dodds et Metzinger. La colonne Dodds reçut l'ordre de
se porter tout d'abord dans la direction du nord, vers le Tonkin, puis de se rabattre ensuite vers l'ouest pour marcher
sur Phu-Quang, tandis que la colonne Metzinger se dirigerait
vers le sud, sur Than-Hoa, d'où elle remonterait la rive droite
du Song-Ma pour marcher vers l'ouest, sur Phu-Tho.

Ces deux colonnes devaient ensuite marcher à la rencontre
l'une de l'autre et tâcher de se réunir dans les environs de
Makao, c'est-à-dire à proximité du point signalé comme fortement occupé par les rebelles. Une troisième colonne, sous les
ordres du capitaine Joffre, du génie, devait réquisitionner toutes les jonques du pays, et remonter les arroyos avec les vivres, l'artillerie et les munitions.

Ces nouvelles opérations présentaient de très grandes difficultés, car les colonnes devaient bientôt s'engager dans une région à peu près inconnue, sans cartes et sans guides sûrs. Les seuls guides que nous avions étaient pour la plupart des prisonniers de Ba-Dinh, connaissant à peine le pays et fort peu disposés à nous bien servir.

D'autre part, ces colonnes étaient séparées l'une de l'autre par plusieurs rivières et par des distances telles qu'il leur était impossible de se prêter un mutuel appui au cas où elles auraient été attaquées. Il est certain qu'avec un peu d'audace, les rebelles auraient pu nous créer de sérieux embarras en se plaçant entre ces colonnes pour empêcher leur jonction. Mais la prise de Ba-Dinh les avait complètement démoralisés et, dans leur terreur panique, ils ne songèrent plus qu'à aller s'enfermer dans leur forteresse de Makao.

Cette seconde forteresse, cachée dans la broussaille et la forêt vierge, se trouvait entre nos postes de Phu-Quang et de Phu-Tho, à peu près dans la même situation que Ba-Dinh par rapport aux places de Ninh-Binh et de Than-Hoa.

Depuis plusieurs semaines les communications étaient interrompues entre ces deux postes qui étaient continuellement attaqués, sans qu'il leur fût possible de se rendre compte exactement de quels endroits venaient les assaillants, ni quelles étaient leurs forces. Un échec à Ba-Dinh aurait amené une catastrophe dont le contre-coup se serait fait sentir sûrement au Tonkin, où les plus graves événements auraient pu se produire. Il fallait donc, à tout prix, porter un dernier coup à la rébellion pour sauver notre colonie sérieusement menacée. Nos deux colonnes arrivèrent au rendez-vous fixé, le 2 février à midi, et elles prirent immédiatement les dispositions nécessaires pour reconnaître le terrain sur lequel était signalée la position fortifiée de Makao.

La reconnaissance en paraissait, d'ailleurs, assez facile, car de nombreux sentiers sillonnaient la brousse et la forêt vierge dans tous les sens.

En passant à Phu-Tho, le Quan-Phu, ancien fonctionnaire de Saïgon, tout dévoué à la cause française, nous avait donné comme guides deux prisonniers qu'il détenait depuis quelques

jours et qu'il soupçonnait fort d'appartenir à la bande de Makao.

Ces prisonniers étaient, en effet, deux chefs rebelles qui ne
tardèrent pas à se trahir en cherchant tout d'abord à nous
conduire dans de fausses directions, sous le fallacieux prétexte
de nous empêcher de tomber dans quelques embuscades. Puis,
voyant que nous voulions, avant tout, éventer ces embuscades
et marcher contre les positions fortifiées, ils cherchèrent par
tous les moyens à nous faire diviser nos forces et à les diriger
contre les points les plus fortement occupés par les rebelles.

Cette nouvelle ruse ne leur réussit pas davantage et elle eut
pour conséquence de les obliger à marcher avec l'avant-garde,
de façon à être exposés aux premiers coups des rebelles.

Malgré tout, notre situation était fort critique car, contrairement à ce qui se passait à Ba-Dinh, où nous étions séparés des
rebelles par une nappe d'eau qui ne nous empêchait nullement de voir les faits et gestes des rebelles, nous étions obligés
de cheminer à travers de hautes broussailles, qui ne nous permettaient même pas de nous distinguer entre nous, et à plus
forte raison de combiner des mouvements d'ensemble.

Cependant, nos éclaireurs arrivèrent bientôt au bord d'un
profond ravin au fond duquel coulait une rivière, et là, ils furent
salués par un coup de canon et quelques coups de fusil tirés
de la rive opposée.

Ce fut le signal d'un véritable combat pendant lequel les
rebelles cherchèrent à nous entourer à la faveur des bois et de
la broussaille, mais l'habile tactique du colonel Brissaud les
obligea bien vite à se retirer dans leur position centrale pour
échapper aux mouvements tournants de nos colonnes.

Au lieu de laisser toutes ses troupes s'engager, par le même
chemin, dans la broussaille qui pouvait masquer toutes sortes
de pièges, le colonel les divisa en trois colonnes principales tendant à cerner la position. Ces trois colonnes étaient éclairées
par d'autres petites colonnes volantes ayant pour mission de
gagner la montagne et d'en occuper les chemins par où pouvaient s'enfuir les rebelles.

Les trois colonnes principales étaient commandées par les
colonels Dodds, à droite, Metzinger, à gauche et par le com-

mandant Diguet, au centre. Les colonnes volantes étaient commandées par le capitaine de Nugent, et les lieutenants Fauré et Betzelère du 2ᵉ régiment tonkinois.

Le convoi de jonques, sur lesquelles se trouvaient les vivres et le gros matériel, était sur les rivières Song-Ma et Song-Chau, à deux journées de marche en arrière, et tout nous faisait craindre que ce convoi ne pût pas arriver jusqu'à nous, et que nous fussions obligés de nous replier sur lui pour nous ravitailler.

La situation était assez pénible, car la fusillade crépitait un peu dans toutes les directions, et sans qu'il nous fût possible de déterminer d'une façon bien précise où étaient les points forts et les points faibles de la position. Nous étions comme obsédés par la sensation d'un grand danger aussi difficile à éviter qu'à en mesurer l'étendue. Bientôt, cependant, le colonel Brissaud fit avancer la colonne du centre qui traversa la rivière et s'empara du poste qui en défendait le passage, puis l'avant-garde continua à suivre le chemin qui s'enfonçait de plus en plus dans la broussaille. Pendant ce temps, les autres colonnes cherchaient à déborder et à tourner la position.

Après une heure de marche, l'avant-garde fut arrêtée par un ravin profondément encaissé et rempli de broussaille et d'abatis infranchissables masquant de nombreux ouvrages de fortification disséminés le long du ravin qui leur servait de fossé.

La fusillade ayant cessé, depuis notre marche en avant, un silence de mort régnait autour de nous et rien autre chose qu'un secret pressentiment nous indiquait que nous devions être dans le voisinage de nos farouches ennemis.

A un moment donné, le colonel Brissaud se porta en avant pour tâcher de se rendre compte de la situation, en même temps qu'il nous donnait l'ordre d'aller faire avancer l'avant-garde embusquée le long du ravin. Notre présence à cheval et à découvert en première ligne fut le signal d'une nouvelle fusillade partant d'une digue située à quelques mètres sur notre flanc gauche, et d'un fortin situé de l'autre côté du ravin à une trentaine de mètres de l'avant-garde.

Ces coups, mal dirigés par des tireurs occupant des positions dominantes, passèrent par-dessus nos têtes et allèrent nous tuer quelques hommes en arrière.

Au même instant, nos deux guides, dont nous avions tant de raisons de nous méfier, sautèrent dans le ravin en criant aux rebelles d'agir sans pitié, que nous n'étions pas en force et qu'ils auraient facilement raison de nous, surtout lorsqu'ils se seraient emparés du commandant en chef et de son état-major. Mais nos braves Tonkinois, en entendant ce langage et en voyant les guides les trahir ainsi, s'élancèrent dans le ravin, tuèrent les guides et se ruèrent à l'assaut du fortin qu'ils enlevèrent avec l'aide de l'infanterie de marine et d'autres troupes européennes.

Ce premier coup d'audace obligea l'ennemi à abandonner ses positions et à se replier sur l'immense fort central que nous pûmes apercevoir du fortin et étudier à distance pendant que nos troupes traversaient le ravin et prenaient de nouvelles positions.

Bientôt le vacarme habituel commença au camp ennemi : plusieurs grands drapeaux noirs furent déployés et agités; les tams-tams, les gongs et les porte-voix des chefs, se firent entendre, couvrant les appels des soldats et les cris des blessés.

Pendant ce temps, nos diverses colonnes, attirées par la fusillade, arrivaient en ligne et notre artillerie de montagne prenait position et canonnait le fort qui riposta avec une vigueur acharnée. La fusillade partant des différents forts aux prises avec nos reconnaissances nous permit de constater que nous étions en présence d'un véritable camp retranché d'après le système de nos camps européens, c'est-à-dire composé d'une grande place centrale entourée de forts dont nous venions de franchir la première ligne.

La plupart de ces forts, complètement dissimulés dans la brousse, étaient abrités en arrière de ravins ou entourés de marais qui en rendaient les approches excessivement difficiles et dangereuses.

Une fois la position bien reconnue, le colonel Brissaud prit les dispositions suivantes afin de profiter du désarroi de l'ennemi pour enlever le fort central de vive force :

Le centre de la ligne d'attaque reçut l'ordre de continuer la marche en avant, en démasquant le plus possible le tir de l'artillerie qui couvrirait d'obus l'intérieur du fort. Pendant ce temps, l'aile gauche chercherait à contourner la position vers le sud et à tendre la main à une reconnaissance opérant dans cette direction.

L'aile droite se détachant de la colonne, sous les ordres du colonel Dodds, se dirigerait à la tête dans la direction de l'Ouest et s'efforcerait d'atteindre avant la nuit les défilés de la montagne, afin de couper la retraite à l'ennemi s'il cherchait à s'échapper.

Cette tactique produisit l'effet prévu. Toute l'après-midi, le combat fut acharné de part et d'autre, puis l'ennemi se voyant menacé d'avoir sa ligne de retraite coupée, et craignant d'être assiégé, comme à Ba-Dinh, abandonna la position en s'enfuyant par un ravin qui lui permit de se défiler des coups de nos reconnaissances.

Le colonel Dodds, trahi encore par ses guides, eut sa colonne égarée dans la forêt vierge où elle fut obligée de passer la nuit, au lieu de se porter au point qui lui avait été assigné, et où il aurait pu sans doute arrêter les rebelles dans leur fuite.

A la tombée de la nuit, nous pénétrâmes dans le fort, par la face nord, tandis que l'ennemi s'enfuyait par la face sud en nous disputant le terrain pied à pied jusqu'au départ du dernier des siens.

Nous trouvâmes dans le fort quelques approvisionnements en armes et munitions, ainsi que la correspondance de Dinh-Cong-Trang, qui arrivait de Ba-Dinh, et qui avait espéré prendre sa revanche à Makao. Mais les événements semblaient en ordonner autrement, et dans ses derniers rapports Dinh-Cong-Trang avouait que si cette position tombait entre les mains des Français, c'en était fait de la rébellion.

Cette journée nous coûtait des pertes cruelles en morts et en blessés. Le lieutenant de Thuisy, de l'infanterie de marine, frappé d'une balle au cœur, en s'élançant à l'assaut du fort central, succombait à cette blessure quelques heures plus tard. Le lieutenant Fauré, du 2ᵉ tonkinois, était grièvement blessé ainsi que plusieurs soldats européens ou indigènes.

L'ennemi, de son côté, avait une centaine de morts ou de blessés, qu'il laissa entre nos mains contrairement à sa coutume, afin de fuir plus rapidement.

Le soir, nous nous installâmes dans le fort central et nous prîmes les dispositions nécessaires pour attaquer les autres forts le lendemain; mais, dès le matin, nos reconnaissances constatèrent que tous ces forts avaient été abandonnés pendant la nuit et que les rebelles étaient en fuite à travers la forêt, et cherchaient à gagner la montagne.

Cette position de Makao aurait pu être rendue plus formidable encore que celle de Ba-Dinh, et nous devons rendre un juste hommage au chef qui l'avait organisée, et qui avait su utiliser si judicieusement le terrain et les moyens de défense dont il disposait.

Elle était située au milieu d'une région très riche, aux confins de la forêt vierge, par où une ligne de retraite était assurée vers le Laos et le Yunnan. Le fort central était construit dans une boucle du Song-Cau-Tiai (rivière aux mille boucles), qui lui servait de fossé, profond de quinze mètres et large de quarante mètres, avec des talus à pic et une profondeur d'eau de plusieurs mètres. Le sol était sec et très résistant, et les rebelles en avaient profité pour construire, suivant les crêtes de la boucle de la rivière, une tranchée à talus verticaux, défilée de distance en distance par des traverses qui protégeaient les défenseurs contre les coups d'enfilade. Toutes les terres rejetées en avant formaient un parapet suffisant contre la mousqueterie.

Puis, comme une digue avait été construite, par les gens du pays, à l'entrée de la boucle pour arrêter les inondations, les rebelles avaient utilisé cette digue en creusant en son milieu une ligne de tranchées qui les abritaient aussi bien par derrière que par devant, et qui formaient ainsi un véritable réduit.

Pour obtenir des flanquements à cet important ouvrage, ils avaient construit des tambours ou des caponnières à feux rasants, partout où il ne leur avait pas été possible d'obtenir des flanquements par le tracé des lignes.

Autour de ce fort, qui avait une forme hexagonale avec un développement de huit cents mètres de crête de feux, ils avaient construit six autres fortins, dans un rayon de trois kilomètres, et sur les points où la position était la plus abordable. Ces fortins étaient tellement bien dissimulés dans la broussaille qu'il nous fallut cinq jours de reconnaissance pour les découvrir tous. L'un d'eux, appelé fort de Ho-Sen, dans lequel ils avaient une fabrique de poudre et de munitions, était situé au milieu de terrains tourbeux aussi inaccessibles en bateau qu'à pied sec. Il était entouré d'une sorte de lac recouvert d'une couche de tourbe flottante sous laquelle disparaissaient les hommes et les chevaux. Nous ne pûmes pénétrer dans ce fort qu'en construisant un chemin d'approche avec force fagots de broussaille.

Toute la forêt voisine, appelée forêt de Cu-Bao, était également ment couverte de retranchements.

Nous passâmes une quinzaine de jours à explorer cette région et à en détruire les fortifications, puis après avoir laissé comme garnison, au fort de Makao, la compagnie de Nugent, du 2ᵉ tonkinois, nous retournâmes au Tonkin en traversant de part en part la région dévastée par la rébellion, dont les quelques partisans se dispersèrent à notre approche.

Cette longue expédition, pendant laquelle nos soldats français et tonkinois donnèrent des preuves d'une très grande bravoure, dérouta complètement les bandes de rebelles ou de pirates, qui avaient espéré un instant massacrer tous les Français et s'emparer du Tonkin.

Il faut dire qu'en vérité leur organisation était remarquablement puissante, et que la plupart des mandarins au pouvoir commençaient à hésiter entre le régime français et l'ancien régime annamite. Partout nous étions trahis, même par les gens en qui nous avions le plus de confiance. C'est ainsi que, pendant cette expédition, nous fûmes obligés de faire arrêter et mettre en jugement notre lettré Tran-Van-Vinh, attaché à l'état-major, et qui profitait de sa situation pour servir les deux camps. Il avait même eu l'indélicatesse de renvoyer à Dinh-Cong-Trang la partie la plus compremettante de sa correspondance trouvée à Ba-Dinh, et que nous lui avions confiée pour la traduire. Et, cependant, ce lettré était avec nous depuis l'année 1885, époque à laquelle nous l'avions fait nommer à son emploi à la mission militaire de l'Annam. Il faut dire aussi qu'il était frère de l'interprète Tran-Van-Qué, qui avait si lâchement abandonné le capitaine Besson à Nam-Tung.

Disons, pour terminer le récit de ces événements, que la plupart des chefs rebelles, qui avaient échappé à nos coups, perdirent leur prestige aux yeux des populations soulevées qui les abandonnèrent pour se rallier définitivement à la cause française.

Quelques-uns de ces chefs firent leur soumission, et d'autres se firent prendre par nos postes de l'Annam, dans le courant de l'année 1887. Après la déroute de Makao, Dinh-Cong-Trang chercha à réorganiser ses bandes dans les environs, mais, traqué par nos postes et chassé du Than-Hoa, il se retira dans le Ngé-An, où il chercha de nouveau à soulever les populations. Après avoir erré pendant une partie de l'été 1887, sans pouvoir trouver d'appui nulle part, il finit par être surpris et tué dans les circonstances suivantes :

Le 5 octobre 1887, le capitaine Coste, du 1er bataillon de chasseurs annamites, commandant le poste avancé de Luong, sur le Song-Ca, fut informé par le maire du village muong de Tang-Yen que Dinh-Cong-Trang venait de s'établir dans cette localité où il avait l'intention de se fortifier.

Le capitaine Coste partit le soir même avec son lieutenant, M. de Fitz-James, et 65 hommes. Pendant la nuit et une partie du jour suivant, il remonta le Song-Ca en sampans, puis il attendit la nuit pour continuer sa route.

Le village de Tang-Yen n'était situé qu'à une vingtaine de kilomètres du fleuve, mais les chemins, déjà fort difficiles, étaient rendus impraticables par les pluies qui duraient depuis plusieurs jours. Les deux guides muongs qui dirigeaient la petite colonne étaient convaincus qu'elle ne pourrait pas arriver jusqu'à Tang-Yen. « C'est fâcheux, disaient-ils, car par une pareille tempête Dinh-Cong-Trang ne pourra jamais croire à une attaque; il ne se méfiera pas et on aurait chance de le prendre. »

L'espoir de s'emparer de ce chef et de finir la guerre donna du courage à tous. A 9 heures du soir, on se met en marche; il faut franchir des fondrières où l'on enfonce jusqu'au ventre, franchir plusieurs fois un large torrent grossi par les pluies et où nos petits soldats annamites perdent pied. Le capitaine Coste en sauve même plusieurs en danger de se noyer. Enfin, après une marche des plus périlleuses, on arrive à 3 heures du matin au village; on l'entoure dans le plus grand silence et

on commence l'escalade des maisons élevées sur pilotis suivant l'usage muong.

Mais les rebelles ont pris l'éveil; une porte s'ouvre d'où partent deux coups de fusil, et aussitôt deux hommes se laissent
glisser à terre. Le capitaine Coste, resté dans la rue, se lance
à leur poursuite, essuie plusieurs coups de revolver et finit par
abattre l'un des fuyards; l'autre est tué par le chasseur annamite Nguyen-Tuen, qui accompagne le capitaine Coste.

Ces deux fuyards étaient Dinh-Cong-Trang et son beau-frère.

Trente rebelles périrent dans cette affaire, et la bande disper-
sée fut traquée le lendemain par les Muongs, qui l'achevèrent. Ce
fut le coup de grâce de l'insurrection dans cette région. Il n'était
personne, en effet, qui pût prendre la succession de Dinh-Cong-
Trang; lui seul, par son intelligence et son énergique activité,
avait pu prolonger aussi longtemps l'insurrection.

Homme d'ordre et honnête, il savait maintenir la discipline
dans sa troupe et punissait rigoureusement les soldats qui pil-
laient dans les villages, en dehors des réquisitions régulières.
Observateur et patient, il connaissait assez ses soldats et les
nôtres pour ne pas se risquer dans une offensive inutile; mais
il savait admirablement choisir son terrain, le préparer et nous
amener, par une fuite simulée, dans l'embuscade qu'il avait ten-
due.

Enfin, toujours le premier au danger; aussi avisé dans le
conseil qu'intrépide dans l'action, d'un patriotisme ardent qui
échauffait les courages, il était arrivé, lui l'homme du peuple,
à s'imposer à ces orgueilleux mandarins, qui, en d'autres circonstances, l'eussent tenu prosterné à leurs pieds sans daigner
l'entendre.

Mieux secondé, il eût pu longtemps encore nous tenir en
échec, mais il n'avait plus personne capable de le remplacer.
Presque tous ses lieutenants furent capturés par nos postes ou
massacrés par les paysans. Pham-Banh s'est empoisonné après
avoir fait sa soumission. Le mandarin Phuong, qui avait donné
le signal de l'insurrection dans le sud de la province de Than-
Hoa, fut surpris dans la forêt pendant la nuit et capturé par
nos troupes, mais il se donna la mort en se coupant la langue
avec les dents.

Un autre grand mandarin, nommé Nguyen-On, ancien ministre, nommé Tong-Doc des rebelles par Thuyet, fut pris dans
des circonstances assez extraordinaires. Traqué sans relâche
par le lieutenant de Fonclare, du 1<sup>er</sup> zouaves, chef d'un poste
du Than-Hoa, il fut blessé deux fois et ne dut la vie qu'au dévouement qu'il inspirait à ses gens. Le lieutenant Bulleux, du
2<sup>e</sup> tonkinois, le poursuivit à son tour pendant longtemps, et il
finit par le découvrir après une marche rapide, malgré des
difficultés sans nombre. Mais il allait encore s'échapper sans
la présence d'esprit du caporal tonkinois qui commandait l'a-
vant-garde composée de cinq hommes déguisés en paysans et
dissimulant leurs armes dans des fagots de bambous.

Arrivé près du village muong où était signalé Nguyen-On et
ne sachant dans quelle maison le trouver, ce caporal arrête un
enfant, et, lui montrant son fusil, lui dit qu'il avait pris cette
arme aux Français et qu'il venait en faire hommage au grand
chef. Conduit par l'enfant, il passa sans trop éveiller l'attention
et put arriver jusqu'à Nguyen-On. Il se jeta sur lui et le saisit
à bras le corps en s'en faisant un rempart, pendant que ses
compagnons tenaient tête aux serviteurs de ce chef rebelle. Le
lieutenant Bulleux, en entendant les coups de fusil, précipita
sa marche, et son arrivée fit cesser toute résistance. Nguyen-On,
bien traité par nous, décida d'abord ses fils, puis ensuite tous
ses partisans, à venir faire leur soumission et le pays ne tarda
pas à jouir d'une tranquillité qu'il ne connaissait pas depuis
longtemps.

Quant à Thuyet que l'on croyait revoir partout, parce que les
rebelles avaient conservé son cachet et celui du roi, personne
ne l'a plus rencontré depuis ces événements.

Nous tenons de grands mandarins rebelles qu'il avait présidé
à l'organisation des lignes de défense de Ba-Dinh-Makao, mais
qu'il avait disparu avant l'investissement de la position. Peut-
être a-t-il été tué pendant les opérations? C'est un point qu'il
ne nous a pas été possible d'éclaircir. Il est probable, cependant, que s'il eût été vivant à l'époque où le jeune roi Ham-Nghi
fut pris au Quang-Binh, pendant l'hiver 1888-1889, il aurait été
aux côtés de ce jeune monarque qu'il avait lui-même entraîné
dans sa fuite de Hué.

Le malheureux roi Ham-Nghi, après avoir mené pendant plus de trois années une vie des plus misérables au milieu des forêts et des montagnes, fut trahi à son tour et abandonné par les siens, puis traqué comme une bête fauve par ses anciens partisans qui le livrèrent aux Français.

Il fut pris à Khé-Ta-Bao, le 3 novembre 1888, par le Lanh-Binh-Ngoc de sa suite, qui le livra, contre récompense, au capitaine Boulangier, du 2ᵉ bataillon de chasseurs annamites, et celui-ci le fit conduire à l'empereur Dong-Khan à Hué, d'où il fut envoyé en captivité à Alger, où il est encore actuellement. Au moment de sa capture, Ham-Nghi était accompagné du fils de Thuyet, Thon-That-Thiep, qui s'était constitué son gardien, sans doute depuis la mort de son père, et qui fut tué en cherchant à s'opposer à la capture du jeune roi.

Pendant ces événements, nous avons été témoins de bien des scènes de défaillance et de cruauté de la part des soldats ou des petits mandarins, mais nous devons, en revanche, rendre un hommage mérité au courage et aux sentiments chevaleresques de la plupart des grands mandarins qui, en somme, croyaient servir la bonne cause en cherchant à chasser les Français de leur pays, et à replacer sur le trône le descendant direct de leurs anciens rois.

A Ba-Dinh, par exemple, lors de la sortie finale du 21 janvier, un mandarin militaire, du grade de colonel, s'était dévoué avec quelques braves pour tâcher de sauver leur chef, le Dédoc-Khé. Ces braves tombèrent successivement sous les balles et le colonel, resté seul, essaya de protéger son chef qui fut bientôt frappé à son tour. Voyant qu'il ne pouvait réussir à l'emporter seul, il planta un bambou à côté de son cadavre afin de pouvoir le retrouver après la victoire, puis il retourna à sa place de combat. C'est lui-même qui nous raconta le fait dans la soirée du lendemain en nous priant de lui permettre d'aller chercher le corps de son chef et de l'inhumer. Comme nous lui faisions remarquer que les morts avaient été ramassés et inhumés par les coolies, et que nous le soupçonnions de vouloir employer cette ruse pour chercher à s'enfuir, il se redressa fièrement en nous disant combien il se sentait froissé de nous voir douter de sa parole et de son courage, malgré que beaucoup de ses cama-

rades nous eussent donné motif de méfiance, et que, quant à
lui, il ne désirait pas survivre à ses malheureux compagnons
d'armes, ni aux malheurs dans lesquels la rébellion plongeait
sa patrie. « La seule grâce que je vous demande, ajouta-t-il, est
de surseoir à mon exécution, jusqu'à ce que j'aie pu rendre les
derniers devoirs à mon chef. — Mais, lui fîmes-nous observer, il
sera fort difficile de retrouver le corps du Dédoc confondu avec
les nombreux morts enterrés depuis la prise de la forteresse?
— Ce serait, en effet, fort difficile, répondit-il, s'il avait été enterré par des Européens, mais il est hors de doute, qu'ayant
été enterré par des Annamites, ceux-ci ont dû le distinguer à
sa plaque de commandement, et que, par respect pour un si
grand personnage, ils ont dû sûrement lui creuser une tombe
à part. »

Le colonel Brissaud fit aussitôt vérifier le fait, en offrant une
récompense au coolie ou soldat tonkinois qui lui rapporterait
la plaque du Dédoc, et qui lui indiquerait le lieu de sa sépul-
ture (1). Quelques heures plus tard le brave colonel annamite
retrouvait le corps de son général, qu'il faisait inhumer selon
le rite annamite, puis il revenait se constituer prisonnier en
disant que l'on pouvait disposer de sa personne. Le colonel
Brissaud, touché d'une si grande noblesse de caractère, lui fit
grâce et le retint seulement prisonnier sur parole en attendant
la fin des opérations.

Un autre petit mandarin auquel nous demandions des renseignements sur l'armement de la place de Ba-Dinh, et auquel
nous manifestions notre étonnement de n'avoir pas retrouvé
la plupart des canons et autres armes qui nous avaient tant
inquiétés pendant le siège, nous répondit que presque tous les
canons avaient été enterrés ou jetés à l'eau, afin qu'ils ne tom-
bassent point entre nos mains, et que si nous le désirions, il
était tout disposé à aller chercher les siens et à nous les livrer.

----

(1) Cette plaque, en or, des dimensions d'une pièce de 5 francs en argent,
fut rapportée par le soldat Thuong, de la 11ᵉ compagnie du 2ᵉ régiment
tonkinois, à qui le colonel Brissaud fit donner, en échange, la somme de
20 piastres. Il conserva pieusement cette relique, qu'il rapporta en France,
et il nous avoua plusieurs fois que les souvenirs de bravoure et de loyauté
qui s'y rattachaient en faisaient pour lui l'objet le plus précieux.

Nous lui fîmes observer, également, que c'était là une ruse pour essayer de s'évader, mais il nous répondit que ce n'était pas du tout son intention et qu'on pouvait le conduire, sous bonne escorte, à l'endroit qu'il indiquerait, puis le fusiller lorsqu'il aurait accompli sa mission : « Je ne désire pas, ajouta-t-il, avoir un autre sort que mes compagnons, et je n'agis ainsi que pour me venger de la trahison des mandarins civils qui nous ont tous sacrifiés pour s'enfuir. »

Un autre prisonnier encore, auquel nous faisions subir un interrogatoire, nous répondit froidement :

Vous êtes bien bons de perdre votre temps à nous demander des choses que nous ne voulons pas vous dire, attendu que nous les considérons comme contraires aux intérêts de notre patrie. Agissez donc envers nous comme il vous plaira, car si vous étiez tombés entre nos mains, nous n'aurions pas eu tant de scrupules à vous faire décapiter.

Plus tard, à Hanoï, nous fûmes témoin du jugement d'un grand mandarin de l'ancienne cour de Tû-Dûc qui avait refusé de faire sa soumission, et qui fut pour ce fait condamné à mort par le tribunal annamite. Ce vénérable vieillard eut le courage de se tuer dans sa prison, en se mutilant horriblement, plutôt que de se voir exécuter en place publique comme un vulgaire criminel.

Un autre grand mandarin fait prisonnier pendant l'insurrection fut placé dans la même situation que Régulus et Porcon de la Barbinais, et il se conduisit aussi vaillamment que ces deux modèles de fidélité en la parole donnée. Ce mandarin ayant fait part à l'autorité française des chagrins que lui causait la rébellion qu'il désirait, disait-il, voir cesser le plus promptement possible, on lui promit de lui faire rendre la liberté s'il parvenait à faire déposer les armes à ses compagnons d'armes encore en lutte dans la région, à condition qu'il donnerait sa parole de revenir se constituer prisonnier si, à une date déterminée, il n'avait pas rempli sa mission. Il accepta cette proposition, et, comme au jour fixé il n'avait pas pu ou pas voulu faire entendre raison à ses anciens compagnons, il revint se constituer prisonnier. En présence d'un semblable trait de courageux dévouement, le colonel Brissaud lui fit obtenir sa grâce, et on le conduisit à Hué au roi Dong-Khan, qui lui rendit la liberté.

Nous venons de citer, entre cent, quelques-uns des faits de ce genre dont nous avons été témoin, afin de donner une idée du caractère de la race annamite, et si nous n'avons parlé que de faits ayant trait au courage des mandarins, nous pouvons ajouter que les gens du peuple et les simples soldats ne leur cèdent en rien pour la bravoure et le mépris de la mort.

Que de fois n'a-t-on pas vu de simples nha-kouès (2) exposer leur vie pour porter un ordre ou pour accomplir un acte de dévouement envers leurs semblables ! C'est ainsi que, pendant le siège de Tuyen-Quan, plusieurs fois des coolies ont franchi les lignes chinoises au péril de leur vie pour assurer les communications entre les assiégés et les postes français de l'extérieur.

Au moment du massacre de Nam-Tung, en 1886, les coolies qui portaient notre courrier de Hué à Tourane, où il devait être pris par les paquebots français, furent massacrés par les rebelles. D'autres coolies ramassèrent les sacs de lettres, gagnèrent la mer et les portèrent par jonques à Tourane !

Pendant nos opérations en Than-Hoa, nos communications avec les postes français de la région n'étaient assurées que par des coolies choisis parmi ceux fournis par les chrétientés de Phat-Diem. Ils voyageaient habituellement à deux et, en cas de surprise, ils s'arrangeaient toujours de façon à ce que l'un des deux pût continuer la mission dont ils étaient chargés, pendant que l'autre venait nous prévenir de ce qui se passait. Si l'un des deux était tué en route, l'autre venait chercher un nouveau compagnon ou bien il gagnait la brousse pour dépister l'ennemi.

Nous en avons vu qui traversaient les lignes ennemies en descendant le cours des rivières à la nage, avec une branche d'arbre ou une touffe de broussaille sur le corps, afin de ne pas attirer l'attention de l'ennemi !

Ce n'est pourtant point l'appât du gain qui les pousse à se dévouer ainsi, car la somme dérisoire qu'on leur donne, le plus souvent, suffit à peine à assurer leurs besoins en route.

------------------------------------------------------------

(2) Paysans.

Nous avons encore présent à la mémoire un fait qui s'est passé à Hong-Hoa, en 1887, et qui démontre bien le désintéressement de cette classe d'individus.

Depuis plusieurs années, un chef de bande, connu sous le nom de Doc-Xi, désolait les environs de Hong-Hoa sans qu'il fût possible à nos postes de le capturer. Quelques *courageux paysans* finirent par le prendre, et ils le livrèrent au commandant de la région, le *commandant Bosc* (3), de la légion étrangère. Cet officier voulut leur donner, comme récompense, une somme d'argent assez forte, mais ils la refusèrent obstinément en disant qu'ils se considéraient comme largement récompensés par la satisfaction du devoir accompli en délivrant leur pays de cet hôte incommode.

On s'est fait pendant longtemps, en France, une fausse idée de la valeur physique et morale des Chinois en général et des Indo-Chinois en particulier.

Avant de parcourir ces pays, nous avions lu dans les journaux de France que les Chinois et les Indo-Chinois étaient quantité négligable pour les Français; que partout où ils se comportaient à peu près convenablement au feu, ils étaient dirigés par des Européens, et souvent même par de simples soldats déserteurs. Qu'il nous suffise de citer encore un fait qui prouve bien le contraire.

On sait que notre poste de Lao-Kaï, sur le haut fleuve Rouge, n'est séparé du Lao-Kaï chinois que par le fleuve ayant deux cents mètres de largeur à cet endroit, et que les forts chinois pourraient anéantir, en quelques heures, notre petit fortin français. La garnison chinoise de Lao-Kaï est très nombreuse et tous les Eropéens qui l'ont vue de près s'accordent à dire que l'armée chinoise n'est pas aussi mal dirigée que nous nous plaisons à nous le figurer.

Or, dans le courant de l'année 1887, plusieurs soldats de la légion étrangère, en garnison sur le haut fleuve, ayant déserté, le bruit courut que ces soldats, pour la plupart Allemands, avaient été poussés à déserter par l'un des grands chefs de la

(3) Général en 1901.

garnison chinoise qui leur avait fait donner de hauts grades dans son armée. Ce bruit arriva à la connaissance des officiers chinois, qui, un beau jour, nous firent apporter, ficelés comme des saucissons, les quelques déserteurs qui avaient pénétré sur leur territoire, en nous exprimant leur surprise de nous voir croire à la légende des hauts grades octroyés à nos simples soldats, attendu que chez eux, disaient-ils, on ne pouvait pas même obtenir le grade de caporal sans avoir fait ses preuves devant une docte faculté civile ou militaire.

Ce qu'il y a de vrai, toutefois, c'est que ce sont les missionnaires et les officiers européens qui leur ont appris à construire les citadelles à la Vauban, mais partout où nous avons rencontré des fortifications improvisées par eux, nous avons été étonnés de la façon dont ils savent utiliser les formes du terrain et les matériaux à leur disposition.

Nous avons vu quel talent et quelle énergie déploya le maréchal annamite Nguyen-Tri-Phuong dans l'organisation et la défense des lignes de Ki-Hoa, à Saïgon en 1861. Les Chinois nous ont également prouvé à Sontay, à Lang-Son, à Tuyen-Quan et à Ba-Dinh, qu'ils savent faire la guerre intelligemment lorsqu'ils y sont obligés. Nous disons, à dessein « lorsqu'ils y sont obligés », car il est de principe chez eux de ne faire la guerre qu'aux pirates ou autres voleurs.

Nous avons encore présente à la mémoire  cette réponse d'un haut mandarin chinois avec qui nous nous entretenions des choses de la guerre et de l'organisation des armées européennes et chinoises :

« La guerre, nous dit-il, étant la négation de la civilisation, la Chine, la plus vieille nation civilisée, n'a jamais eu le désir de la faire qu'aux envahisseurs, pirates ou voleurs de toutes espèces.

» C'est pourquoi ses simples milices lui ont toujours suffi pour rétablir l'ordre chez elle, et il ne lui est jamais venu à l'idée de créer des armées ruineuses, comme celles de l'Europe, que depuis que les Européens viennent apporter la guerre chez elle.

» Les Chinois ajouta-t-il, ont connu la poudre des milliers d'années avant les Européens, mais ils ne s'en servaient que pour les feux d'artifice, dans leurs jeux de paix. Ce sont les Occidentaux qui leur ont appris à en charger les canons qui vomissent la mort, comme depuis une trentaine d'années ils leur ont démontré la nécessité d'avoir des navires cuirassés et des armes perfectionnées. Mais, que les Occidentaux y prennent garde, car nous serons bientôt un demi-milliard d'individus soumis aux mêmes lois, et s'ils continuent à nous entraîner dans la voie de leurs armements et de leurs invasions, un jour pourrait bien arriver où les rôles actuels seraient intervertis. »

Il est de fait que ce n'est pas sans de profondes réflexions qu'en visitant Canton et la pagode des Cinq-Escaliers, où était le quartier général français en 1857, nous avons pu juger, par contrastes, des progrès accomplis depuis cette époque par les Chinois.

Que de changements se sont opérés depuis, tant dans l'armement que dans l'organisation de la défense de terre et de mer ! Partout les Chinois ont conservé leurs anciens engins de guerre à côté des nouveaux, comme pour servir de points de comparaison aux progrès successivement accomplis. Dans la moindre baie ou crique sont encore ancrées les jonques de guerre de 1857, armées de pierriers primitifs, tandis que la rivière est sillonnée de canonnières blindées et armées de canons du système Krupp ou Armstrong.

Sur la rivière, à l'entrée de la ville, on voit encore quelques vestiges des anciennes estacades avec des débris de chaînes rouillées, servant, comme par tradition, de barrières à des batteries rasantes dont les canons, à longue portée, menacent le cours du fleuve.

Çà et là, dans l'intérieur de cette immense ville, on voit encore les hautes tours carrées armées de grenades et autres projectiles à main, tandis que des forts bastionnés et à tourelles forment une ceinture à l'extérieur.

En jetant un coup d'œil sur cet ensemble de vieilles forteresses et de nouveaux forts bastionnés au tracé des plus savants ou hérissés de canons perfectionnés, on ne peut s'empêcher de songer combien il serait plus difficile aujourd'hui de forcer les passes de la rivière et de s'emparer de Canton qu'au temps des amiraux Seymour et Rigault de Genouilly.

Et ce n'est pas seulement Canton qui est ainsi fortifiée aujourd'hui, mais tous les ports où peuvent mouiller les navires européens. On sait, d'ailleurs, comment étaient fortifiés l'arsenal de Fou-Tchéou, la rivière Min et les ports de Formose, et quelle haute opinion l'amiral Courbet, lui-même, a émise sur la valeur de ce système de fortifications auxquelles il ne manquait, en somme, que des défenseurs suffisamment préparés à la guerre.

Avant de quitter Canton, cette cité immense, capitale de la Chine méridionale et capitale commerciale de tout l'Empire chinois, disons combien on est péniblement impressionné en voyant quelle place infime la France y occupe dans l'estime des Célestes, et cela par suite de notre indifférence, ou du manque de cet esprit pratique qui caractérise les Anglais et les Allemands.

La France et l'Angleterre ont conquis, par d'assez grands sacrifices, le droit pour leurs nationaux de s'installer, à Canton, dans une concession admirablement située au bord du Si-Kiang. Cette concession a été partagée en deux parties, dont l'une française et l'autre anglaise. La partie anglaise est couverte de palais, de villas et de jardins du plus grandiose et du plus gracieux effet. La partie française, au contraire, est encore dans le même état qu'à l'époque où elle a été concédée (en 1857); elle n'est guère occupée que par le poste de miliciens chinois chargés de protéger les quartiers européens, et par quelques échopes de marchands de fritures.

On ne peut se figurer quelle fâcheuse impression cet état de choses produit dans ces pays d'Extrême-Orient où tout est jugé d'après les aparences. Les Chinois et autres Extrême-Orientaux sont pleins d'admiration pour l'Angleterre et l'Allemagne, tandis qu'ils n'ont pour la France qu'un sentiment de profonde indifférence, pour ne pas dire de mépris.

Pour eux l'Angleterre et l'Allemagne ce sont ces superbes maisons si fièrement campées au bord du fleuve et au milieu de jardins verdoyants, tandis que la France c'est cet enclos boueux qui semble servir de basse-cour aux palais voisins.

Nous garderons toujours souvenance de la déception que nous avons éprouvée, en allant faire une visite à notre aimable consul de France, M. de Bézaure (4), à qui nous manifestions notre joie de le voir si bien installé, et qui nous répondit que la jolie maison qu'il habitait, et sur laquelle flottait le drapeau français, appartenait à un négociant anglais dont il était le locataire.

Il était d'ailleurs, ajouta-t-il, bien obligé de loger en plein territoire anglais, puisque la concession française n'avait pas encore la moindre construction, mais que cela n'était que provisoire, et en attendant la construction d'une résidence française, dont le projet est à l'étude depuis plus de trente ans !

Nous pourrions ajouter qu'il en est malheureusement de même dans tout l'Extrême-Orient, où la France commence cependant à avoir droit de cité.

_______________

(4) Consul à Shangaï en 1898.

# CHAPITRE XII



Après notre rude campagne d'hiver 1886-1887, nous retournâmes à Hanoï et à Sontay où le colonel Brissaud reçut les
étoiles de général en récompense des immenses services qu'il
venait de rendre. Mais, bien que sa santé fût profondément al-
térée par un séjour prolongé sous ce climat meurtrier, et surtout par les fatigues inouïes qu'il s'était imposées depuis son
arrivée en Indo-Chine, il prit à peine quelques jours de repos,
puis il entreprit une nouvelle campagne pour compléter ses
victoires du Than-Hoa.

Pendant notre marche du haut fleuve Rouge au Than-Hoa,
nous avions été frappés par la longueur du voyage qui s'était
effectué en descendant le fleuve Rouge ou le Song-Day jusqu'à
la mer de Chine pour gagner l'embouchure du Song-Ma et de
là remonter ce dernier fleuve qui coule parallèlement au fleuve
Rouge.

Il nous semblait qu'avec un peu d'audace on devait pouvoir
franchir le massif montagneux qui sépare les vallées de ces
deux fleuves, et abréger ainsi considérablement les distances.
D'un autre côté, nous avions appris par les gens du pays et
par la correspondance prise aux rebelles que ceux-ci commu-
niquaient avec les bandes du Laos et du Yunnan, par les vallées du Song-Ma et de la rivière Noire. De plus, une légende
répandue dans le pays nous montrait cette région comme in-
festée de pirates alliés aux rebelles de l'Annam que nous venions de combattre à Ba-Dinh et à Makao. C'en était assez pour
donner au général Brissaud l'envie de percer à jour cette région,
afin de raffermir les courages ébranlés, en détruisant la légende.

Au commencement du mois d'avril 1887, le général partit de Sontay avec une petite colonne composée de soldats tonkinois et de légionnaires auxquels était adjointe une batterie d'artillerie de montagne. Cette colonne protégée par les canonnières *Rollandes* et *Bossant* remonta la rivière Noire jusqu'au rapide de Cho-Bô, et de là elle s'enfonça dans la montagne pour gagner Maïchau où un premier poste de ravitaillement fut établi.

De Maïchau elle poursuivit sa marche dans la direction du Song-Ma et elle atteignit ce fleuve à Phu-Lé, d'où elle descendit jusqu'à Phu-Quang, c'est-à-dire jusqu'au point où nous avions remonté le Song-Ma pendant notre campagne de l'hiver précédent. Cette reconnaissance audacieuse nous rendit maîtres des principaux chemins suivis par les bandes du Laos et du Yunnan depuis que les troupes du Tonkin leur avaient coupé la grande voie du fleuve Rouge, et elle devait, plus tard, permettre de prendre comme base d'opérations le Song-Ma et la rivière Noire pour les explorations à entreprendre entre le Tonkin et le Laos siamois.

Pendant cette reconnaissance, qui dura deux mois, nous n'avons rencontré aucune trace des bandes de pirates dont on nous avait menacés. Nous avons seulement trouvé, à mi-chemin entre Maïchau et Phu-Quang, au camp de La-Hang, un jeune prince annamite qui s'empressa de faire sa soumission, sans doute parce qu'il ne se sentait pas de force à nous disputer le passage.

C'est cependant dans cette région que s'étaient réfugiées les bandes d'anciens chefs alliés aux rebelles ou aux pavillons noirs de Lun-Vinh-Phuoc. C'est là qu'une chef muong, connu sous le nom de Caï-Mao, avait cherché à se constituer un petit Etat indépendant en s'insurgeant même contre l'autorité annamite. Au début de l'insurrection ce chef avait commis, envers nous, un acte de perfidie qui mérite d'être signalé.

Sa mère et son fils avaient été pris par le mandarin de Phu-Quang, rallié à notre cause, qui les avait fait conduire à Than-Hoa où ils étaient gardés en otage. Poussé par un sentiment de générosité, le résident de France à Than-Hoa avait fait rendre la liberté à ces deux captifs et il les avait envoyés à Caï-Mao dans l'espoir de l'attacher à notre cause, mais celui-ci, sur les instances du Dédoc-Soan, prit au contraire parti contre nous. Il fit attaquer traîtreusement le mandarin et le petit détachement français qui lui avaient ramenés les siens, et nous tua ainsi plusieurs soldats ainsi que le capitaine d'Artaud, commandant du poste voisin. Il appela ensuite une bande de pirates chinois avec laquelle il ravagea les cantons muongs qui nous étaient restés fidèles, et les réduisit à la plus extrême misère. A l'approche du général Brissaud, il chercha à fuir pour éviter la vengeance des Muongs, mais il finit, soit par se tuer, soit par être tué par les siens.

En résumé, cette dernière colonne compléta les opérations de l'hiver précédent et nous assura la possession de plus de deux cents lieues de territoire inexploré jusque-là. A partir de cette époque (juin 1887) on put considérer comme pacifiée toute la région du Song-Ma, depuis la rivière Noire jusqu'à la mer de Chine.

Mais il restait encore des territoires immenses à explorer pour atteindre les frontières du Laos et des provinces chinoises. En réalité, nos postes n'occupaient guère, jusque-là, que quelques points de la frontière facilement abordables, soit par mer, soit en remontant le cours des fleuves ou en suivant la route mandarine.

Les principaux points occupés à la frontière étaient : Moncaï, au fond du golfe du Tonkin, et la ligne Lang-Son, That-Khé et Caobang, le long de la frontière du Quang-Si, puis Laokaï, sur le haut fleuve Rouge, à la frontière du Yunnan. Entre ces différents points, la frontière était absolument inconnue et assez mal délimitée, puisqu'elle était un sujet de discussions et de contestations continuelles entre les membres de la commission franco-chinoise de délimitation.

D'autre part, les opinions étaient fort divisées sur la question d'occupation ou de non-occupation de cette immense frontière, couverte de forêts vierges et peu ou pas habitée. Le gouvernement du Tonkin était toujours composé de partisans de l'occupation restreinte au delta, et de partisans de l'occupation poussée aux extrêmes limites des frontières.

Chaque parti avait une foule de bonnes raisons pour faire prévaloir ses projets : l'occupation restreinte permettait de se retrancher solidement dans les citadelles du delta, admirablement situées pour se prêter un mutuel appui et résister aux bandes chinoises, ou autres, cherchant à nous chasser du pays. Elle est suffisante, disaient les timides, parce que le delta renferme à lui seul les cinq sixièmes de la population du Tonkin, et parce qu'il est imprudent d'éparpiller et d'exposer inutilement nos soldats pour garder des montagnes et des forêts.

Ce raisonnement est parfaitement juste, répondaient les partisans de l'occupation à outrance, et il serait sage, en effet, de s'en tenir à l'occupation restreinte si, comme dans certaines colonies, nous ne devions faire du commerce que par les ports, mais notre but, en venant au Tonkin, était d'ouvrir au commerce la voie du fleuve Rouge, ainsi que les autres grandes voies communiquant avec la Chine. Or, pour atteindre ce but, nous devons absolument pousser nos postes jusqu'aux frontières pour en expulser les bandes de pirates de tous les pays, qui y vivent comme en pays conquis, et dont la présence rendrait les routes trop dangereuses pour le commerce.

Nous savons bien que les Hollandais à Sumatra et aux îles de la Sonde et que les Anglais en Birmanie et dans la presqu'île de Malacca se contentent d'occuper l'intérieur du pays, afin de n'être pas obligés d'avoir de trop nombreuses troupes d'occupation dans ces pays. Mais il faut considérer que tout le commerce de ces colonies converge forcément vers les ports occupés, sans que les habitants de l'intérieur aient à craindre de voir leurs convois arrêtés par la piraterie.

Dans l'Indoustan, au contraire, les Anglais n'ont-ils pas été obligés de pousser leurs postes jusqu'à l'Himalaya pour protéger le commerce de l'intérieur et lui assurer la sécurité des voies de communication avec la mer?

En France, au début de la conquête de l'Algérie, n'avait-on pas cru également qu'il devait suffire d'occuper la région productive du Tell en abandonnant à leur sort les tribus nomades de la région du Sud? Mais les événements démontrèrent bien vite que la possession du pays ne serait jamais assurée qu'en occupant solidement les points les plus éloignés et les plus arides de la région sud.

Les mêmes raisons d'une occupation complète existent encore davantage au Tonkin où les frontières confinent à des régions habitées par des millions d'individus de races différentes de la nôtre, jaloux de nous avoir pour voisins et enclins à laisser pénétrer sur notre territoire tous ceux des leurs qui sont à charge à leurs nations. D'ailleurs, par notre traité de 1884, nous nous sommes engagés à chasser la piraterie du Tonkin, et il n'est pas possible d'observer cette clause du traité sans assurer un service régulier de police aux frontières.

Telles furent les considérations qui décidèrent de l'occupation complète du Tonkin et des provinces septentrionalès de l'Annam.

Dans le courant de l'année 1887, notre consul à Bankok, M. de Kergaradec, et notre consul à Luang-Prabang, M. Pavie, firent connaître que le gouvernement de Siam était tout disposé à envoyer une armée à la frontière du Laos si nous voulions, de notre côté, envoyer une forte colonne à sa rencontre pour reconnaître la frontière et montrer aux tribus laotiennes qu'elles étaient surveillées de part et d'autre.

La petite armée siamoise était déjà en route depuis deux ans, explorant les vallées du Ménam et du Mékong, et, en quelques mois, elle espérait arriver aux frontières de l'Annam et du Tonkin. De son côté, M. Pavie avec une faible escorte de Laotiens avait cheminé pendant six mois, de Luang-Prabang vers le fleuve Rouge, pour se mettre en communication avec nos postes, mais toutes ses tentatives avaient échoué devant l'hostilité des tribus indépendantes.

Sur ces entrefaites le gouvernement de Siam envoya au Tonkin des ambassadeurs chargés de régler les conditions dans lesquelles devaient s'effectuer les opérations militaires. Il fut convenu qu'une forte colonne française, prenant pour base Loa-Kaï, se mettrait en route dès le commencement de l'hiver et s'efforcerait de rejoindre l'armée siamoise en traversant les hautes vallées de la rivière Noire et du Song-Ma, par Laï-Chau et Ma-Son. Puis, comme gage de bonne entente, des officiers siamois furent autorisés à suivre la colonne française, tandis que des officiers français, M. Cupet, capitaine de zouaves, et M. Nicolon, capitaine au 4ᵉ tirailleurs tonkinois, iraient suivre les opérations de l'armée siamoise.

Nous fûmes occupés pendant une partie de l'été à préparer

les plans de cette vaste opération dont le général Brissaud se proposait de prendre la direction, et dans l'étude de laquelle il apporta tout son savoir et son esprit de suite habituel.

Pendant que se préparait cette colonne du Siam, il fut décidé qu'une autre colonne de moindre importance, s'appuyant sur la place de Tuyen-Quan, remonterait la rivière Claire et irait occuper Hayang, l'ancienne citadelle des pavillons jaunes, située à la frontière du Yunnan et qui avait été à peine entrevue jusque-là par une petite reconnaissance française sous les ordres du lieutenant Sensaric, du 1er régiment tonkinois.

Le lieutenant Sensaric avait pu, à la faveur de la broussaille, arriver jusque sous les murs de cette citadelle et constater la possibilité de l'enlever de vive force; mais il ne put tenter ce coup d'audace avec les vingt hommes qu'il avait avec lui, et il jugea prudent de se retirer avant que d'être aperçu par les défenseurs de la place. Après avoir étudié le mieux possible les abords de la position, il embarqua tout son monde sur un radeau et sur des sampans afin de rejoindre plus rapidement son poste par la rivière Claire; mais au bout de quelques heures de lutte contre les courants dangereux de la rivière, ses embarcations furent entraînées contre les rochers où elles se brisèrent et disparurent dans les rapides. Tout le monde se noya excepté Sensaric (1) et son sous-officier tonkinois par qui il fut sauvé.

En même temps qu'il combinait ces opérations, le général Brissaud poussé par son activité dévorante ne s'en tenait pas au travail de cabinet : il parcourait à cheval ou en bateau l'immense territoire occupé par sa brigade, de Lao-Kaï en Annam, inspectant et ravitaillant les postes, reconnaissant les routes à suivre, étudiant les positions à occuper, visitant les ambulances remplies de cholériques, et communiquant à chacun l'ardeur patriotique dont il était animé.

Dans le courant du mois d'août, en pleine canicule, le choléra ayant éclaté à Tuyen-Quan, et ayant emporté, en moins de vingt-quatre heures, le médecin, les infirmiers et plusieurs hom-

---

(1) Sensaric, parti plus tard au Soudan, comme capitaine, était au nombre des 9 officiers massacrés en 1894 devant Tombouctou, avec le colonel Bonnier.

mes de la garnison, il quitta à la hâte son quartier général de Sontay et se rendit en bateau à Tuyen-Quan, afin, disait-il, de remonter le moral de la garnison en lui montrant que son général, bien que plus profondément atteint que la plupart de ses soldats, ne craignait pas d'exposer ce qui lui restait de vie pour raffermir les courages.

Pendant ce pénible voyage, il nous avoua cependant qu'il se sentait mortellement atteint par le mal, en nous recommandant de n'en point parler à personne, afin de ne pas alarmer inutilement ses compagnons d'armes du Tonkin, ni les êtres chéris qu'il avait laissés en France. Malgré les progrès du mal, il n'en continua pas moins, pendant tout l'été, ses voyages d'inspection, travaillant nuit et jour sur le pont de son bateau ou dans sa cabine, et se faisant porter à terre sur les points où il jugeait sa présence nécessaire.

Souvent, en plein accès cholérique ou pernicieux, lorsque nous nous efforcions de le soulager et de le tenir en repos, il nous répondait que son premier devoir était de profiter des courts instants qui lui restaient pour tâcher de terminer la tâche qu'il avait acceptée.

« J'ai peu d'espoir, disait-il, de jamais recouvrer la santé, mais qui sait cependant, avec un peu d'énergie on revient de plus loin. Peut-être la destinée me permettra-t-elle encore d'aller mourir plus tard sur les bords du Rhin où j'ai failli rester une première fois. »

Il faisait ainsi allusion à une grave blessure reçue au Mexique et qui l'avait laissé pendant deux mois entre la vie et la mort, ainsi qu'à une autre blessure, non moins grave, qu'il avait reçue sur le champ de bataille de Gravelotte en 1870.

On comprend qu'un tel chef, si actif, si prodigue de ses peines, devait naturellement exiger beaucoup de ses compagnons d'armes : mais, néanmoins, son caractère droit, son esprit de décision, ses talents militaires et la bienveillante sollicitude dont il était animé envers ses officiers et ses soldats, lui avaient acquis l'estime et le dévouement de tous.

Cependant, vers la fin de l'été 1887, à la suite de ce surmenage physique et moral, ses forces le trahirent et semblèrent l'abandonner complètement. A son retour d'inspection des postes de l'Annam, il fut obligé de s'arrêter quelques jours à la station balnéaire de Do-Son, pensant y puiser la vigueur nécessaire pour terminer ses travaux et se mettre à la tête de la colonne du Laos; mais sa santé s'affaiblissant de plus en plus, il céda aux conseils des médecins ainsi qu'à ceux du général Munier, commandant en chef le corps d'occupation, et il se décida à quitter le Tonkin, après avoir défendu, devant la commission de classement d'Hanoï, les intérêts des officiers et soldats, qu'il avait appris à si bien connaître, pendant cette rude campagne de deux années.

« Mon seul regret, nous répétait-il souvent pendant les longues heures passées ensemble sur le pont du navire qui nous emportait en Chine, ou qui nous ramenait en France, c'est de n'avoir pu terminer cette longue campagne par l'exploration des régions où vont se porter nos colonnes. J'aurais voulu diriger encore ces opérations qui seront certainement intéressantes et fécondes en résultats heureux pour notre belle colonie du Tonkin. Mais, qui sait, la fatalité m'eût peut-être empêché de mener à bien cette nouvelle tâche, et la mort d'un général ajoutée à celle de tant d'autres nobles victimes du climat de ce pays aurait pu augmenter encore les mauvaises dispositions que l'on semble avoir en France contre le Tonkin.

» Il est profondément regrettable, ajoutait-il, que l'on puisse trouver en France des gens assez aveuglés par l'esprit de parti, pour oser proclamer l'évacuation du Tonkin. Peut-être aurait-on bien fait de ne pas y venir : on aurait évité des sacrifices énormes en hommes et en argent, mais à présent que ces sacrifices sont consommés, la France ne peut en tirer parti qu'en poursuivant sa tâche par une sage administration et une ferme résolution de ne pas abandonner à leur triste sort les Annamites, qui se sont si loyalement ralliés à nous.

» Malheureusement, notre éducation coloniale est toute à faire : notre caractère par trop irréfléchi nous pousse souvent à commettre des bévues que nous ne saurons éviter que lorsque nous aurons acquis une assez grande expérience dans l'art de gouverner les peuples selon leurs races et leurs mœurs. Les Anglais, que nous devrions prendre pour modèles, n'ont pas d'autre secret, et ils obtiennent des résultats admirables.

» Nous autres, Français, disait-il, nous savons peut-être mieux qu'aucune autre nation faire la conquête d'un pays par notre bravoure et la valeur de nos armes, mais il faut bien reconnaître que nous sommes inférieurs aux Hollandais et aux Portugais mêmes, lorsqu'il s'agit de compléter cette conquête par une sage administration. Nous sommes trop enclins à appliquer aux peuples conquis nos lois, et à leur imposer nos mœurs sans nous soucier de l'effet produit, tout à fait opposé au but poursuivi, la plupart du temps. Comme conséquence de ce principe, il résulte naturellement que nous savons toujours octroyer une bonne place à qui elle peut plaire, mais rarement donner à quelqu'un la place qui lui convient.

» Il faut reconnaître aussi que, lorsque nous sommes en place, nous savons rarement nous tenir dans les limites de nos attributions. Nous avons malheureusement trop d'exemples de ce genre au Tonkin, où chacun dans sa sphère d'action a des tendances à agir *pour son propre compte*. Quand un militaire y est au pouvoir, il néglige les questions militaires pour ne s'occuper que des détails administratifs, et en revanche, lorsque le pouvoir est aux mains de l'élément civil, chacun de ses agents s'occupe avant tout des opérations militaires.

» C'est là un travers dont nous devrions chercher tous à nous corriger, dans l'intérêt de notre patrie. »

Nous n'en finirions pas s'il nous fallait consigner ici toutes les réflexions et les observations, si logiques, du général Brissaud sur ce pays qu'il aimait tant, et pour lequel il n'a pas craint de se sacrifier entièrement.

Parti plein de santé et de vigueur, en 1885, il rentrait en France, à la fin de l'année 1887, atteint par l'une de ces maladies du pays contre lesquelles la science est impuissante, et l'année suivante il s'éteignait au milieu des siens, presque à la fleur de l'âge, et avec le regret de n'avoir pas encore assez fait pour sa patrie (2).

---

(2) Brissaud (Léonard-Léonce) est né le 14 avril 1836, à Nieul, près de Limoges. Entré à l'Ecole spéciale militaire le 13 novembre 1854, il en sortit sous-lieutenant au 2ᵉ régiment de zouaves, le 1ᵉʳ octobre 1856. Lieutenant le 7 mai 1862, il se distingua dans différentes expéditions de la province d'Oran, puis il partit avec ce régiment pour le Mexique.

Ce fut le colonel Pernot qui dirigea la colonne du Laos, aidé
du commandant Houdaille (colonel au 122ᵉ en 1898), ancien chef
d'état-major du général Brissaud.

Cette colonne, partie de Laokaï dans le courant du mois de
novembre 1887, opéra sa jonction avec l'armée siamoise au
commencement de février 1888, ouvrant ainsi la voie depuis si
longtemps cherchée entre le Tonkin et la vallée du Mékong.

---

Le 21 septembre 1864, au combat de la Sierra-Majorna, où 500 Français
luttèrent pendant toute une journée contre un corps de 3.000 Mexicains,
qui furent faits prisonniers, le lieutenant Brissaud eut la poitrine traversée
par un biscaïen et il resta pendant deux mois entre la vie et la mort. Il fut
cité à l'ordre de l'armée et nommé chevalier de la Légion d'honneur, pour
sa brillante conduite pendant ce combat. Promu capitaine le 5 mars 1865,
il ne quitta le Mexique qu'au moment de l'évacuation, en 1867, et retourna
en Afrique, où il resta jusqu'en 1870.

Blessé grièvement, par un éclat d'obus, à la bataille de Gravelotte, le 16
août 1870, il fut emmené prisonnier en Allemagne et refusa de signer l'engagement de ne pas tenter de s'évader, ce qui lui valut l'honneur de subir
en partie sa captivité dans une forteresse.

Nommé chef de bataillon le 29 juin 1872, il fut placé à la tête du 20ᵉ bataillon de chasseurs à pied. Lieutenant-colonel le 4 avril 1878; colonel le
6 octobre 1882, il fut nommé au commandement en second de l'Ecole supérieure de guerre. Au mois de janvier 1885, il fut placé à la tête du 47ᵉ régiment d'infanterie, et, quelques mois plus tard, il demanda à partir pour le
Tonkin. N'ayant pu partir avec son régiment, arrêté par la fièvre typhoïde au camp du Pas-des-Lanciers, il obtint la faveur d'aller diriger l'organisation de l'armée annamite, comme chef de la mission militaire de
l'Annam. Le 30 avril 1886, il fut chargé de l'organisation et du commandement du 4ᵉ régiment tonkinois, à Haïdzuong, et, le 1ᵉʳ novembre de la
même année, il fut placé comme colonel à la tête de la 1ʳᵉ brigade du corps
d'occupation du Tonkin. Le 23 février 1887, il était promu général de brigade et maintenu dans son commandement au Tonkin. Il était membre du
Comité consultatif de l'infanterie au ministère de la guerre et président de
la Commission de classement des sous-officiers proposés pour des emplois
civils, lorsque la mort est venue le frapper, le 9 février 1889.

Le général Brissaud était, au physique, un homme grand, sec, aux allures distinguées. Au moral, c'était un chef d'un caractère et d'une énergie
extraordinaires. Doué d'une intelligence et d'une facilité de travail remarquables, il embrassait d'un coup d'œil les situations les plus difficiles, et se
plaisait à les débrouiller. Aussi ferme que bienveillant, il exigeait beaucoup de ses subordonnés, mais il leur montrait en tout l'exemple du devoir,
et il savait reconnaître leurs services par une grande ardeur à défendre
leurs intérêts. En un mot, il mettait largement en pratique l'adage : « Fais
ce que dois, advienne que pourra. »

Nous avons souvent entendu les marins qui l'ont connu le comparer à
l'amiral Courbet, pour ses brillantes qualités militaires, son haut sentiment du devoir et son grand amour de la patrie. Sa mort est une grande
perte pour l'armée, qui était en droit de fonder de légitimes espérances sur
les services éminents qu'il eût pu lui rendre dans le haut commandement.

La colonne d'Hayang fut dirigée par le lieutenant-colonel de la Folie de Joux, du 1ᵉʳ régiment tonkinois. Ces deux colonnes eurent à surmonter des difficultés sans nombre, mais elles n'eurent nulle part affaire aux pirates qui avaient fui à leur approche.

Des événements assez graves se produisirent cependant, entre le fleuve Rouge et la rivière Noire, où opérait une troisième colonne sous les ordres du commandant Bosc, de la légion étrangère, et du capitaine Oudart, major de la 1ʳᵉ brigade.

Cette colonne avait pour mission de chasser du Than-Hoa-Dao les bandes du Bo-Giap qui s'y étaient réfugiées depuis que nous les avions repoussées de Dai-Lich et de Déogo. Plusieurs combats acharnés eurent lieu contre ces bandes solidement retranchées, et nous eûmes à déplorer la perte du brave capitaine de Nugent, du 2ᵉ tirailleurs tonkinois, ainsi que d'une vingtaine de soldats. C'est grâce au sang-froid et à l'énergie du commandant Bosc et de ses officiers que cette petite colonne put se maintenir sur les positions conquises, et échapper à une catastrophe.

# CHAPITRE XIII



Au commencement de l'année 1888, c'est-à-dire après cinq années de luttes incessantes contre les bandes solidement ancréées dans le pays, on pouvait considérer la conquête du Tonkin comme terminée. Nos troupes avaient, en effet, poussé leurs avant-postes jusqu'aux frontières avec la résolution bien arrêtée de s'y maintenir.

Mais on tomberait dans une grave erreur en supposant, qu'une fois les positions conquises on dût s'endormir sur les lauriers si chèrement cueillis. Il faut bien se persuader, au contraire, que la piraterie ne désarmera jamais, et qu'on ne pourra arriver à la réduire qu'à condition de se tenir constamment sur le qui-vive.

Il n'est pas douteux que le gouvernement chinois s'incline devant les faits accomplis, et nous laisse jouir en paix du bénéfice de notre conquête, surtout si nous laissons ses nationaux s'installer dans le pays et y commercer librement avec nous. Les Chinois savent trop bien apprécier les bienfaits de l'occupation française qui assure la sécurité des voies commerciales si mal protégées avant notre arrivée.

Il est évident qu'à moins d'entretenir au Tonkin une armée ruineuse, dix fois plus nombreuse que celle que nous y entretenons actuellement, il ne sera jamais possible d'empêcher quelques bandes de pirates de se glisser entre les larges mailles du réseau occupé par nos postes. Mais, à la longue, les villages, se sentant sous la protection efficace de postes judicieusement placés, sauront résister aux bandes et celles-ci, traquées de tous côtés, se verront obligées d'aller exercer ailleurs leurs actes de brigandage.

Depuis l'année 1888, nos troupes ont dû bien souvent châtier des bandes qui se reconstituaient entre nos postes, et qui poussaient quelquefois l'audace jusqu'à les attaquer. Dans certaines régions, il a même fallu organiser de véritables colonnes contre des bandes solidement armées et retranchées sur des positions difficilement accessibles.

Dans le massif montagneux du Tam-Dao, par exemple, le général Borgnis-Desbordes a été obligé de livrer un véritable combat contre une vieille bande chinoise établie à Cho-Chu et Cho-Moï depuis l'époque de la première invasion des pavillons noirs et des pavillons jaunes. Ce combat nous coûta des pertes cruelles, parmi lesquelles celle du capitaine d'artillerie Gardère, officier d'ordonnance du général.

Les anciennes bandes du Bo-Giap se reformèrent également dans le massif du Than-Hoa-Dao, entre le fleuve Rouge et la rivière Noire, et elles recommencèrent à inquiéter nos postes voisins. C'est ainsi que, en 1890, le chef d'un de ces postes, le lieutenant Margaine, de l'infanterie de marine, fut tué.

En plein delta, dans le Bay-Say, la piraterie se réorganisa et menaça sérieusement les communications entre Haïphong et Haïdzuong, Nam-Dinh et Hanoï. Au commencement de l'année 1891, l'une de ces bandes osa même attaquer Hanoï, de la rive gauche du fleuve Rouge, c'est-à-dire en se plaçant entre les garnisons de Bac-Ninh et d'Hanoï.

Pendant ce temps, un fait beaucoup plus grave se produisait sur la rivière Noire, où un poste de miliciens avait déjà été enlevé et ses chefs massacrés en 1889.

Dans la nuit du 30 janvier 1891, la résidence française de Chô-Bô était attaquée par une bande de cinq cents hommes, qui brûlaient le village, désarmaient les miliciens auxquels ils prenaient leurs armes et leurs munitions, et massacraient le résident français, M. Rougery, officier d'artillerie habitant le Tonkin depuis six ans. Le chef français des miliciens, M. Ferrey, et M. Granet, agent des postes et télégraphes, ainsi que deux commis de la résidence, purent sauter dans un sampan et se laisser emporter par le courant rapide de la rivière, mais deux autres employés, MM. Zeigler et Lévi, furent aussi massacrés.

On a attribué ce déplorable événement à la vengeance d'un mandarin, furieux d'avoir été dépossédé de son emploi. C'est vraisemblable, mais les chefs pirates sont parfaitement capables de tenter une pareille attaque pour chercher à détruire un poste pouvant les gêner dans leurs opérations.

Il ne faudrait pas, cependant, donner aux bandes pirates une importance qu'elles n'ont pas toujours, mais il serait imprudent, par contre, de les considérer un peu trop comme quantité négligeable, car les Annamites, très fins observateurs et à l'esprit railleur, ne tarderaient pas à dire que nous sommes de mauvais protecteurs, incapables de les protéger même contre les voleurs, et à plus forte raison contre les Chinois, leurs anciens dominateurs.

Il y a deux espèces de pirates au Tonkin : les vulgaires détrousseurs de grands chemins qui se réunissent par petites bandes et n'opèrent que lorsqu'ils sont sûrs de n'avoir pas à redouter une trop grande résistance de leurs victimes; et les grandes bandes organisées militairement sous le commandement de chefs qui ne craignent pas d'aller rançonner une région, en livrant combat s'il le faut à qui cherche à les entraver dans cette façon de se ravitailler.

Les premières bandes sont composées de gens du pays qui méditent à loisir un bon coup à faire et qui, une fois leur acte de brigandage commis, retournent paisiblement à leurs travaux habituels, jusqu'à ce qu'une bonne occasion provoque à nouveau la réunion de la bande. Ces bandes ne combattent jamais que lorsqu'elles y sont forcées : elles cherchent au contraire à faire naître la terreur dans les localités sur lesquelles elles ont jeté leur dévolu afin d'en éloigner les habitants. Leur tactique est à peu près la même partout : elle consiste à attaquer les villages pendant la nuit sur plusieurs points à la fois; à faire beaucoup de bruit et à tirer de nombreux coups de fusil, pour faire croire que la bande est en force et que toute résistance est impossible. Une fois les habitants en fuite, ils s'emparent du butin choisi : argent, riz, buffles, femmes, enfants, etc., puis ils se retirent rapidement de façon à pouvoir faire disparaître avant le jour toutes traces de leurs actes de brigandage de la nuit.

Les grandes bandes sont composées de mécontents ou de gens sans aveu de tous les pays : Chinois, Annamites, Muongs, Laotions, etc. Ces bandes, organisées militairement, s'installent généralement sur des positions qu'elles fortifient, à proximité de régions riches et fertiles qu'elles pourront razzier à leur aise au moment opportun.

Très souvent, elles se mettent à la solde d'un mandarin ayant une vengeance à exercer ou même une opération à diriger contre une autre bande ennemie. Dans ce cas, elles ne craignent pas, à l'occasion, de livrer de véritables combats. Les pavillons noirs et les pavillons jaunes n'étaient pas autre chose que des bandes de pirates faisant la guerre pour piller, ou pour qui les payait. Pendant l'insurrection du Than-Hoa, les rebelles de l'Annam avaient embauché toutes les bandes du pays nous y avons même rencontré des Chinois.

Toutes les bandes sont plus ou moins bien armées de lances, de coupe-coupe et de fusils à tire rapide de toutes provenances. Beaucoup même ont pu se procurer un certain nombre de nos propres fusils de guerre avec munitions, soit en les achetant aux déserteurs tonkinois, soit en les volant dans nos magasins ou bien en désarmant nos postes de miliciens ou de tirailleurs tonkinois.

Nous avons fait remarquer déjà combien sont braves les soldats tonkinois lorsqu'ils sont commandés par des chefs européens, et combien ils sont timides, au contraire, lorsqu'ils sont abandonnés à eux-mêmes en face d'un ennemi résolu. Les pirates savent parfaitement tirer parti de cet état de choses et user de ruse et d'audace pour s'emparer des armes d'un poste qu'ils supposent mal gardé. A Phu-Tan-Tan, par exemple, un poste de huit tirailleurs et un caï du 4° tonkinois avait été détaché, dans le courant de l'année 1886, à une certaine distance de la citadelle, pour surveiller un point de la rivière où une barque avait coulé avec plusieurs fusils qui auraient pu tenter les pirates. Nos jeunes étourdis de Tonkinois, pensant que les fusils en question étaient suffisamment bien gardés par la profondeur des eaux, ne tardèrent pas à se relâcher de plus en plus dans leur service, au point de ne laisser que le factionnaire au poste, pendant que les autres allaient se distraire au marché voisin.

Un beau jour les pirates, qui les observaient depuis quelque temps, se ruèrent sur le factionnaire, le désarmèrent et s'emparèrent des fusils du poste, puis ils allèrent cueillir tranquillement, au marché, les ceinturons et les gibernes pleines de cartouches que nos Tonkinois avaient autour des reins et que dans leur surprise ils ne songèrent même pas à leur disputer.

Cependant les choses ne se passent pas, toujours ainsi, et souvent les pirates échouent piteusement dans leurs tentatives.

Vers la fin de l'année 1886, à l'époque où les rebelles cherchaient, par tous les moyens, à se procurer des armes pour l'insurrection du Than-Hoa, plusieurs de nos postes furent l'objet de tentatives de vols d'armes qui dénotaient de la part des pirates une certaine dose d'astuce. C'est ainsi que dans le Bay-Say, un jour de marché, le factionnaire tonkinois vit venir une cinquantaine de coolies portant chacun un fagot de bois et n'ayant absolument rien dans leurs allures qui pût les faire soupçonner de mauvaises intentions.

En arrivant à la porte du poste ils répondirent au factionnaire, qui parlementait avec eux, qu'ils étaient chargés d'apporter au poste la provision de bois nécessaire pour l'hiver et ils le prièrent de leur indiquer l'endroit où le déposer. Le factionnaire trompé par cette apparence de franchise ouvrit la porte et laissa entrer tous ces pseudo-coolies qui, une fois dans la place, jetèrent leurs fagots à terre, en tirèrent des sabres et des coupe-coupe et se ruèrent sur les quelques soldats qui se trouvaient dans le poste, puis il se mirent en devoir de dévaliser le magasin d'armes.

Le chef de poste, le jeune sergent Delaforge, du 2ᵉ régiment tonkinois, averti de ce qui se passait, courut aussitôt au magasin d'armes sabre et revolver au poing, abattit le premier pirate qui se présenta pour sortir du magasin et tint les autres en respect. Les tirailleurs entraînés par l'énergie de leur chef reviennent bientôt de leur surprise, se reforment à la voix du courageux sous-officier et font toute la bande prisonnière. Ce beau trait de courage qui avait préservé tout le poste d'un massacre certain, et qui avait empêché le vol d'armes qui auraient pu servir contre nous, valut au jeune sergent les galons de sous-lieutenant.

A Sontay, à la même époque que se passaient les faits relatés ci-dessus, les pirates ont attaqué, pillé et brûlé des villages situés à quelques kilomètres de la citadelle. Ils ont même attaqué le quartier général établi à la grande pagode de Phu-Xa et brûlé le village voisin après avoir pillé et massacré ceux des habitants qui cherchaient à se défendre. Puis, comme des postes de miliciens avaient été placés en différents points des faubourgs pour les défendre, ils se sont rués sur l'un de ces postes pendant la nuit et ont massacré les sept miliciens qui s'y trouvaient.

Les pirates n'opèrent pas seulement sur terre, mais ils opèrent également sur l'eau, où ils sont d'autant plus à redouter que, pour arriver à leurs fins, ils coulent les bateaux et se sauvent à la nage lorsque les voyageurs ne mettent pas assez de bonne volonté à se laisser dévaliser.

En revenant de Tuyen-Quan, avec le général Brissaud, au mois d'août 1887, nous avons eu occasion d'étudier de près la tactique navale d'une bande de la rivière Claire. Nous naviguions alors sur une chaloupe à vapeur mise à la disposition du général, et dont l'équipage était composé d'Annamites commandés par un quartier-maître français. Comme nous restions parfois plusieurs semaines en route, nous avions comme escorte à bord quatre zouaves et huit soldats tonkinois : ce qui donnait à notre petit bateau les allures d'un véritable navire de guerre.

Un soir, nous fûmes surpris par la nuit, entre les deux postes français de Phu-Doan et Bat-Léou que nous ne pouvions atteindre qu'après plusieurs heures de navigation. La soirée était superbe, comme toutes celles de l'Extrême-Orient à cette époque de l'année. A la chaleur accablante de la journée avait succédé cette fraîcheur relative qui donne une sensation de bien-être et une sorte de joie de vivre, chassant la fatigue et les ennuis. Notre petit navire glissait silencieusement sur la rivière, en soulevant autour de sa coque une sorte de nuage phosphorescent. Des deux rives de la rivière Claire s'échappait le bour-

donnement confus des milliers d'insectes et d'animaux peuplant
la forêt vierge et qui, dans ces pays, semblent s'éveiller à l'heure
où tout s'endort habituellement dans nos régions d'Europe.
Aux myriades d'étoiles, scintillant comme des diamants au fir-
mament, s'ajoutaient les lucioles balançant gracieusement leurs
veilleuses dans les airs en formant escorte à notre bateau. Au
loin, dans la campagne, on entendait le bruit sourd du gong ou
du tam-tam des veilleurs de nuit se répondant d'un village à
l'autre. Plus près de nous, sur la rivière, s'envolaient de temps
à autre des oiseaux de nuit poussant leurs cris sinistres d'âmes
en détresse.

Bientôt, la nuit devint de plus en plus sombre et notre pilote
annamite nous déclara qu'il croyait imprudent de continuer notre route, à cause des nombreux rochers ou bancs de sable qui
obstruaient le lit de la rivière Claire. Nous fîmes alors stopper
et jeter l'ancre au milieu de la rivière en attendant le lever de
la lune, qui devait avoir lieu vers 1 heure du matin, puis nous
prîmes nos dispositions pour dormir sur le pont en ayant
soin de doubler les sentinelles de garde à bord, et de prévenir
tout l'équipage de se tenir prêt à la moindre alerte, la région
où nous nous trouvions ayant la réputation d'être souvent inquiétée par les pirates.

A peine étions-nous endormis que nous fûmes éveillés par
un bruit de cornes, de tam-tam, de cris et d'aboiements de
chiens semblant se rapprocher de plus en plus de nous. Presque aussitôt nous apercevions à la lueur d'incendies allumés
dans un village lacustre, aux cases échelonnées le long de la
rivière, une cinquantaine de barques dirigées par des rameurs
dont les silhouettes profilées sur les flammes des incendies
donnaient à cette flottille l'aspect d'une escadre de petits vais-
seaux fantômes.

Nous eûmes bientôt la certitude que nous nous trouvions en
présence d'une bande de pirates qui venaient de dévaliser le village, et qui s'apprêtaient à attaquer notre bateau qu'ils prenaient
pour un bateau de commerce. Nos feux étant éteints notre situation devenait assez critique, car nous allions être obligés
d'attendre, à l'ancre, ces forcenés dont nous connaissions trop
bien le caractère peu généreux, ainsi que les procédés par eux

employés en pareille circonstance. Chacun de nous prit son poste de combat encouragé par la mâle énergie du général Brissaud qui nous dirigeait du fauteuil sur lequel il était cloué par la souffrance.

Nous avions, fort heureusement, un assez grand nombre de cartouches pour nos douze fusils et nos deux revolvers, et chacun de nos Annamites fut armé, soit d'une barre de cabestan, soit d'une gaffe, en même temps que le chauffeur s'efforçait de chauffer sa machine, car là surtout était le salut.

Pendant une demi-heure, nous demeurâmes dans une terrible situation d'expectative, mais bien résolus à faire payer chèrement notre vie. Les premiers bateaux pirates n'étaient plus qu'à quelques coups de rames de nous, et toute la bande poussait déjà des cris de victoire et de mort pour venger ceux des siens que nos balles avaient atteints.

Bientôt, cependant, un léger grondement se fit entendre dans notre machine, l'hélice commença à donner quelques tours, puis un coup de sifflet nous annonça que la pression était complète; nous étions sauvés!

Nous nous lançâmes à toute vapeur contre les légers bateaux des pirates en coulant ainsi tous ceux qui se trouvaient sur notre passage; les autres entraînés par le courant se dispersèrent et gagnèrent à la hâte les petits arroyos voisins.

Quant à nous, sur la déclaration du pilote (1) qu'il se chargeait de nous diriger, même au milieu des écueils les plus redoutables, nous continuâmes à descendre la rivière Claire et nous arrivâmes, à 2 heures du matin, sous le poste fortifié de Bat-Léou à l'abri duquel nous passâmes le restant de la nuit.

En pareille circonstance, lorsque les pirates n'ont pas à craindre une trop grande résistance de la part de leurs victimes, ils se contentent souvent de piller ce qui leur convient et quelquefois d'emmener comme otages les personnages dont ils espèrent obtenir rançon.

---

(1) Les appréhensions de ce pilote étaient d'ailleurs parfaitement fondées, car, depuis cette époque, les messageries fluviales du Tonkin ont perdu, dans ces parages, l'un de leurs plus beaux navires, brisé sur les écueils.

C'est ainsi qu'en 1890 ils se sont emparés de la personne d'un riche négociant français d'Haïphong, M. Roques, et ne lui ont rendu la liberté que contre une rançon de deux cent mille francs. Le chef de la bande, un nommé Lun-Ki, qui opérait dans les montagnes de Dong-Trieu, eut l'audace d'entrer en relation avec les autorités françaises de la région, en menaçant de massacrer M. Roques si, au lieu de lui apporter la rançon exigée, on envoyait des troupes contre lui (2).

Ce n'est, d'ailleurs, pas seulement au Tonkin que l'on rencontre des bandits de ce genre, et certains pays d'Europe n'ont rien à envier, sous ce rapport, à l'Extrême-Orient.

On a présenté divers systèmes pour faire cesser la piraterie, mais aucun n'a donné de résultats satisfaisants jusqu'à ce jour.

Des utopistes, animés certainement des meilleures intentions, ont même cherché à s'allier les bandes, soit en comblant les chefs de bienfaits, soit en donnant à toute la bande l'autorisation de jouir en paix des propriétés ou du butin volés. Il en est résulté ceci, c'est que dans le premier cas les pirates, ne se considérant pas comme suffisamment dédommagés en la personne de leur chef, se sont empressés de nommer d'autres chefs et de recommencer leurs déprédations.

Dans le second cas, les anciens propriétaires dépossédés par les pirates, en voyant des actes de rapine sanctionnés par les autorités sur lesquelles ils comptaient pour rentrer en possession de leurs biens, se sont faits pirates à leur tour avec l'espoir de jouir des mêmes faveurs que leurs anciens spoliateurs.

Actuellement, plusieurs compagnies minières ont engagé, dit-

---

(2) Tout récemment encore (5 février 1892), une bande de pirates, déguisés en marchands ou paisibles paysans, pénétrait dans le poste de Yen-Luong, situé dans la région de Cho-Bo. Les pirates avaient bien choisi leur moment; c'était l'heure du dîner (7 heures du soir). La plupart des soldats tonkinois prenaient leur repas dans le village. Le capitaine Pouligo, du 2ᵉ tonkinois, commandant du poste, et ses sous-officiers européens étaient à table. Quelques-uns de la bande allèrent humblement leur offrir des œufs, des volailles et des fruits, et, pendant ce temps-là, les autres se répandaient dans le poste et ouvraient le feu, par les fenêtres, sur la cantine des sous-officiers. Le capitaine se lève aussitôt de table et cherche à sortir pour organiser la défense, mais il tombe mortellement frappé, ainsi que plusieurs sous-officiers et soldats. Le restant du poste put se diriger vers Hong-Hoa et rejoindre le poste de Thu-Phap.

on, des bandes entières d'anciens pirates pour les travaux des mines. C'est peut-être là un des plus sûrs moyens d'arriver à la diminution de la piraterie, car il est certain que, les bandes se recrutant parmi les malheureux qui ne trouvent pas d'autres moyens de s'assurer le riz quotidien, ceux-ci préfèrent se livrer à un travail honnête et rémunérateur plutôt que de continuer leur métier infâme et dangereux.

Le jour où les nombreuses mines du Tonkin seront en exploitation et où les travaux que nécessite la colonisation seront en voie d'exécution, il est à prévoir que la piraterie disparaîtra. Les indigènes, voyant que nous sommes enfin décidés à rester dans le pays, ne craindront pas de dénoncer les bandes et même de les combattre, chose qu'ils ne font pas à présent parce qu'ils savent trop bien quel sort leur serait réservé s'ils cessaient d'être protégés par nos troupes.

Dans différentes régions du Tonkin et de l'Annam, nous avons entendu maintes fois des mandarins ou des notables tenir les propos suivants : « Nous ne demanderions pas mieux, disaient-ils, que de croire les Français, lorsqu'ils protestent de leurs bonnes intentions à notre égard, mais au temps de Francis Garnier ils nous ont bercés des mêmes illusions, puis ils nous ont abandonnés sans se soucier le moins du monde de ce qui pouvait advenir. Quand nous les verrons s'installer dans le pays et y entreprendre partout de grands travaux, ou y élever des constructions durables, nous aurons foi en leur parole, mais jusque-là nous n'aurons qu'une confiance limitée dans leurs promesses. »

Il existe, d'ailleurs, des exemples frappants à l'appui de cette opinion des indigènes : ce sont ceux que nous donnent les missions catholiques, établies en Indo-Chine depuis plus de deux cents ans. Ces missions sont de deux sortes : les missions françaises qui occupent le territoire compris entre la Cochinchine et la rive droite du fleuve Rouge, et les missions espagnoles qui occupent la région entre la rive gauche du fleuve Rouge et la Chine. Certes, parmi les hommes dévoués qui ont quitté leur patrie pendant cette longue succession d'années, pour aller porter la parole du Christ dans ces régions, il en est un certain nombre qui ont été victimes de leur ardeur pour la foi.

Mais, beaucoup de ceux qui figurent au martyrologe des missions ont été massacrés non pas parce qu'ils étaient missionnaires, mais bien parce qu'ils appartenaient à une race que les mandarins ne voulaient pas laisser s'implanter chez eux. Les négociants et les simples voyageurs européens ont de tous temps été traités de la même façon que les missionnaires.

Là où les Européens, missionnaires ou négociants, ont eu des établissements bien organisés et surtout des maisons solidement construites, ils ont été respectés, même pendant les guerres de ces vingt dernières années, alors que tout était pillé et détruit partout.

A Haïdzuong, par exemple, où il existe un évêché espagnol avec une cathédrale et de vastes établissements religieux, les Chinois et les pirates ont brûlé complètement la ville sans toucher à une seule pierre de ces établissements. Il en est de même à Ké-So et à Hué, sièges des principaux évêchés français. A Hanoï, cependant, les pavillons noirs ont essayé d'incendier la mission catholique, mais à Hué, alors que la légation française était bombardée et les casernements de nos soldats incendiés, la mission catholique n'était même pas inquiétée. Il est donc à peu près certain que, le jour où nous aurons couvert le pays de constructions et d'établissements permanents de tous genres, nous aurons quelques chances pour que les populations, en se ralliant franchement à nous, facilitent notre tâche contre la piraterie qui finira par disparaître d'elle-même.

Il faut reconnaître aussi que nous avons commis de graves erreurs, depuis notre arrivée au Tonkin, en ce qui concerne les moyens employés pour la répression de la piraterie qui n'a fait que croître au lieu de diminuer. La principale faute a été la substitution de milices, mal commandées et mal disciplinées, aux troupes régulières tonkinoises solidement encadrées par des chefs français. Il s'est trouvé, au moment de la création de ces milices, des officiers clairvoyants pour protester contre l'aveuglement des tacticiens en chambre qui prétendaient alors que la piraterie n'existait que dans l'imagination des militaires ayant en vue quelques bonnes petites opérations destinées à provoquer, en leur faveur, des titres à l'avancement. Mais ces grands tacticiens de résidence, pour la plupart frais émoulus d'occupations qui les avaient peu préparés aux choses de la guerre, ne voyaient plus qu'une chose, le commandement de leurs compagnies de miliciens, avec lesquelles ils devaient pacifier le pays comme par enchantement, et au besoin en imposer à la Chine beaucoup mieux que nos troupes régulières.

Il était à prévoir, cependant, que ces milices, véritables bandes plutôt que troupes organisées, n'inspireraient qu'une crainte médiocre aux pirates, et se laisseraient un peu trop facilement désarmer par eux, quand encore elles ne feraient pas de la piraterie pour leur propre compte. C'est malheureusement ce qui est arrivé, et aujourd'hui on commence à réparer cette erreur en supprimant les milices pour réorganiser les troupes indigènes.

Ce sont toutes ces erreurs administratives qui ont jeté la déconsidération sur le Tonkin, en faisant supposer en France que cette magnifique colonie n'était et ne pourrait jamais être qu'un vaste repaire de pirates. Et puis, il faut bien convenir aussi que pour exciter notre engouement, au début de la conquête, on a par trop cherché à nous montrer ce pays comme une nouvelle Californie où les pépites d'or étaient tellement abondantes qu'on n'avait que l'embarras du choix pour en constituer des cargaisons entières.

Le pays étant peu ou pas connu des Européens avant notre arrivée, la légende, grossie par la distance, devait naturellement exciter notre crédulité française. Il en est résulté qu'aussitôt après les opérations militaires terminées on a été fort étonné de ne pas voir arriver dans nos ports les galions chargés des richesses tant vantées de là-bas, sans chercher à se rendre compte des difficultés à surmonter pour s'emparer des trésors de cette nouvelle Golconde.

Certes, les mines ne sont pas rares au Tonkin et en Annam; une centaine étaient exploitées par les Chinois avant notre arrivée. Il y existe des mines d'or, d'argent, de cuivre, de plomb, de fer, de zinc, d'étain, de mercure, de soufre, de cinabre, de bismuth, d'arsenic, de salpêtre, de sel, d'alun et enfin de houille. On y trouve également le kaolin et différentes espèces de marbres fort remarquables. Mais fort peu de ces mines sont encore exploitées aujourd'hui, en raison des difficultés d'exploitation qu'elles présentent, car la plupart sont situées dans des régions montagneuses à peu près inabordables tant que le pays ne sera pas parfaitement sûr, et que les voies de communication nécessaires n'auront pas été construites.

Cependant, quelques-unes de ces mines, et sûrement celles offrant le plus de garanties de prospérité, sont situées au bord même de la mer. Ce sont les mines de houille dont plusieurs sont actuellement en pleine exploitation : à Hongaye sur la baie d'Along ; à l'île de Kébao, non loin de cette baie ; à Dong-Trieu, sur un arroyo communiquant avec le port d'Haïphong; puis en Annam, à la baie de Tourane.

Ces mines sont, paraît-il, inépuisables et à elles seules elles constituent une source de richesses d'autant plus grande que la houille n'existe pas ailleurs dans ces parages, où l'on est obligé de l'apporter, à grands frais, d'Europe ou du Japon, pour alimenter les navires à vapeur et pourvoir aux besoins de l'industrie.

Les Annamites n'ont jamais cherché à exploiter ces mines parce qu'ils n'avaient pas l'emploi de la houille avant notre arrivée, l'industrie étant à peu près nulle chez eux jusque-là. Pour ce qui est des autres mines, ils n'en n'ont jamais tiré que le peu de métal nécessaire soit pour la fabrication de leurs ustensiles en étain, en cuivre ou en bronze, soit pour la fabrication de bijoux, en or ou en argent, destinés à leurs femmes et à leurs enfants.

Il est à peu près certain qu'à la longue toutes ces richesses naturelles du sol pourront être exploitées, et qu'elles compenseront largement les sacrifices que nous aura coûtés la conquête du Tonkin.

Mais, nous le répétons, il faudra du temps et de la patience : bien moins, cependant, qu'il nous en a fallu pour conquérir complètement notre colonie d'Algérie.

---

# CHAPITRE XIV

Le climat du Tonkin. Son influence au point de vue de la colonisation. —
Mesures hygiéniques à employer pour lutter contre le climat. Les habi-
tations, les vêtements et la nourriture des Européens. — La vie au
Tonkin, ses agréments et ses désagréments.


L'un des plus terribles ennemis des Européens, celui surtout que les anti-Tonkinois se plaisent à leur montrer comme le
plus formidablement armé  et le plus difficile à vaincre, c'est
le climat.

Certes, il ne faut pas se dissimuler que ce pays, entièrement
situé dans la zone tropicale et habité par la race jaune, ne jouit
pas d'une atmosphère faite pour les poumons de notre race.
On se tromperait grandement  si l'on espérait pouvoir en faire
un jour un centre d'émigration française. Il est démontré aujourd'hui que les Européens ne peuvent pas y séjourner plus
de deux ou trois ans sans aller chercher, sous d'autres latitudes, l'air revivifiant dont ils ont besoin. Cet état de choses
n'est d'ailleurs pas particulier au Tonkin, et il existe aussi
bien pour les colons anglais de l'Inde, que pour les colons
hollandais ou espagnols de Sumatra et des Philippines. Mais
il faut bien considérer aussi que la très prolifique race annamite est suffisante pour peupler le pays, et qu'il suffira toujours d'y envoyer simplement les capitaux et les ingénieurs ou
contre-maîtres nécessaires pour la direction des travaux à exécuter  et des mines ou terrains à exploiter. Les Annamites et
les Chinois feront d'excellents contre-maîtres et des ouvriers
suffisants pour tous les genres de travaux.

Quelques-uns de nos compatriotes sont installés en Indo-
Chine depuis 1860, et ils ne paraissent pas avoir souffert du
climat. Cela tient à ce que, comme tous les Européens sou-
cieux de leur santé, ils quittent ces régions tous les deux ou
trois ans, pour venir se retremper en France, ou bien ils vont,

chaque année, passer en Chine ou au Japon les mois débilitants de la période caniculaire.

En usant de ce système, nos fonctionnaires civils et militaires, ainsi que les hardis pionniers de notre civilisation européenne, peuvent parfaitement arriver à transformer le pays, en se bornant seulement à diriger les Annamites et les Chinois, et en évitant avec soin tout surmenage physique et moral.

Au Tonkin, comme du reste dans toute la zone tropicale, l'année n'est pas divisée en saisons, comme sous nos latitudes d'Europe. Il n'y a que deux saisons : l'une, d'une chaleur insupportable, et l'autre, relativement tempérée. La saison chaude commence en avril et finit en octobre : elle atteint son maximum de chaleur pendant les mois de juillet, août et septembre.

C'est cette saison qu'on appelle également la saison des pluies à cause des orages qui éclatent à peu près chaque jour, dans l'après-midi.

Mais, ces pluies, au lieu de rafraichir l'atmosphère, raréfient l'air respirable et rendent au contraire la chaleur plus insupportable encore. Pendant cette période, on vit comme dans un bain de vapeur, ou plutôt on semble cuire dans l'eau chaude au lieu de se rôtir au soleil. L'effet produit est, d'ailleurs, en harmonie avec la sensation éprouvée, car on blanchit comme les viandes bouillies, au lieu de se bronzer comme les viandes rôties. C'est cette humidité et la persistance de la chaleur, à minuit comme à midi, qui finissent par anémier les tempéraments les plus robustes. Cependant, le thermomètre dépasse rarement 40 degrés à l'ombre, et il se maintient généralement entre 35 et 38 degrés. On supporte des températures beaucoup plus élevées même en Algérie, et avec bien moins de fatigue, mais cela tient à ce que l'air y est excessivement sec et pur, et à ce que les nuits y sont d'une fraîcheur relative qui permet de réparer les pertes journalières.

Au soleil, la température est réellement accablante, et il est excessivement dangereux de braver ses rayons de 8 heures du matin à 5 heures du soir. Nous avons vu de pauvres tirailleurs algériens foudroyés pour avoir négligé, pendant quelques secondes, de se coiffer d'un casque ou de s'abriter sous un parasol, pensant que leurs turbans devaient être suffisants pour les garantir contre les insolations, comme lorsqu'ils étaient sous le soleil de leur désert africain.

La saison tempérée s'étend du mois de novembre au mois de mars : elle est très réconfortante, et c'est ce qui rend le climat du Tonkin beaucoup plus supportable que celui de la Cochinchine, qui a toujours la même température chaude et humide.

Pendant cette saison, le thermomètre descend souvent à quinze degrés au-dessus de zéro pendant la nuit, c'est une température relativement froide qui rend la vigueur au système nerveux déprimé par la chaleur des mois caniculaires. Néanmoins, à midi, le soleil est aussi dangereux que pendant l'été et, d'ailleurs, par quinze ou vingt degrés au-dessus de zéro, on est plus vivement impressionné que par zéro degré en Europe, en raison de la susceptibilité extrême au froid que l'on a acquise sous l'influence de la chaleur de la période caniculaire.

C'est, cependant, la saison de la sécheresse ; celle pendant laquelle les mares se dessèchent, le sol se lézarde de crevasses profondes et les rivières descendent à leur niveau le plus bas. Les pluies deviennent de plus en plus rares et l'humidité est seulement entretenue par une sorte de brouillard, qui se résout généralement en une pluie fine, appelée « crachin » dans le pays.

Mais, dans l'une comme dans l'autre saison, on jouit, en Indo-Chine, d'un printemps perpétuel sous le rapport de la végétation toujours prodigue de verdure et de fleurs.

Au début de la campagne du Tonkin, nous avons lu beaucoup d'articles de journaux absolument contradictoires : les uns, écrits par des reporters n'ayant suivi les opérations militaires que pendant la saison tempérée, nous montraient les rives du fleuve Rouge comme aussi froides, aussi embrumées que les rives de la Tamise. Les autres, écrits par des reporters n'ayant habité le pays que pendant la saison chaude, nous le montraient, au contraire, comme plus embrasé que les sables du Sahara. Chacun, placé à son unique point de comparaison, disait vrai, mais combien ces appréciations auraient été modifiées si elles avaient été inspirées par un séjour de plusieurs années dans ce pays !

Il en était de même, alors, au point de vue de la topographie du pays, dont on ne connaissait guère que le delta. Pour tous ce n'était qu'une affreuse mare à canards, surtout pour cette raison que, la guerre empêchant les paysans d'ensemencer leurs rizières, le sol était naturellement dépouillé de son tapis de verdure habituelle. Ce jugement était tout aussi erroné que celui que pourrait porter sur la France un Chinois n'ayant vu de notre beau pays que la plaine de la Crau et l'île de la Camargue.

En temps ordinaire, au contraire, alors que les rizières sont en pleine végétation, le delta, avec ses nombreux villages gracieusement abrités derrière leurs haies de bambous et sous leurs bosquets d'aréquiers et de bananiers, est bien la plus belle plaine que l'on puisse contempler. Quant à la région de la montagne, elle ne le cède en rien à l'Inde pour la beauté majestueuse et la puissance de sa végétation.

Quoi qu'il en soit, on peut admettre en principe ceci : c'est que les Européens ne doivent aller au Tonkin qu'avec une grande provision de santé qui sera sûrement dépensée en deux ou trois années au plus, et qu'ils ne pourront reconstituer qu'en venant se retremper par un assez long séjour en France, car il ne faut pas se dissimuler que l'aclimatement y est impossible. Lorsqu'on y arrive avec une bonne santé et une forte dose de bonne humeur, on résiste beaucoup mieux la première année, que les années suivantes, aux maladies de toutes sortes qui règnent dans le pays, et qui s'acharnent aussi bien contre les indigènes que contre les Européens. Dans le delta, la maladie dominante est la fièvre paludéenne; dans la montagne, c'est la fièvre des bois, et elles sont toutes deux également pernicieuses.

Les autres maladies les plus communes sont : la fièvre typhoïde, la dysenterie, la diarrhée, les maladies de foie et les insolations qui sévissent à peu près partout et en toutes saisons. Le choléra apparaît presque chaque année pendant la saison chaude, et il exerce des ravages d'autant plus grands qu'il trouve un terrain mieux préparé par les fatigues et les privations antérieures. Aussi, le meilleur préservatif contre le climat est-il d'user du plus grand confort possible, et de n'abuser absolument de rien. Il est bon d'avoir des habitations judicieusement construites et aménagées de façon à donner de l'ombre et de l'air à volonté dans les appartements. Les meilleures habitations sont celles à toiture double, en paillotte et tuile, débordant largement tout autour de la maison afin de tenir les vérandas constamment à l'ombre.

Les vêtements doivent être appropriés à la saison; ils sont aussi légers que possible pendant la saison chaude, et ils se composent généralement d'un large pantalon, et d'une sorte de blouse flottante ou d'une veste ajustée, en soie ou en cotonnade. Les autres étoffes sont absolument intolérables pendant cette saison. Pendant la saison tempérée, on porte des vêtements de même coupe, en molleton ou flanelle légère. En toutes saisons, la tête doit être abritée par un casque en liège, aloès ou moelle de sureau suffisamment épais pour intercepter complètement les rayons du soleil. Si l'on est obligé de sortir en plein soleil, il est toujours prudent d'avoir un parasol ou une bonne ombrelle, et même, dans certains cas, un éventail pour chasser les insectes et faire les appels d'air nécessaire à la respiration.

Le travail doit être modéré, mais l'oisiveté absolue doit être évitée. Pendant les siestes de midi, qui sont à peu près obligatoires en toutes saisons, il est bon de ne pas s'abandonner au lourd sommeil qui n'a rien de réparateur : il est préférable de chercher à occuper l'esprit par la lecture.

On peut manger à son appétit, tant que cet appétit ne fait pas défaut, mais il faut éviter le plus possible les conserves et les mets épicés qui flattent l'estomac pendant les premiers temps, et qui finissent par le délabrer au bout de quelques mois.

Le mieux est de vivre de viande et de légumes frais que l'on trouve à profusion dans le pays. Les bœufs, les cochons, les poulets, les oies, les canards, le gibier de toutes espèces y abondent, et, en outre des espèces particulières de légumes cultivés en tous temps par les indigènes, tous nos légumes de France poussent admirablement bien partout, pendant la saison tempérée. On réussit même à faire pousser ces légumes, à l'ombre, pendant la saison chaude.

Il est prudent d'éviter les abus de boisson qui ne peuvent qu'augmenter les suées beaucoup trop fatigantes déjà, et cau-

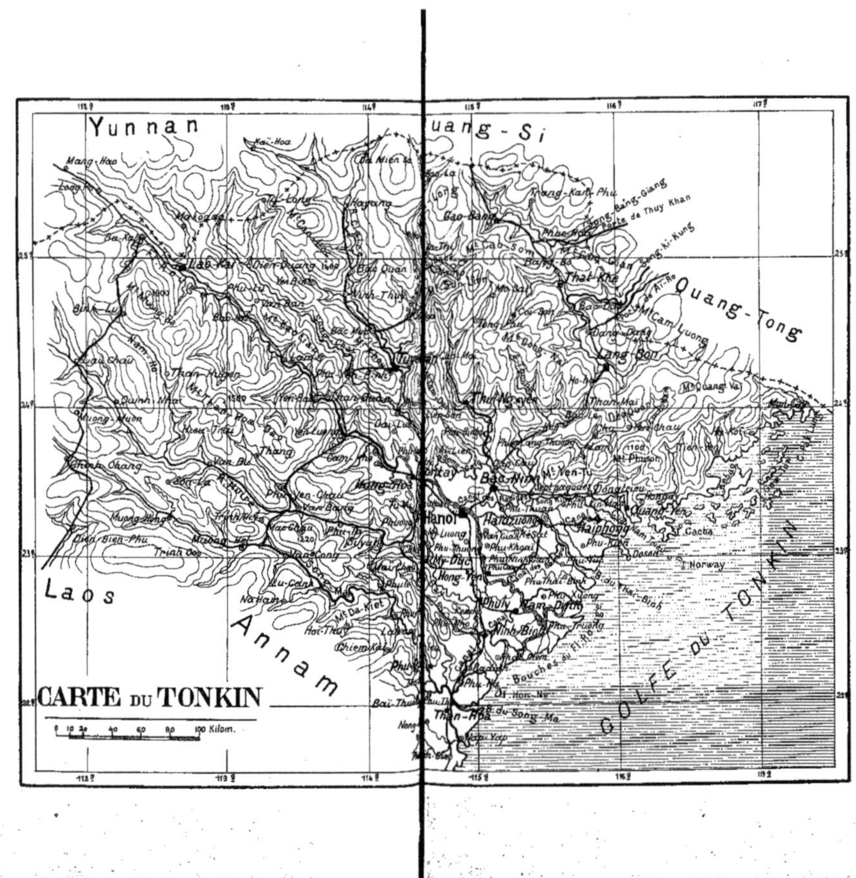

Yunnan
Quang-Si
Quang-Tong
Laos
Annam
GOLFE DU TONKIN
CARTE DU TONKIN
0 10 20 40 60 80 100 Kilom.
Hanoi
Haiphong

ser souvent de graves désordres dans l'appareil digestif. Il faut surtout boire le moins d'eau possible, et après l'avoir fait bouillir pour l'assainir, car la meilleure eau est chargée d'infusoires et de matières organiques fort dangereuses. On souffre, d'ailleurs, peu de la soif, même pendant les grandes chaleurs, l'air humide ayant pour effet de la calmer au lieu de l'aviver.

Au début de la conquête du Tonkin, alors que nos troupes avaient à supporter de très grandes fatigues, la mortalité était fort grande et elle était causée en partie par le manque d'installations suffisamment saines pour permettre à nos soldats d'y réparer leurs forces. Ce ne sont pas les abris contre la pluie ou le soleil qui manquaient, car à chaque pas on rencontre des pagodes, des hameaux ou des villages dans lesquels on trouve le logement pour des régiments entiers. Mais la plupart des habitations étaient abandonnées aux rats, aux reptiles et aux insectes de toutes sortes, par leurs habitants qui avaient fui pendant la guerre. Puis, d'un autre côté, les maisons indigènes ne sont pas toujours construites selon les lois de l'hygiène, de sorte qu'on y respire souvent un air vicié et difficile à renouveler.

Pour remédier à ces inconvénients, lorsque la durée du séjour et la température nous le permettaient, nous nous construisions, avec les matériaux des maisons, des abris beaucoup plus sains et qu'on pouvait assainir à volonté en les changeant fréquemment d'emplacements. Dans nos marches à travers la forêt vierge, les indigènes, coolies ou soldats tonkinois, nous construisaient en quelques minutes des gourbis offrant un gîte suffisant pour chacune de nos haltes journalières.

C'était même merveilleux de voir avec quelle habileté remarquable un coin sombre de forêt, manquant d'air, était transformé en un pittoresque village bien ensoleillé, et animé par la vie joyeuse si caractéristique des camps. Mais, quelques jours après notre départ, la nature reprenait ses droits, en recouvrant tout de sa puissante végétation, comme pour montrer sa hâte d'effacer toutes traces du passage des humains indiscrets qui avaient cherché à pénétrer ses secrets.

Il est tellement vrai que les conditions d'installations influent considérablement sur la santé, que partout où l'on a construit des maisons confortables, en Cochinchine, en Annam et au Tonkin, la mortalité a diminué dans des proportions très grandes. L'autorité militaire en a fait de nombreuses expériences, en envoyant dans les garnisons ayant de bonnes casernes construites à l'européenne les soldats fatigués par un séjour trop prolongé dans les postes n'ayant que des baraquements de constructions annamites. En très peu de temps, la santé et la gaieté renaissaient chez ces soldats.

A Hong-Kong et à Singapour, nous avons eu la bonne fortune d'être reçus par les gouverneurs anglais, qui nous ont donné, fort obligeamment, toutes sortes de détails sur l'installation et le genre de vie de leurs soldats dans les nombreuses garnisons de leurs colonies intertropicales.

Comme nous admirions surtout la bonne mine et l'air de bonne santé et de belle humeur des officiers et des soldats, ces messieurs nous firent remarquer que cela ne provenait uniquement que de la sollicitude du gouvernement de la reine, qui s'efforce avant tout de procurer partout à sès soldats le confort qu'ils ont à Londres. « Certes, nous disait le gouverneur d'Hong-Kong, toutes ces superbes casernes sont fort coûteuses à construire et le gouvernement est obligé de faire des sacrifices considérables pour nous envoyer, à cinq mille lieues de Londres, les vivres et les nombreux objets qui peuvent donner à nos soldats l'illusion de la vie en Angleterre, mais il y a fort longtemps que l'expérience nous a démontré que tous ces sacrifices sont bien moins grands encore que ceux que nous coûteraient les maladies, la mortalité et les frais de voyages ou d'hôpital. Aussi, en dehors de nos expéditions de guerre, la mortalité n'est pas beaucoup plus grande dans nos colonies qu'en Angleterre, et la garde de ces colonies est relativement peu onéreuse parce que, à force de bons soins, nous arrivons à n'y entretenir que des hommes valides et en nombre strictement suffisant, au lieu d'y envoyer à l'aventure des masses de soldats pris au hasard, et qui par suite de manque de confort ne pourraient être qu'une cause d'embarras et de frais de transports inutiles. »

Ce sont là des moyens pratiques qu'il serait bon d'adopter pour arriver à ne maintenir, en Indo-Chine, que le personnel civil et militaire strictement nécessaire pour assurer l'administration et la garde de la colonie.

En résumé, à part les fatigues du climat, la vie en Annam et au Tonkin est excessivement facile et presque agréable. Les habitants y sont doux, affables, hospitaliers, et n'ont pas ce caractère sauvage et méfiant qu'on s'est plu à leur attribuer au début de notre occupation du pays, alors que les exigences de la guerre nous obligeaient à user nous-mêmes, envers eux, de procédés peu faits pour les attirer à nous.

Quand on les étudie de près, on revient vite de la mauvaise impression que cause tout d'abord leur air d'indifférence à tout ce qui les environne. Dans les villes, par exemple, on est désagréablement impressionné par la vue de la population grouillante, affairée, à l'aspect misérable et accablée sous le poids de fardeaux qu'hommes et femmes portent tous comme des bêtes de somme, en trottinant dans les rues. Mais, si l'on se donne la peine de les suivre jusque dans leurs cahnias, on constate bientôt que le peu de bien-être apporté dans la famille par le salaire gagné si péniblement suffit pour leur faire oublier complètement les fatigues passées et à venir.

Dans les campagnes, où ils sont presque tous laboureurs, ils supportent encore plus philosophiquement leur sort, et leur ambition se borne généralement à avoir des récoltes suffisantes pour assurer le riz quotidien à leurs nombreuses familles.

La principale production agricole est le riz, base de la nourriture des Indo-Chinois, comme des Chinois et des Indiens. Le delta et tous les terrains bas produisent généralement deux récoltes par an, et quelquefois trois. Il est prélevé sur les récoltes abondantes une provision de réserve en cas de mauvaises récoltes, et que les mandarins font conserver dans les magasins de la commune, du canton, de la préfecture et de la province, pour être distribuée ensuite aux habitants en cas de disette.

Lors de notre arrivée au Tonkin, nous avons détruit la plupart de ces magasins, parce que, dans notre ignorance des coutumes du pays, nous nous figurions qu'ils n'étaient destinés qu'à l'armée, et que, par conséquent, c'était de bonne guerre de les détruire. C'est une inconséquence qui a failli nous amener la famine dans le pays quelques années plus tard, et qui nous a obligés à acheter fort cher le riz nécessaire à la nourriture des habitants privés d'une récolte.

Les fléaux les plus redoutables pour les Annamites sont : la guerre, la piraterie, les inondations et les incendies; néanmoins, il est rare qu'ils se laissent aller au découragement après avoir été frappés par l'un de ces fléaux. Ils se mettent, au contraire, immédiatement en devoir d'en faire disparaître les traces.

Ils sont, d'ailleurs, excessivement serviables les uns envers les autres, et lorsqu'une famille se trouve dans l'embarras, les autres se liguent pour la secourir. Ils sont aussi d'une sobriété exemplaire, et il est à regretter que nous leur donnions quelques-uns de nos vices, ou du moins que nous les favorisions au lieu de les combattre. C'est ainsi que nous avons encouragé le jeu, auquel ils sont fort enclins, en le plaçant sous la haute surveillance de collecteurs d'impôts, et que nous habituons insensiblement la jeune génération à se livrer aux alcools, dont les effets ont toujours été regardés, par les Annamites, comme dégradant pour l'humanité.

Très souvent nos soldats tonkinois ou annamites ont refusé de boire la ration de vin ou d'eau-de-vie qui leur était allouée, parce que, disaient-ils, « ça les rendait aussi bêtes que des buffles ». On ne pouvait leur faire boire cette ration qu'en y ajoutant du quinquina comme remède contre la fièvre.

On pourrait objecter qu'ils savent cependant parfaitement fabriquer le tschoum-tschoum, ou eau-de-vie de riz : c'est la vérité, mais ils n'en usent guère que dans certaines circonstances, et comme remède prophylactique.

Les lois annamites sont remarquablement sages, mais elles sont aussi sans pitié pour qui s'écarte des règles communes. Les peines sont graduées, à peu près comme dans notre Code pénal, de l'amende à la mort, en passant par la bastonnade.

C'est l'application de cette peine de la bastonnade qui fait souvent croire aux Européens que les Annamites sont conduits à la baguette par leurs mandarins. C'est une erreur profonde, car à tous les échelons de l'échelle sociale ils ont tous, au contraire, le sentiment de la dignité humaine excessivement développé. La bastonnade, ou cadouille, n'est appliquée que judiciairement et selon des règles tellement bien définies que le patient a le droit de faire rendre à son juge, ou à son exécuteur, les coups malencontreusement appliqués.

La justice est rendue par chaque mandarin dans son district, mais le jugement peut toujours être porté devant une juridiction plus élevée, et monter de gradation en gradation jusqu'au roi, qui prononce en dernier ressort. Le Code prévoit même la mort à temps, c'est-à-dire, qu'il peut être accordé, au condamné à mort, un laps de temps, variant d'un jour à un an, et s'il s'amende, le roi fait grâce. Il en résulte que les erreurs judiciaires sont fort rares et que chacun s'incline, sans arrière-pensée, devant le jugement rendu.

Les condamnés subissent leurs peines avec un stoïcisme admirable et sans la moindre révolte, parce qu'ils sont convaincus qu'ils ne font qu'acquitter une dette envers la société.

Les exécutions capitales se font le plus généralement dans la localité où le coupable a commis le plus de méfaits. Elles ont toujours lieu en plein jour, en présence des mandarins et de toute la population, et avec une certaine mise en scène qui a pour but de frapper davantage l'esprit des populations. Ce spectacle, dont le côté écœurant est atténué, dans une certaine mesure, par le mépris de la mort et le courage des condamnés, n'offre rien de malsain comme on pourrait le supposer.

Les condamnés sont amenés sur le lieu de l'exécution les mains liées derrière le dos, le cou emprisonné dans une cangue ou échelle de bambous solidement ficelée par les deux bouts. Un mandarin fait, à haute voix, la lecture du jugement à laquelle les spectateurs répondent généralement que le châtiment est mérité. Souvent même, avec un sang-froid imperturbable, le condamné reconnaît, lui-même, que la peine capitale est seule capable de lui permettre d'expier ses crimes envers la société.

Il se place alors à genou, le dos contre un piquet où on lui attache les mains pendant qu'il fait ses dernières recommandations au bourreau, en l'engageant surtout à ne pas manquer son coup. Il tend la tête en avant, le bourreau lui ramène la chevelure sur la face pour dégager la nuque, puis il brandit son lourd coupe-coupe des deux mains en lui faisant décrire un cercle, et il l'assène vigoureusement sur la tête du supplicié. La tête est généralement séparée du tronc d'un seul coup.

Lorsqu'il y a plusieurs condamnés à exécuter, chacun d'eux, en attendant son tour, assiste à ce spectacle sans montrer plus d'émotions que les autres spectateurs. Aussitôt l'exécution terminée les parents ou les amis emportent les corps dans des nattes, et vont les enterrer dans le petit cimetière de la famille.

Les Annamites, avons-nous dit, sont les gens les plus indifférents en matière de religion : leur seul culte réel est le culte de la famille, poussé à un degré élevé, mais ils croient sûrement à l'immortalité de l'âme, puisqu'ils s'efforcent de satisfaire les esprits des ancêtres présidant aux destinées de la famille.

C'est à ce culte de la famille qu'on doit attribuer leur amour du sol natal, qu'ils ne quittent jamais sans y être obligés.

Le Chinois, le Malais et l'Indien s'expatrient facilement. On rencontre des individus de ces différentes nations partout où un gain quelconque peut leur être assuré, mais l'Annamite se résout à peine à quitter momentanément sa province pour aller habiter la province voisine.

Les mandarins seuls acceptent les changements de résidences auxquels les obligent leurs fonctions, et encore n'est-ce jamais sans esprit de retour dans leur pays natal, où ils se réservent toujours une tombe auprès de la famille.

Nous avons eu plusieurs fois des exemples frappants de cet attachement au sol natal, d'individus qui paraissaient cependant assez déshérités du sort. Ainsi, au moment de notre départ de Hué pour le Tonkin, nous avons proposé à quelques-uns de nos boys de les emmener avec nous, en leur promettant de les faire ramener chez eux, quand ils le désireraient. Tous ont refusé en disant que le voyage était trop long; que leurs vieux parents pouvaient mourir pendant leur absence et qu'ils regretteraient toute leur vie de n'avoir pas assisté à leurs derniers moments.

Dans un de nos voyages d'exploration, le général Brissaud avait recueilli un charmant enfant muong, d'une douzaine d'années, dont les parents étaient tous morts pendant la guerre. Cet intéressant orphelin s'était attaché à nous et pendant une année il nous avait suivis partout, même dans nos expéditions les plus périlleuses. Au moment de notre départ du Tonkin pour la France, le général lui dit qu'il était tout disposé à l'adopter définitivement et à l'emmener en France où il serait aimé et choyé comme son propre fils. Il parut tout d'abord accepter, et il nous accompagna de Sontay à Haïphong, mais au moment où le navire qui devait nous conduire en Chine leva l'ancre, il se jeta aux pieds du général en pleurant et en le suppliant de le faire reconduire à Sontay, d'où il retournerait dans son village pour y rendre les derniers devoirs à ses parents qui dormaient leur grand sommeil là-bas.

Les soldats tonkinois ou annamites de Cochinchine ne craignent pas, cependant, de partir très loin avec leurs compagnies, et, d'un autre côté, plusieurs Annamites sont déjà venus en France, soit comme étudiants, soit en touristes, ou bien comme ouvriers à l'époque de nos expositions de 1889 et 1900, mais, les uns et les autres n'entreprennent jamais de pareils voyages sans être à peu près assurés de pouvoir retourner un jour dans leur pays.

Sous beaucoup d'autres rapports encore les mœurs annamites diffèrent complètement des nôtres : la polygamie, par exemple, est en usage dans le pays et cela dans le but principal d'avoir une lignée assurée d'enfants mâles, pour rendre le culte aux mânes des ancêtres, les femmes étant reconnues inaptes à rendre ce culte. Il en résulte que le mariage y est beaucoup plus facile que dans d'autres pays, mais cela ne l'empêche pas d'offrir toutes les garanties de légitimité et de moralité désirables. La première femme est toujours considérée comme la véritable maîtresse de la maison, où elle occupe toujours la première place après son mari et les vieux parents. Les femmes tiennent, d'ailleurs, dans la société à peu près la même place que dans nos sociétés européennes : elles jouissent d'une liberté absolue et elles ne sont jamais soumises à l'humiliante et tyrannique surveillance de leurs maris, comme chez les musulmans, par exemple.

Lorsqu'on n'a pas à redouter la rencontre des pirates, on peut voyager en toute sécurité dans toutes les régions habitées, on est sûr de trouver partout un gîte et bon accueil des habitants qui chaque nuit montent la garde aux portes des villages pour en éloigner les hôtes incommodes.

La vie n'est pas très chère au Tonkin, si l'on sait se contenter des produits du pays; au début de l'occupation, nous avions un poulet pour quinze centimes, un cochon pour cinq francs et le reste à l'avenant. Depuis, les prix ont quintuplé, un peu par notre faute, parce que nous avons habitué les indigènes à payer leurs denrées beaucoup plus cher même qu'ils n'en demandaient, et maintenant ils ne veulent plus baisser les prix.

En outre de leurs richesses minières, l'Annam et le Tonkin recèlent des richesses végétales inépuisables en bois précieux, en épices et en produits de toutes sortes. Il n'est pas douteux que, si un jour nous arrivons à exploiter tous ces produits, nous cesserons d'être tributaires des Hollandais de Sumatra et des Anglais de l'Inde. Depuis longtemps, les missionnaires font des essais de cultures qui réussissent parfaitement bien, et tout récemment, un savant botaniste français, M. Balansa, s'est appliqué à acclimater sur les contreforts du Mont-Bavi, dans la province de Sontay, la plupart des plantes comestibles et industrielles des régions équatoriales, et ses efforts ont été couronnés de succès. Il en est de même au jardin d'essai à Hanoï.

La faune n'est pas moins variée que la flore : on y rencontre toutes sortes d'animaux ou d'insectes, depuis l'éléphant jusqu'au termite et au moustique. Les reptiles y sont nombreux, mais on en trouve peu d'espèces dangereuses, excepté le naja et le cobra. Le crocodile, qui existe dans les bouches du Mékong et dans les arroyos de Cochinchine, n'existe pas au Tonkin ni en Annam.

La preuve que peu de reptiles sont venimeux, c'est que les Annamites marchent nu-pieds, et que malgré cela ils sont très rarement victimes de leurs morsures. Les animaux les plus petits sont aussi les plus insupportables; tels sont, par exemple, les moustiques, dont les aiguillons deviennent de véritables instruments de supplice pour les Européens qu'ils harcèlent nuit et jour; les termites, qui, en quelques mois, réduisent en poussière, les meubles et les maisons en bois; le rat musqué, dont les cris et surtout l'odeur finissent par énerver les tempéraments les plus robustes; les crapauds et les grenouilles, qui envahissent tout et donnent souvent aux habitations l'aspect grouillant et bruyant des mares; le gecko, affreux caméléon, qui se glisse jusque dans les lits et dont les cris interdisent tout sommeil; les couleuvres, qui font également élection de domicile dans les lits, dans les manches de vêtements et dans les chaussures; le margouillat, sorte de petit lézard qui, sous le fallacieux prétexte de faire la chasse aux moustiques et autres insectes, se promène partout en vainqueur, sur les tables, contre les murs, aux plafonds, dans les rideaux de lit, etc.; les araignées, les chenilles, les mille-pieds, etc., qui troublent le sommeil par des sensations de traînées d'orties sur le corps.

L'animal le plus redoutable et le plus redouté des Annamites est le tigre, qui s'attaque souvent à l'homme, lorsqu'il ne trouve pas sa pâture dans les forêts ou dans les basses-cours. Ce fauve inspire aux Annamites une crainte mêlée d'un sentiment de respect, d'autant plus difficile à expliquer qu'ils ne paraissent pas s'inquiéter beaucoup des autres animaux, au moins aussi dangereux ; on prétend même que c'est surtout la peur du tigre qui les empêche de s'aventurer dans les forêts. Il est vrai que la façon d'opérer de ce carnassier est bien faite pour terrifier les plus braves : il se cache dans les fourrés qui le rendent absolument invisible, guette sa proie, bondit sur elle au passage et disparaît en l'étouffant dans ses griffes puissantes. Plusieurs fois, dans nos expéditions, nous avons été témoin de la disparition de quelques-uns de nos malheureux soldats, dont un seul cri de désespoir, suivi d'un silence de mort, nous faisait comprendre que le tigre avait épié notre passage et fait choix d'une victime. Nous avons quelquefois suivi les brisées du fauve pendant plusieurs kilomètres, sans retrouver d'autres indices que les armes, les souliers et les objets d'équipement de la victime jalonnant le chemin suivi.

Cependant, lorsqu'ils sont en nombre et avertis de la présence du tigre, les Annamites ne craignent pas de lui donner la chasse, mais en ayant soin, toutefois, de mettre toutes les chances de leur côté. Ils opèrent généralement de la façon suivante : Dès que le tigre est signalé dans un fourré, ils le cernent à distance, puis ils entourent le fouré d'une palissade de bambous de quatre à cinq mètres de hauteur. Quand cette immense cage est terminée, ils construisent par-dessus des espèces de ponts aériens d'où ils harcèlent le tigre à coups de fusil et à coups de flèche, pour l'obliger à sortir de son repaire. L'opération dure plusieurs jours, pendant lesquels le tigre s'abrutit de plus en plus par la faim. Aussitôt que les chasseurs en ont jugé le moment opportun, ils lui ménagent une porte de sortie gardée par les plus braves et les mieux armés qui l'achèvent au passage. Chacun se rue ensuite sur la dépouille du fauve et la frappe de son arme, pour obéir à un sentiment de superstition, qui fait croire aux Annamites qu'en frappant ainsi « Monseigneur le Tigre », comme ils l'appellent, ceux de son espèce n'oseront plus venir les inquiéter (1).

---

(1) Voici la relation d'une chasse au tigre faite à Hong-Hoa, au mois de juin 1887, par M. le lieutenant-colonel Bosc, commandant la région (général en 1901) :

« Quel pays nous avons traversé ! D'abord, de petites collines couvertes de verdure, de broussailles étranges, de lataniers énormes, dont les feuilles ressemblent à de grands parasols ; puis, des vallées couvertes de rizières, où nos hommes avaient souvent de l'eau jusqu'à la ceinture ; des sentiers étroits, où nous étions menacés à chaque instant de rouler. Mais il ne faut pas trop s'effrayer, nos petits chevaux passent partout. Quelques officiers mettent pied à terre quand la montée ou la descente est trop rapide. Bientôt nous traversons des forêts vierges dans lesquelles il y a des fourrés inextricables, et, lorsque le chemin n'est plus possible, les Annamites qui nous précèdent nous en frayent un, en abattant les arbustes qui l'obstruent, à l'aide de leur coupe-coupe.

» Enfin, nous arrivons à l'endroit où se trouve le tigre, et, là, un spectacle étrange nous attend. Je m'étais figuré que cet animal était dans une fosse, et que je n'avais qu'à m'approcher pour le tuer, l'assassiner tout à l'aise : mais pas du tout. Il est simplement dans un fourré de roseaux, de lianes, de hautes herbes, que les Annamites ont entouré d'un filet en corde, consolidé par une haie de bambous d'une hauteur de 4 mètres environ. Cette haie, qui est circulaire, mesure environ 3 à 400 mètres ; la cage où le carnassier est enfermé est donc assez large, et il peut s'y promener à l'aise et nous permettre de l'apercevoir. On l'excite en lui jetant des troncs de bois ou en fouillant les herbes avec des bambous longs de 10 à 12 mètres, pour l'obliger à se montrer. De temps en temps, lorsqu'on réussit à l'atteindre avec un de ces projectiles, il se contente de pousser un rugissement qui fait reculer les plus hardis.

» Tout autour de la haie, les habitants de plusieurs villages se sont assemblés pour assister à la mort de ce pauvre tigre : ils sont là plus de 500 Annamites qui attendent patiemment que l'animal, poussé par la faim, s'approche du filet pour chercher une issue. Alors, à l'aide de longues lances ou flèches, ils tâcheront de l'exterminer en le maintenant toujours en dedans de l'enceinte formée par ce filet. En attendant, tout ce monde

Il ne faudrait pas déduire de ce qui précède que la vie au Tonkin est une lutte continuelle contre les animaux malfaisants et les parasites de toutes espèces. On s'habitue bien vite, au contraire, à la vue et au ramage de ces animaux qui sont, pour la plupart, tout à fait inoffensifs ; puis, on en rencontre des quantités, surtout parmi la gent ailée, qui ajoutent encore à la beauté du paysage, et reposent agréablement la vue des horreurs accidentelles.

---

campe ou plutôt bivouaque autour de la haie, à l'abri des larges feuilles de latanier, qui servent de toitures.

» Comme le tigre reste toujours dissimulé dans le fourré, les Annamites construisent dans l'enceinte et au-dessus, une espèce de pont avec des bambous posés sur des chevalets également en bambous. Cette opération est dangereuse, car elle se fait au-dessus du tigre, et, si celui qui y procède venait à tomber, il passerait un vilain quart d'heure.

» J'ai réussi moi-même à me hisser sur ce pont ou plutôt sur cette corde raide, mais il m'a été impossible de voir l'animal ; de temps en temps, j'entendais son souffle puissant, mais c'était tout. Dans l'espoir de le voir débucher, j'ai tiré dans sa direction : il s'est contenté de pousser un long beuglement plus fort que les autres. J'ai alors fait tirer quelques coups de fusil par les soldats de mon escorte, mais sans aucun succès. Comme la nuit approchait, je suis descendu de mon observatoire, et j'ai donné le signal de la retraite, en me promettant de revenir le lendemain.

» Nous sommes rentrés à Hong-Hoa, enchantés de notre excursion, qui a eu tout au moins le bon résultat de montrer des officiers et des soldats français à ces braves gens, qui paraissaient fort étonnés, car on n'avait pas l'habitude de les visiter souvent.

» Le lendemain, à huit heures et demie du matin, nous sommes remontés à cheval pour aller revoir notre tigre, et nous sommes arrivés à onze heures auprès de son repaire ; à midi sonnant, j'ai eu la satisfaction de lui donner le coup de grâce. Pendant une heure, il s'est encore dissimulé comme hier ; mais, poussé par la faim et aussi par les Annamites qui le harcelaient du haut de leurs ponts aériens, il s'est décidé à se diriger vers l'enceinte pour tâcher d'en sortir. C'est à ce moment que nous l'avons aperçu. Aussitôt, mes légionnaires et moi, nous avons fait feu sur lui et nous l'avons vu rouler. J'ai fait cesser le feu immédiatement, et comme il se débattait encore, je lui ai envoyé un dernier coup de fusil : il n'a plus bougé. Cinq minutes plus tard, nous pénétrions dans l'enceinte et nous le traînions au dehors par les pattes. C'était une superbe bête pesant 200 kilogrammes et mesurant $2^m,60$ de la tête à la queue. Il a fallu 12 coolies pour le transporter à Hong-Hoa, où nous avons fait une entrée triomphale ; toute la population nous attendait pour voir « Hong-Kop » (Monseigneur le Tigre), celui qui inspire aux Annamites tant de frayeur, et à juste titre, car, lorsqu'il ne trouve pas un animal à manger, il se jette sur l'Annamite et le dévore lentement. Tout le monde aurait voulu s'acharner après lui, et, si j'avais laissé faire, il aurait été mis en lambeaux. Il avait déjà assez de blessures : six ou sept balles, dont plusieurs se sont aplaties sur ses os comme sur une plaque de tôle. »

# CONCLUSION

Depuis que nous nous sommes emparés du Tonkin, on agite constamment en France la grande question de son évacuation, sans se rendre bien compte de la faute que l'on commettrait en abandonnant ce pays. Il est vrai que les partisans de l'évacuation se recrutent généralement parmi la catégorie des gens qui ne paraissent pas se douter des avantages que la France peut tirer de cette colonie, ni des regrets amers que cette évacuation pourrait causer dans l'avenir. Depuis un siècle et demi, nous déplorons la perte de nos colonies de l'Inde et de l'Amérique, et nous envions le sort des nations européennes qui ont su conserver les leurs ou en conquérir de nouvelles! N'avons-nous donc pas un intérêt majeur à suivre le mouvement qui pousse les autres nations à se créer des débouchés pour leur industrie, et des points d'appui pour leurs marines sur tous les points du globe?

Les partisans de l'évacuation mettent toujours en avant la nécessité de nous recueillir et de réserver nos forces pour une meilleure cause. Est-il bien sûr que la possession de colonies, si éloignées qu'elles soient de la métropole, soit une cause d'affaiblissement et d'appauvrissement pour celle-ci? Rien ne le prouve jusqu'à présent, et aucune nation européenne, pas même la Hollande et le Portugal, ne semblent envisager la question sous cette face. Toutes, au contraire, cherchent depuis quelques années à planter leur drapeau partout où elles peuvent arriver les premières, et fort peu d'entre elles peuvent trouver aujourd'hui des régions, encore libres, aussi avantageuses que peut l'être la possession de l'Indo-Chine pour nous. Il est certain que si nous abandonnions ce riche pays, l'Angleterre, qui le convoitait déjà bien avant notre prise de possession, ne manquerait pas de s'en emparer, car elle sait trop bien qu'il n'en reste pas de meilleurs disponibles.

L'Indo-Chine est située à 4.000 lieues de la France, objecte-t-on, et il sera fort difficile, dans ces conditions d'assurer sa sécurité et celle de ses voies de communication avec elle en cas de guerre avec une puissance maritime européenne ou bien avec la Chine, notre voisine du Tonkin. On peut répondre à cela que l'Annam et le Tonkin ayant tout un système de places fortes parfaitement bien construites, il suffirait de le compléter et d'en organiser la défense en tenant compte des progrès accomplis de nos jours dans l'armement.

Notre marine a déjà un refuge sûr à Saïgon et un arsenal, pour les réparations de ses navires; en fortifiant l'entrée de la baie de Tourane et quelques-uns des rochers de la baie d'Along, on pourrait créer ainsi deux nouveaux ports de guerre qui mettraient notre flotte à l'abri d'un coup de main et ceci d'autant plus avantageusement que nos navires y trouveraient la houille nécessaire et ne seraient pas immobilisés faute de ce combustible, comme cela s'est produit déjà pendant leurs récentes campagnes dans ces parages.

Il est à peu près certain qu'une fois ce système de défense organisé notre belle colonie pourrait attendre, sans inquiétude, les secours de la métropole.

D'un autre côté, il est également certain qu'on aurait tort de considérer l'Indo-Chine comme une colonie d'émigration pour nos nationaux qui ne pourront, au contraire, jamais s'y acclimater.

Mais, ainsi que nous l'avons fait ressortir dans le cours de ce récit, la prolifique race annamite suffit largement pour peupler le pays. Il suffira d'y entretenir un certain nombre de fonctionnaires judicieusement choisis, et une petite garnison française, pour contrôler l'administration des mandarins et diriger l'armée indigène.

Le pays est assez fertile et assez riche en mines et en productions de toutes sortes pour se suffire à lui-même, et si l'on

sait tirer parti de ses richesses, il deviendra sûrement, par la
suite, une source de revenus pour la France, au lieu d'être une
charge pour elle (1).

(1) Les lignes qui précèdent ont été écrites à une époque, pas très éloi-
gnée encore, où l'on traitait presque de criminels les hommes clairvoyants
qui venaient de doter la France d'une nouvelle colonie dont le rapide développement contribue de jour en jour à sa grandeur et à sa richesse. Il
s'en est fallu de peu qu'on abandonnât alors le Tonkin, malgré les avertissements d'hommes mieux renseignés sur sa valeur, et moins aveuglés par
l'esprit de parti; les événements n'ont fait que justifier, jusqu'à présent,
les prévisions de ceux-ci. En moins de quinze ans, l'agriculture, le commerce et l'industrie s'y sont développés d'une façon telle que n'auraient
osé l'espérer même les plus optimistes, grâce à la bonne administration et
à la largeur de vues des hommes éminents qui se sont succédé à la tête de
son gouvernement.

Aujourd'hui, le fleuve Rouge et la plupart des arroyos sont franchis par
des ponts gigantesques, permettant aux trains de toutes vitesses de transporter voyageurs et marchandises d'Haïphong, et des principales villes du
delta, vers Hanoï et la frontière du Quang-Si et du Quang-Tong. Une grande ligne, en voie de construction, partant de Saïgon, doit relier les principales villes de l'Annam à Hué et Hanoï; une autre doit remonter la vallée
du fleuve Rouge et pénétrer au Yunnan.

Plusieurs mines de houille, et autres, sont en pleine exploitation. Des
constructions et des travaux de toutes sortes ont été exécutés pour l'amé-
lioration des routes et des nombreuses voies fluviales. Hanoï, agrandie
et embellie, vient d'inaugurer (décembre 1902) une exposition universelle
qui montre aux étrangers émerveillés ce dont est capable le génie de la
race annamite, dirigé par le génie colonisateur de la race française, lequel n'est pas aussi impuissant que cherchent à le montrer quelques esprits cosmopolites poussés au dénigrement, le plus souvent par jalousie.

Cette prospérité augmentera sûrement encore, lorsque les grands ré-
seaux chinois seront achevés et qu'on pourra se rendre, par voie ferrée, de
Paris en Indo-Chine par la Sibérie et la Chine.

La France, largement dédommagée des sacrifices faits pour la conquête
de cette belle colonie, pourra alors se considérer comme n'ayant pas eu une
trop mauvaise part au gâteau d'Extrême-Orient, tant convoité, depuis
quelques années surtout, par la plupart des nations européennes.

# TABLE DES MATIÈRES

### CHAPITRE XIII.



### CHAPITRE XIV.



### CROQUIS



Paris et Limoges. — Imprimerie militaire Henri CHARLES-LAVAUZELLE.

Paris et Limoges. — Imprimerie militaire Henri CHARLES-LAVAUZELLE.